넘나들며 배우기

Leaving To Learn:

How Out-of-School Learning Increases Student Engagement and Reduces Dropout Rates

나의 아내 달린, 우리 아이들 마이클과 네이선
이들이 보여준 사랑과 지원을 위해.
학교 밖 학습을 실현시킨
빅픽처러닝 네트워크의 모든 학생과 동료에게,
그리고 내가 넘나들며 배우기를 배우는 출발점이 되었던
어린 시절의 내 친구들에게.
_ 엘리엇 워셔

나의 아내 코린, 우리 아이들 엘렌과 마크,
그들이 보여준 사랑과 영감을 위해.
배우는 것에 희열을 느낄
나의 손녀 로렌에게.
_ 찰스 모즈카우스키

넘나들며 배우기

초판 1쇄 2014년 12월 25일 **| 초판 6쇄** 2022년 2월 25일

글쓴이 엘리엇 워셔, 찰스 모즈카우스키 **| 옮긴이** 이병곤
펴낸이 현병호 **| 편집** 김도경, 김진한, 장희숙
펴낸곳 도서출판 민들레 **| 주소** 서울시 성북구 동소문로 47-15 (1층)
전화 02) 322-1603 **| 팩스** 02) 6008-4399
이메일 mindle98@empas.com **| 홈페이지** www.mindle.org **| 페이스북** facebook.com/mindlebooks

ISBN 978-89-88613-57-3 03370 값은 뒤표지에 있습니다. 잘못된 책은 바꾸어 드립니다.

이 도서의 국립중앙도서관 출판예정도서목록(CIP)은 서지정보유통지원시스템 홈페이지(http://seoji.nl.go.kr)와
국가자료공동목록시스템(www.nl.go.kr/kolisnet)에서 이용하실 수 있습니다. (CIP 제어번호 : CIP2014035238)

책 출간에 학교밖청소년지원센터와 드림센터가 함께 힘을 보태 주셨습니다. '학교와 지역'의 협
업이 얼마나 중요한지, 제대로 하려면 어떻게 해야 할지, 그 방향을 잡는 데 이 책이 도움이 되
었으면 합니다.

한 번에 한 아이씩, 메트스쿨의 학교 혁신 프로젝트

넘나들며 배우기

엘리엇 워셔 외 지음 · 이병곤 옮김

LEAVING TO LEARN

교육, 학교 혼자서는 안 된다

민들레

2부_ 생산적 학습에 학생을 참여시키기

3부 _ 넘나들며 배우기

4부 _ 학생들이 정말로 배운 것

| 일러두기 |
별도 표기가 없는 본문의 각주는 모두 옮긴이 주입니다. 저자 주는 따로
표기했습니다.

자신의 감각과 마음으로 생각하기

몇 해 전 가을, 환갑을 맞은 저는 베니스로 여행을 떠났습니다. 아내와 다른 친구들이 도시를 둘러보러 나갔을 때 저는 베니스에 있는 커다란 공원인 자르디니Giardini에 가기로 마음먹었지요. 저는 어느 곳을 여행하든지 가장 먼저 그 지역 공원에 가봅니다. 그러면 그 지역 사람들이 스스로 원하는 대로 정처 없이 다니거나 뭔가를 할 때 어떻게 몰입하고 배우는지 감을 잡을 수 있지요.

마침 그곳에선 2년마다 열리는 국제예술박람회인 베니스 비엔날레가 한창 진행되고 있었습니다. 열 개가 넘는 나라가 '당신의 감각으로 생각하라. 마음으로 느껴라'라는 비엔날레 주제와 관련한 전시관을 운영하더군요. 그 주제를 보자마자 순간적으로 이런 생각이 들었습니다. '아니 그럼 그렇게 하지 않고 우리가 존재할 수 있는 다른 방식이 있을까? 저 말은 그냥 상식이잖아.' 그런데 그 주제를 곰곰이 곱씹어 보니, 상식이 일반적으로 통용되지 않는다는 사실을 깨달았습니다. 우리는 자신이 세계, 지역사회, 학교 안에 존재한다는 사실을 직시하기 어려워지는 시점에 이를 때까지 자신이 사는 세계와의 접촉을 점점 잃어 갑니다. 감각과 정서적 연대가 결여된 사람과 사물이 우리가 존재하는 공간에 가득 차 있기 때문입니다.

이 책 『넘나들며 배우기』는 학생, 교사, 가족에게 학교가 의미 있는 공간이어야 한다는 상식을 전파합니다. 우리의 교육 체제는 너무 규칙 중심으로 돌아가는 터라 학생과 교육자 모두 갈수록 자신이 누구이며, 인간으로서 어떤 사람이 될 것인지, 감각을 잃어 가고 있습니다. 『넘나들며 배우기』에서는 학생의 교육에 관여하는 학교 안팎의 모든 분들께 자신의 마음으로, 지각과 느낌으로 생각해 보시라는 상식적인 방법을 제공합니다. 그것은 우리가 늘 해오던 일이지만, 아직도 아이들이 누구인지, 그 아이들이 깨어 있는 대부분의 시간을 보내는 학교에서 무엇을 하는지, 양자 사이에 커다란 단절이 가로놓여 있습니다.

지난 2002년 이래로 저는 서울을 방문하는 멋진 기회를 누렸고, 빅픽처러닝 소속 동료들이 몇 번 더 한국을 방문했습니다. 저는 한국의 많은 교사, 학생, 어른 들이 배움의 과정에서 어떻게 학생과 어른을 연결하고, 자신들이 하고 싶은 것들을 정말 진정한 방식으로 수행하면서, 학문적 교과와 창조적·비판적 사고, 문제해결 능력을 갖도록 도울지 예의 주시한다는 사실을 알게 되었습니다.

바라건대 이 책이 많은 사람에게 읽혀서 모든 학생이 학교에서 질 높은 학습경험을 할 수 있도록 교육 체제상의 변화가 일어났으면 좋겠습니다. 그러기 위해서 우리는 학생에게 큰 기대를 가져야 하겠지만, 학생이 우리 모두에게 걸고 있는 기대에 대해서도 주목해야겠습니다. 시작해 봅시다.

엘리엇 워셔

추천사

길은 있다

『넘나들며 배우기』는 영감을 던져 주는 중요한 책이다. 교육 위기의 핵심부에 놓인 여러 가지 현안이 무엇인지 드러내고, 이를 바로잡기 위해 무엇을 해야 하는지 매우 실제적으로 접근한다.

미국에서는 3분의 1가량의 학생들이 고등학교를 졸업하지 않는다. 9학년에서 12학년 사이에 모든 것을 뒤로한 채 학교를 떠난다. 특정 지역에서는 학업 중단 비율이 더 높다. 일부 청소년은 다른 방식으로, 예를 들면 GED[1]를 치르거나 홈스쿨링, 또는 커뮤니티 칼리지에 다니는 등의 경로로 교육을 다시 이어간다. 하지만 대다수는 그렇지 못하다. 이에 따른 개인적, 경제적, 사회적 비용은 거의 계산할 수조차 없을 정도다.

많은 학생들이 학교를 중퇴하는 반면 소년원은 어느 때보다 미어터진다. 미국에서는 어른 서른한 명에 한 사람꼴로 교도소에 수감되어 있는데 이는 세계에서 가장 높은 비율이다. 학교를 중퇴한 학생들이 반드시 감옥행으로 귀결된다는 말을 하려는 것은 아니다. 물론 그렇지 않다. 하지만 수감자 대다수는 학교에서 별로 잘 지내지 못했거나 중퇴자라는 사실만

---

1) General Educational Development의 약자로 미국에서 고등학교 졸업 학력을 인정하는 자격시험을 뜻한다. 한국의 검정고시에 해당한다.

은 진실이다. 예산 투입의 공적 우선순위에서 비극적 반전은 여러 주에서 학교 예산을 삭감한 돈으로 교도소 운영비를 늘려 잡는다는 사실이다.

하지만 교육을 개선하고, 특히 학교 중퇴율을 낮추는 일은 여전히 국가의 최우선 정책 가운데 하나이다. 매년 수조 원대의 교육비가 투입되고, 끊임없이 특별 정책이 시행되며, 성취도를 높이거나 학업 결과를 개선하는 문제에 대한 논쟁 역시 그치지 않는다. 그럼에도 학교에 대한 반감과 이탈 문제가 끝도 없이 불거지고, 학교 중퇴율은 여야의 정치인들을 질리고 당황하게 만들 정도이다.

의미심장한 것은, 법을 제정하고 교육을 '바로잡으려는' 특별 조치들이 쏟아져 나왔지만 학교에 남아 있는 학생들의 학업 성취도가 여전히 올라가지 않았다는 사실이다. 교육 문제를 바로잡으려는 대부분의 정책들은 완전히 잘못된 시각에서 비롯되었다. 엘리엇 워셔와 찰스 모즈카우스키는 여기에 의견이 일치했고, 그들이 설립한 빅픽처스쿨[2]은 교육 위기의 실질적 해결책이 무엇인지 그 원리와 방법을 입증해 보였다.

첫째, 교육은 언제나, 그리고 필연적으로 개인적인 것이다. 모든 학생들은 학교에 재학하든 떠나든 자신만의 이유를 가지고 있다. 독자 여러분과

---

2) 1994년 데니스 릿키와 이 책의 저자인 엘리엇 워셔가 설립한 비영리 교육혁신 조직이다. 1996년에 첫 학교인 메트스쿨을 운영하면서 혁신적 학교 디자인의 가능성을 보여 주었다. 2002년부터는 빅픽처러닝에서 제시한 학교 혁신안을 받아들인 학교들을 중심으로 학교 네트워크가 시작된다. 그렇지만 빅픽처러닝 조직이 학교를 위탁받아서 운영하지는 않는다. 현재 미국의 15개 주 60개 학교가 빅픽처러닝이라는 커다란 우산 아래 네트워크 학교로 맺어져 있다. 오스트레일리아, 네덜란드, 캐나다에도 빅픽처러닝의 원리를 받아들여 학교 혁신의 바탕으로 삼는 학교들이 생겨났다(빅픽처러닝 브로슈어 4쪽 참고, 2008). 이 책 전체에 걸쳐 '우리의 빅픽처러닝 학교들에서는~'이라는 표현이 자주 나타나는데, 이는 곧 빅픽처러닝의 학습 원리를 받아들인 학교들을 의미한다.

나처럼 그들은 자신의 희망, 동기, 도전, 소질, 충동을 가지고서 개별적으로 살아가고 호흡한다. 현행 교육 체제는 비인격적이고 표준화되어 있기 때문에 그들 가운데 상당수를 실패하도록 만든다. 미래는 학습자 한 명 한 명의 요구와 동기에 맞춰 주는 교육 형식에 달려 있다. 이 책이 **학습자**에 대한 이해에 초점을 두는 이유이다.

둘째, 교육은 학습에 관한 것이다. 학습은 학생이 실제로 왜, 어떻게 학습하는가에 관한 심오한 이해를 통해서만 개선될 수 있다. 현행 체제가 실패하는 이유는 학생에게 무미건조한 정보를 강제로 우겨넣기 때문이다. 해결 방법은 학생들에게 배움에 대한 욕구가 일어나게 만드는 교수 형식을 채택하는 것이다. 많은 학생들과 교사들 속에 잠들어 있는 상상력과 창조력을 계발하는 것이 이를 실행하는 가장 좋은 방법이다. 그래서 이 책은 학습의 본질에 대한 많은 이야기를 담고 있다.

셋째, 학습자와 학습에 초점을 맞추다 보면 학교 문화에서도 중요한 시사점이 드러난다. 현행 체제가 실패하는 이유는 대량생산이라는 산업 문화에 근거를 두기 때문이다. 고정된 수업 시간표, 수업 종, 나이에 따른 학급 편성, 개별 교과로 나눠진 교육과정, 학교와 학교 밖 세상 사이에 가로놓인 완고한 장벽이 그것들이다. 학교가 반드시 그래야 할 이유는 없다. 이런 관습들은 모두 산업혁명 시기의 대중 교육에 기반을 두었던 흔적들이다. 해결책은 행정가와 교장이 좀 더 유연하고 창조적인 방식으로 학교를 운영하는 데 있다. 이런 이유로 이 책은 학교 문화에 대한 대안적 접근, 특히 지역사회와의 폭넓은 협력과 직업 세계에 대해 많은 이야기를 들려준다.

워셔와 모즈카우스키는 자신들이 학교에서 실행한 복잡미묘한 접근법을 기술한다. 이 학교의 9학년에서 12학년 사이 모든 학생들은 매주 병원이나 디자인 사무소, 식당에 이르기까지 여러 분야에서 작업을 하며 지내고 있다. 이것이 넘나들며 배우기의 핵심 전략이다.

이 책에 실린 쟁점들은 수많은 자료와 출처에 근거를 둔 지혜와 이론의 뒷받침을 받는다. 그러나 여기서 제시하는 사례는 이론적인 것이 아니다. 자신들이 어떤 작업을 수행하는지 알고 있으며, 그것을 입증해 보였던 성공적인 실천가들의 오랜 경험에 뿌리를 두고 있다.

어떤 이들은 모든 학생들에게 개별화된 교육을 제공해 줄 수 없다고 말한다. 진실을 말하자면 우리는 그렇게 하지 않는 것을 하지 못한다. 실패한 현행 체제를 유지하는 데 들어가는 비용은 우리의 인내력을 초월한다. 바람직한 성취를 위해 교육은 이제부터라도 호기심과 창조성, 소질, 학생 저마다의 열정과 연계를 맺어야 한다.

켄 로빈슨[3]

---

3) 영국의 학자, 저술가, 예술교육 전문가로서 창의력과 교육 관련 연구 분야에서 명성이 높다. 『우리 마음의 바깥: 창조력을 학습하기』를 비롯해 다수의 저서를 남겼으며, 〈학교가 창의력을 죽인다〉는 제목의 TED 강연 영상은 전 세계 2800만 명이 시청하기도 했다. 예술과 창의력 분야의 공로를 인정받아 2003년에 기사 작위를 받았다.

학교를 떠나지 않고 배움의 길을 찾을 수는 없을까

> 이윽고, 물의 표면은 놀라운 책이 되었지….
> 그것은 한 번 읽고 던져두는 그런 책이 아니었어,
> 날마다 들려줄 수 있는 새로운 이야기를 담고 있었거든.
> _ 마크 트웨인, 『미시시피 강의 생활』

　우리가 이 책을 쓰려는 영감을 받은 건 PBS가 내보낸 특별 방송을 보면서였다. 그 프로그램은 2008년과 2009년 워싱턴의 케네디센터에서 개최된 '마크 트웨인 유머상' 수상식이었다. 케네디센터가 제정한 이 상은 문필가이자 유머작가였던 (새뮤얼 클레멘스로도 알려진) 마크 트웨인이 19세기 동시대인들에게 그랬던 것처럼, 현대 미국 사회에 영향을 끼친 유머작가들을 격려하기 위한 것이었다.

　1998년 이 상의 첫 번째 수상자는 리차드 프라이어였다. 일리노이의 피오리아에서 태어난 프라이어는 열네 살 때 학교에서 쫓겨나 군에 입대했으나 복무 기간의 상당 시간을 군 감옥에서 지냈다(Als 1999). 2008년에는 코미디언이자 배우였던 조지 칼린이 수상했다. 칼린은 맨해튼 고등학교를 세 학기만 다녔으며 할렘의 다른 학교에 잠시 적을 두었다가 결국 10학년 때 그만두었다. 그는 지역 라디오 방송국의 디제이로 야간 일을 하면서 고교 졸업장에 상응하는 자격증을 받았다(Carlin and Hendra 2009). 코미디 언이자 작가인 빌 코스비는 2009년 수상자였다. 코스비는 10학년 때 유급되었는데, 같은 학년을 한 해 더 다니지 않고 구두수선 가게에서 도제로 일했다(Smith 1997). 그는 해군에 입대했으며 복무 중에 고교 학력과 동등한 자격시험을 통과했다(Adler 1986). 코스비는 나중에 전 생애를 통해 배우면서 더 높은 수준의 학위를 취득했으며, 훌륭한 교육자가 되었다. 또한 그는 자기 삶의 임무 가운데 중요한 부분으로, 자신의 재능을 교육 활동에 사용했다(Maxwell 2010).

프로그램을 시청하면서 우리는 프라이어, 코스비, 칼린이 뛰어난 통찰력과 풍자적인 표현으로 우리들로 하여금 어떻게 스스로를 향해 웃음짓고 사회를 달리 사고하도록 만들었으며, 그들의 공연과 저술에 대한 보답으로 국가적 영예가 담긴 상을 받았는지 생각해 보았다. 또 트웨인의 전설이 그랬듯이, 더 나은 사회를 위해 헌신한 사람이나 사회비평가 반열에 오르기에, 이 세 명의 학교 중퇴자들보다 더 나은 사람들은 과연 누구일까? 트웨인처럼 그들은 우리의 어리석음과 약점, 더 나아가 비리를 들추기 위한 방편으로 유머를 사용했다.

여러분이 짐작했겠지만 트웨인 역시 학교 중퇴자였다. 트웨인은 형들이 운영하는 신문사의 편집 조수이자 인쇄소 도제가 됨으로써 열두 살 나이에 공식 교육을 중단했다. 그는 학교 대신 미시시피 강을 자신의 교실로 선택했고 그곳에서 선장이 되기 위한 훈련을 받는다. 트웨인은 말년에 이르러서는 마음속에 분명히 학교를 고려하고 있었지만 그의 초기 소설에서 학교는 유머의 주요 대상이었다("나는 공식 학교교육이 나의 교육에 끼어들어 뒤섞이는 것을 결코 용납하지 않는다"는 말은 그의 유명한 재담이다[Ayers 1987]).
트웨인은 1907년에 옥스퍼드 대학에서 주는 명예문학박사라는 매우 희귀
한 학위를 마침내 수락했다(『뉴욕 타임스』 1907).

우리는 트웨인 상의 다른 수상자들 가운데 학교나 대학을 중퇴한 사람
들이 또 있을지 궁금해졌다. 칼 라이너, 조너선 윈터스, 우피 골드버그도
고교 중퇴자였다. 스티브 마틴, 릴리 톰린, 닐 사이먼은 대학 중퇴자였다
(존 에프 케네디 센터 2011). 2003년 수상자 릴리 톰린은 의사가 되기를 원했
기 때문에 디트로이트 웨인 주립대학교에 예과 학생으로 입학했지만 그녀
가 원했던 바는 자율성을 가지는 것이었다. "당시에는 (50년 전이었음을 기
억하자) 아주 뛰어난 재능을 보여주거나 아니면 결혼을 선택해야 했다. 나
는 다른 누군가에게 의존하는 것은 전혀 바라지 않았고, 과학을 꽤나 잘
했었다." 여가 시간에 그녀는 학교 연극반에서 활동했다. 웨인 주립대학교
를 중퇴한 뒤 뉴욕으로 이주했고, 텔레비전 쇼의 단막 코미디 프로그램이
었던 〈로완과 마틴의 웃음거리〉에서 배역을 맡는 행운을 잡기 전까지는
이런저런 카바레 쇼에 출연했다(『타임 매거진』 1977).

1800년대 말 마크 트웨인이 활동하던 시대에는 많은 사람들이 고교 졸
업장 없이도 뭐든 잘할 수 있었지만 현시대는 상황이 많이 달라졌다고 주
장할 수도 있을 것이다. 혹은 이 중퇴자들은 유머작가나 연예인이어서 보
일의 법칙이나 피타고라스 정리를 배울 필요가 없지 않느냐고 주장할 수
도 있다. 하지만 학교가 그 사람들이 교실의 광대가 되도록 부추기는 일
외에 장래 경력을 위해 무엇을 준비해 줄 수 있었겠는가?

요즘처럼 매우 다른 시대에조차 여러 분야에서 활동하는 숱한 유명인
들은 인종, 계층, 성별의 차이를 막론하고 고교 졸업장 없이도 제 몫을 잘

하고 있다. 다른 유명 인사들은 요즘 성공적인 경력의 보증수표처럼 여기는 대학 학위를 전혀 취득하지 않았다. 이처럼 빛나는 연예인의 사례는 차치하고서라도 학교를 중퇴한 수많은 사람들이 다양한 분야에서 성공적인 경력을 쌓아 나갔다. 큰 성공을 이룬 사람들은 대부분의 학습을 학교 밖에서 이뤄 냈다(Coster 2010, Drell 2011).

미국 IT산업계의 거물이자 자선사업가인 빌 게이츠는 하버드 대학을 중퇴했다. 그는 마이크로소프트를 창업하려면 학교 중퇴가 꼭 필요한 결정이었다고 말했다(Gates Notes 2010). 패션 브랜드 에코의 창업자이자 최고 경영자인 마크 에코는 의류 디자인 분야에서 성장하기 위해 러트거스 대학 약학부를 중퇴했다. 오늘날 마크 에코 엔터프라이즈는 뉴욕 시를 거점으로 한 패션, 미디어, 연예, 라이프스타일 회사로 수조 원대의 가치를 가진 기업으로 성장했다(마크 에코 엔터프라이즈 2008).

미국인 재즈 색소폰 연주자 스탠 게츠는 학창 시절 전 과목 A학점을 받았고, 6학년에서 거의 최우등을 차지한 것에 대단한 자부심을 가졌는데, 그러면서도 하루에 8시간씩 색소폰을 연습했다. 그는 뉴욕 올시티 고교 교향악단으로부터 입학 허가를 받았지만 학교를 다니지 않고 뉴욕 필하모닉의 바순 연주자였던 사이먼 코바에게 무료 개인 교습을 받았다. 학교 출결관리 담당관이 그를 교실로 되돌아가게 했지만 결국 게츠는 잭 티가든이 이끄는 재즈 악단의 핵심 단원이 되었고, 공교육의 영향권에서 벗어난 이후 다시는 학교로 되돌아가지 않았다(Gelly 2002).

더 많은 사례가 있겠지만 우리가 제시하려는 논점은 이미 만들어진 셈이다. 성공을 이룬 숱한 사람들이 학교를 중퇴하여 고등학교나 대학의 졸업장을 갖고 있지 못했지만 빌 코스비를 제외한 거의 대부분의 성취가들은 학교로 돌아가지 않았다. 그들은 능력 계발 기회를 찾으려고 학교를 그만두었다. 하지만 학교 밖에서 배우지 않았다면 그들이 이룬 성취는 없었을 것이다. 성공 신화를 이룬 중퇴자들은 나중에 명예 학위를 받지만 얄궂게도 고교 졸업장이나 대학 학위가 없을 때 사회로부터 뭔가 부적절하다는 느낌을 계속 받아야 했다. 사회는 학교 중퇴자나 공식 졸업자가 아닌 사람에게 눈살을 찌푸리거나 낙인을 찍는다. 그들은 학교를 중도에 그만둠으로써 무엇인가를 빠뜨리게 된 셈이다.

여러분은 이렇게 말할지 모른다. "아, 물론 당신들이 언급한 그 인물들은 배우기 위해 학교를 떠나야 했지. 그들이 가진 성취 욕구를 보라!" 하지만 그렇게 얘기한다면 이미 답을 알고 문제를 맞히는 꼴이 아닐까? 수조 원대 기업의 소유주, 재능 있는 예술가나 과학자에 대한 판단은 여러분이 이미 그들에 대해 알고 있던 사실들로부터 영향을 받은 것이 아닐까? 여러분은 그들이 학교에 있을 때부터 잠재성을 인지할 수 있었을까? 아마도 아닐 것이다. 오늘날 학교 중퇴자들이 하루 7천 명에 이르는 상황에서 과연 학교는 비상한 재능을 가진 학생들을 인지하는 과업에 얼마나 실패하는 것일까?

물론 중퇴자 가운데 커다란 성공으로 보상받는 경우는 쉽게 찾아보기 힘들다. 대부분은 비루하게 살아간다. 학교를 영원히 떠난 뒤 스스로 무엇인가를 하는 대다수 아이들은 해야 할 일을 잘하지 못하며, 오랜 세월 동안 또는 남은 생애 전체를 힘겹게 살아가야 한다. 그렇기 때문에 교육자들은 "그냥 학교에 눌러앉아 있어"라고 말한다. 새로운 흥미를 좇아 학교를 떠나려는 학생, 또는 학교가 참을 수 없도록 지겹다고 느끼는 학생들에게 여러분은 뭐라고 충고하겠는가? 그냥 학교에 남아서 어려움을 참고 견디라고? 만약 그들이 학교를 계속 다닌다면 더 큰 성공을 이룰까? 더 많이? 더 색다르게?

왜 청소년이 학교를 떠나는지 그 원인을 깊이 이해하지 못한 채 학교를 계속 다니라고 답변하는 것은 만족스럽지 않은 일이다. 우리는 성공한 삶을 이룬 학교 중퇴자들에게 이렇게 물어보고 싶다. "만약 교사가 여러분의 학교 밖 관심사를 교내로 가지고 와서 그것을 여러분들이 직접 다루도록 하고, 그것으로 교내 학습을 조직한다면 계속 학교에 다닐 건가요?" 그들은 그렇다고 대답할 것이라 우리는 추론한다. 특히 그런 학습과 공부가 인정을 받아 학점과 연계된다면 더욱 그럴 것이다. 바로 이 점이 우리의 통찰과 영감의 핵심을 이룬다.

학습자가 학교 밖 관심사를 공부하고, 이를 학교 안의 공부와 어우러지도록 격려해서 학업 중단을 원하지 않게 되는, 그런 학교를 어떻게 만들 것인가?

대부분의 학교 개혁이나 새로 다듬어서 제안된 특별교육 사업들은 단기적이든 장기적이든 재학 중인 학생에게 의미 있는 차이를 만들어 주지 못한다. 그러므로 우리는 좀 더 근본적으로 도전할 필요가 있다. 누군가 미국 경제의 '전향적 변화'를 언급한 것처럼, 도심의 고등학교에서 중퇴자 비율을 절반 이상 줄이는 획기적 변화가 요청된다. 이와 마찬가지로 중요한 사안은, 몸은 책상 앞에 앉아 있되 마음은 이미 학교를 떠나서 '중퇴하려고 마음을 다잡는' 수많은 학생들의 요구를 학교가 포용해야 한다는 점이다.

전 세계 기업 조직들에게 조언을 해온 게리 하멜은 이렇게 말했다. "전략은 혁명이다. 그 외의 모든 것들은 전술이고"(Hamel 1996). 우리는 학교를 되살리는 전략, 학생들이 미래 학습과 직업에서 성공할 수 있도록 준비시키고, 졸업시키기 위한 대담한 전략을 가지고 있다. 우리들이 품고 있는 미래에 대한 전망으로 '넘나들며 배우기' 전략을 수립했다. 우리의 목표는 단지 학생들을 졸업시키려는 게 아니다. 우리는 그들을 직장, 가정, 지역사회에서 성공하도록 준비된, 흔치 않은 졸업생으로 키우려 한다.

만약 비슷한 흥미를 가진 학생들 주변에 그런 흥미나 연관 분야의 전문가나 동료에 이르기까지 더 배울 수 있는 학습공동체가 여기저기 널려 있다면 어찌 될까? 만약 학교가 학생을 배움에 몰입시키고 관계 맺게 만드는 확장된 세계로서 학교 밖 학습자원을 끌어안는다면 어떨까? 언제 어디서나 학습이 일어나면 이를 학점으로 인정하는 제도가 있다면 어떨까? 만약 학생의 학업 중단 방지 해결책이 모든 개별 학생에게 학습 환경과 몰입 기회를 크게 늘어나도록 만들어 준다면 어떨까?

우리는 학교를 개선하려는 수많은 저술가들과 달리 우리가 고안한 학교, 지원을 지속하기에 적합한, 앞에서 던진 "만약 ~이라면"이라는 질문에 긍정적으로 답하는 그런 학교에서 일을 해왔다. 빅픽처러닝 산하 학교들은 인습에 얽매이지 않은 학교들이다. 학교가 개개인의 학습을 최대화하기 위한 기회와 환경을 어떻게 마련할까에 대해 독특한 관점을 갖고 있기 때문이다.

우리의 교육 실천 방식은 성공의 내용이 무엇이고, 학생이 어떻게 그것을 성취하는가에 대해 일반적으로 받아들이는 이해와는 의도적으로 충돌하게 만들어져 있다. 그렇게 고안한 방식의 핵심 요소들은 다음 내용을 포함한다. 학생의 흥미와 요구로 시작하는 개별화된 학습 계획, 프로젝트를 통한 학습, 실제 세계에서 학습하기, 수행평가, 가족의 참여, 학교나 교과과정의 모든 측면을 지원하는 기술적 응용 프로그램이 그것들이다.

우리는 현장에서 실천하면서 연구를 수행하는 연구자들이다. 우리는 학교나 실제 세계에서 사람들이 어떻게 학습하는지 깊은 주의를 기울여 연구한다. 우리는 공식적 교육 연구 결과를 부지런히 활용하는 사람들이긴 하나 동시에 그런 연구에 대해 회의적이기도 하다. 그런 연구물들은 질이나 유용성 면에서 상당한 편차를 보여주기 때문이다. 우리는 동기화나 창조성과 관련된 연구에 특별히 주목하며, 스스로의 실천을 면밀하게 응시한다. 우리는 주로 젊은 친구들이 어떻게 학교를 활용하고, 교사와 상호작용을 맺는지 관찰한다. 학습과 개선은 빅픽처러닝 학교 문화라는 토대 위에서 구축되었는데, 그런 연유로 이들 학교 상당수는 2세대이거나 3세대인 경우가 많다.

우리가 떠올린 영감의 대부분은 사람들이 자신의 직업 세계, 그리고 흥미나 취미를 추구하는 과정에서 생각하고 배우고 행동하는 방식을 관찰하는 데서 얻어 냈다. 우리는 창조적인 예술가, 과학자, 무역업자, 마술사, 의사, 토목기술자, 변호사, 수선공 등 삶의 여러 분야에 종사하는 수많은 사람들과 대화를 나눴다. 그들은 무역, 공예 같은 전문직종에서 어떻게 배웠을까? 수선 일을 하면서 어떻게 배웠을까? 직접 수리하거나 조립하는 프로젝트로? 우리는 사람들이, 특히 학생들이 '교사가 참관하지 않을 때' 어떻게 학습을 수행하는지 관찰했다.

BBC 방송사의 초대 사장이었던 존 리스는 이렇게 관찰했다. "무엇인가를 불쾌하게 만드는 일이 자신의 의무라고 생각하는 몇몇 인사들이 존재한다!"(Ramachandran 2004). 학교 개혁과 연관하여 사회에 널리 퍼진 시대정신이 있는데, 여기에 대해 무엇을 혁신해야 하는지를 언급하면 할수록 우리는 분명 일부 사람들의 기분을 잡치게 만들 것이다. 그러나 그럴 수밖에 없다. 학교는 총체적 붕괴를 통해 일종의 화약고가 되어 가고 있다. 그런 학교를 개혁하기 위한 진지한 시도라면 거기에는 반드시 근원적 재구성을 포함하고 있게 마련이며, 우리의 실천은 정확하게 그런 것이다.

학교 밖 세계는 우리의 젊은 친구들에게 들려줄 수많은 이야기를 담고 있으며, 그들의 학습이라는 맥락에 훌륭한 환경을 제공한다. 학교는 그러한 학습 재료를 가지고 무엇을 어떻게 갖춰야 하는지 방법을 발견할 필요가 있다. 이 책이 그 길을 제시할 것이다.

들어가는 이야기

진짜 위기는 무엇인가

오바마 대통령은 취임 초기(2009)에 "고등학교에서의 학교 중퇴는 더 이상 선택 사항이 아니다"라고 언급했다. 이것은 더 높은 임금, 사회에 대한 공헌, 만족스러운 삶으로 나아가려면 모든 청소년이 고교 졸업장을 취득할 수 있어야 한다는 그의 의지를 확인하는 신호였다. 하지만 불행하게도 아직 많은 청소년들은 학업 중단을 심각하게 고려한다. 그들은 단순히 학교를 그만두는 것에 그치지 않고 생산적 학습[4]마저 포기한 채 스스로

---

4) productive learning: 이 용어를 우리말로 정확히 옮기기가 쉽지 않다. 최소한의 시간이나 비용만 투입해서 큰 효과를 본다는 뜻이 담긴 '효율적 학습'으로 곡해될 위험성이 있기 때문이다. 이 책 전체를 통해 저자들이 말하고 있는 생산적 학습이란 '자발적이고 생동감 있는 학습 태도와 결과'를 총칭하는 말이다. 우리 청소년들이 하는 말로 '포텐이 터지다, 불꽃이 튄다'고 할 때의 모습에 비유할 수 있겠다. 즉 열정, 몰입, 생성의 기운이 느껴지는 배움이 곧 생산적 학습이다.

를 실패자로 바라보게 된다. 거의 4년이 지난 후인 2012년 1월, 별다른 개선이 이뤄지지 않은 시점에서 대통령은 다시 한 번 학교 중퇴 위기에 대한 대응책을 요청한다(백악관 & 오마바 2012).

오바마의 계속된 우려는 시의적절했다. 2009년 미국 전체의 졸업률은 75.5퍼센트를 나타냈다(Balfanz, Bridgeland, Bruce & Horning Fox 2012). 매년 백만 명의 학생들이 고등학교에서 떨어져 나오며(Balfanz 등 2012), 18~24세 사이의 청년들 가운데 거의 5백만 명이 고교 졸업장을 가지지 못한 상태이다(Princiotta & Reyna 2009). 16세 이상 미국인들 가운데 어림잡아 4천만 명이 고등학교를 제대로 마치지 못했다(Gewertz 2011). 고등학교를 마친 학생들의 비율 순위를 살펴보면 미국은 산업화를 이룬 민주 국가 28개국 가운데 20위를 차지한다(Princiotta & Reyna 2009). 이들 고교 중퇴자들은 역사적으로 불이익을 받아온 소수 집단을 형성한다(Balfanz 등 2012).

이런 통계는 충격적이며, 그런 현상이 지속되어 왔다는 사실은 이 문제를 풀어 가기가 무척 어렵다는 것을 의미한다. 학교 현장에서는 최선의 노력을 다하고 있고, 이와 관련된 지원금도 늘어났지만, 졸업장 없이 학교를 떠나는 고교 중퇴자의 비율은 그대로 유지되고 있다.

미국약속재단의 앨마 파월 이사장은 이런 비극의 한 단면을 이렇게 묘사한다.

만약 이 나라에서 어린이 7천 명이 실종되었다면 우리가 어떤 대응을 할지 안 봐도 명확하다. 우리 사회는 그 아이들을 되찾기 위해 가용한 모든 자원을 동원하려 할 것이다. 실종 사건은 언론 매체를 도배할 것이다. 긴급한 조사가 진행될 것이고, 유사 사태를 막기 위해 새로운 정책이 도입될 것이다. 하지만 이와 비슷한 방식으로 우리는 날마다 7천 명의 아이들을 잃어버리고 있다. 오늘 하루만이 아니라 학교 수업이 이뤄지는 매일매일 그런 일이 일어나고 있다. 그 아이들은 학교를 중퇴한 뒤 다시는 돌아오지 않는다. (Powell 2008)

불행하게도 파월 여사의 이 이야기에는, 학교를 그만두지 않고 고등학교나 대학교에 재적하고 있으나 공부에 흥미를 잃은 수많은 학생들은 포함되지 않았다. 우리는 그 학생들의 재능이나 고교 시기 이후의 궤적이 어떤지 알지 못한다. 어떻게든 졸업을 하려고 버티면서 학교를 다니고 있는 수많은 학생들은 넘나들며 배우기를 간절히 바라지만 학교 밖에서 어떻게 학습을 진행할지, 어떻게 학교와 연계해 학점이나 졸업 이수 점수를 취득할지를 알지 못한다.

만약 오바마 대통령이 2012년 1월 국정 연설에서 제안했던 대로 의회가 학교 중퇴에 반대하는 법을 통과시켰다면 그 비율은 낮아질 수도 있었을 것이다. 하지만 그렇게 했다면 역효과를 불러일으켰을 것이다. 교육을 개선해 학교를 중퇴하지 않게 만들려면 왜 그들이 졸업장도 받지 않고 학교를 떠나는지 이해해야 한다. 2010년에 수행된 학업 중단과 관련된 종합적인 연구 보고서이자 우리가 연구원으로 참여하기도 했던 '모든 학생들의 졸업을 성취하기: 학교 중퇴를 막고 정상화시키려는 학교 이사장을 위한 가이드'(Princiotta and Reyna 2009)에 따르면 학생이 졸업장 없이 학교를 떠나는 주요 원인 네 가지가 이렇게 명시되어 있다. 학업 실패, 문제 행동, 삶의 변고, 관심 상실이 그것들이다.

우리가 '더 빅 포(The Big Four)'라고 부르는 네 가지 요인은 학업 중단의 동기에 대해 많은 것들을 설명해 준다. 하지만 뚜껑을 열고 조금만 들여다보면 이 네 가지보다 더 깊은 요인들이 심층에 존재하고 있음을 알게 된다. 빅픽처러닝 학교에 재학 중인 학생들을 수년간 관찰하고, 그들이 들려준 이야기에 바탕을 두고서 우리는 더 깊은 원인 네 가지를 추가 요인으로 밝혀냈다. 그것은 학생들의 관점을 더 잘 드러내는데 바로 방치, 어긋남, 재능과 흥미의 간과, 지나친 규제였다.

학업 중단의 사유는 우리가 상상하는 것보다 더 근원적이었고, 학교 현장에서 만연한 문제들이 초래한 결과였다. 학생들이 학교나 생산적인 학습에서 이미 마음이 떠나 있었다는 것이다. 마치 러시아의 전통 인형 마트료시카처럼 학업 중단 위기는 이 마음 떠남이라는 현상 안에 이미 똬리를 틀고 있었다. 그렇기 때문에 이 책이 담고 있는 이중의 초점을 자극하고 주목하는 것이다. 심층에 놓인 이 네 가지 원인은, 학교에서 쏟아져 나오는 숱한 학교 중퇴 사례뿐만 아니라 심리적으로 이미 학업을 그만둔 더 많은 수의 학교 내 학업 중단자들에 대해서도 설명해 준다.

우리는 학생이 품은, 또는 학교가 학생에게 품은 '높은 기대'에 대해서는 심심치 않게 듣지만 학생이 자기 학교에 바라는 기대에 대해서는 거의 들어 본 적이 없다. 학생들의 기대는 그들이 학교 안에서 원하는 관계를 맺어 갈 때 새로운 '관심의 규칙'을 형성한다. 질문 형태로 짜인 그들의 기대는 다음과 같다.

관계 _ 선생님과 학교의 다른 사람들이 나와 내 관심사, 재능에 대해 알고
    있는가?
연관 _ 학교에서 가르치는 내용이 내 관심사와 연관성이 있는가?

의미 _ 학교에서 내가 하는 학습과 작업이 학교 밖의 작업 공동체, 전문가, 가족, 고용주로부터 의미 있게 여겨지는가?

적용 _ 내가 배우는 것을 실제 세계의 환경과 맥락에 적용해 볼 수 있도록 기회가 주어지는가?

선택 _ 무엇을 언제 어떻게 학습하고, 내 능력을 선보일 수 있을지에 대해서 나는 실질적인 선택권을 가지고 있는가?

도전 _ 학습이나 작업을 할 때 나는 적절하게 도전적인 과제를 수행하고 있 다고 느끼는가?

놀이 _ 나는 실패로 낙인찍힐 염려 없이 실수를 하고, 또 그로부터 배울 수 있을 만큼 자유롭게 탐험할 기회를 누리는가?

연습 _ 내가 배워야 할 기술을 익힐 때 깊이 있고 지속적인 연습에 몰입할 수 있도록 기회가 주어지는가?

시간 _ 나만의 속도로 배울 수 있도록 충분한 시간이 주어지는가?

시기 _ 표준화된 과정을 벗어나서 나만의 학습을 추구할 수 있는가?

이것은 학생이 가질 만한 합리적인 기대이다. 위의 기대 항목을 보면 진실로 우리가 고민해야 하는 문제는 학생들의 무기력이고, 학업 중단은 그러한 무기력의 궁극적 결과라는 사실이 분명하게 드러난다. 학교에 남아 있는 학습 포기 상태의 학생들을 사회적 압력이나 정부의 시행령으로 몰아붙이는 것은 학업 중단이 그러하듯 우리의 교육 체제가 실패하고 있다는 심각한 지표이다.

효과적인 해결책을 창조해 내는 방법은 어떻게, 왜 학생들이 포기 상태에 이르는지 학생과 학교 사이의 망가진 관계에 대해 철저하게 이해하는 작업을 포함한다. 학교생활에 참여를 늘리고 학업 중단 학생 수를 줄이려면, 학교는 학생들이 품은 기대감을 적극적으로 포용하고 그들이 위의 질문에 어떻게 응답하는지 열성적으로 경청해야 한다(포춘지 선정 500대 기업이 그들의 가장 중요한 고객에게 하는 설문조사보다 더 간절하게 말이다). 또한 학교는 학생들과의 관계를 새롭게 활성화하고 재구축하는 기회를 기꺼이 받아들이며, 생산적인 학습을 가능케 하는 관계에 초점을 두어야 한다.

시모어 사라손의 정의(그가 2004년에 펴낸 『그리고 당신이 의미하는 학습은 무엇인가』)에서 영감을 받은 생산적 학습이란 "더 배우고자 하는 마음을 불러일으키고 강화하는" 학습이다. 우리가 말하는 생산적 학습이란 자기 역량을 보여주려는 열성적인 학생의 노력을 말한다. 그러한 학습은 장인정신에 기반한 탁월성을 통해 높은 성취를 추구하는 방향으로 학생을 이끈다. 생산적 학습과 관련해서는 세 가지 질문을 줄곧 언급해야 한다.

1. 성공이란 무엇인가?
2. 성공하기 위해 꼭 배워야 하는 것은 무엇인가?
3. 학교는 생산적으로 학습하려는 학생을 어떻게 도와야 하는가?

이 질문에 대한 우리의 답변은 정해져 있지 않다. 우리가 바라보기에 생산적 학습이란 세 가지 중요한 삶의 영역에 다같이 적용된다. 직장, 가족, 공동체가 바로 그곳이다.

일방적인 교수법에 바탕을 둔 전통적 접근과 평가로는 모든 학생들이 역량을 갖추게 할 수 없으며, 장인정신에 기반한 탁월성 면에서는 더욱 그러하다. 학생을 학교에 머무르게 하면서 졸업할 때까지 생산적인 학습자가 되게 하려면, 학교 밖에서 배우는 것들 가운데 일부를 학생이 경험할 수 있도록 학교가 제공해야 한다. 학생이 학교에 남아서 학습을 지속하게 하려면 모든 학생은 학교를 자주, 정기적으로, 또한 **일시적으로 떠날** 필요가 있다. 이를 위해서 학교는 학생들이 학교 밖에서 하거나 할 수 있었던 학습과 학교 안에서 하거나 할 수 있는 학습을 분리시켜 온 담장을 허물어야만 한다. 양쪽 세계의 학습과 맥락은 봉제선 없이 통합되어야 한다. 우리는 그런 프로그램을 '넘나들며 배우기'라고 부른다.

배우기 위해 학교를 떠난다는 논점이 직관에 어긋나는 것처럼 보인다 해도 상관없다. 학생이 학교를 떠나 조금이라도 무엇인가를 배우려 하겠느냐고 물을 수 있다. 이 질문에 대답하려면 우리는 학습자, 학습, 그리고 학교에 대해 당연하게 여겨 왔던 그 경계선을 밀어젖힐 필요가 있다. 우리는 배우기 위해 떠나는 것을 아주 일반적인 일이라고 여긴다. 빅픽처러닝 학교들에서 대부분의 학생들은 상당 분량의 학습을 학교 밖에서 수행한다. 배우려는 학생들이 우리 학교를, 아니 그 어떤 학교라도 떠나 밖에서 학습한 내용을 가지고 학교로 되돌아오는 방식을 떠올리는 것이 우리에게는 무척 자연스럽다.

배우기 위해 떠나는 기회는 인턴십, 여행, 봉사활동, 노동, 기업가적 모험, 전환기 휴식gap year을 포함한다. 이런 기회가 다른 학교에서는 극소수에게만 제공된다. 모든 학생들이 전 학년에 걸쳐서 넘나들며 배우기 프로그램을 실행하는 학교, 이를 학생들의 공부 계획 가운데 통합적인 부분으로 받아들이는 학교, 그리고 학업 평가와 졸업 학점으로 인정하는 학교를 찾기란 거의 불가능하다. 학교는 그런 프로그램을 채택함으로써 학생들의 기대감을 충족시키고, 그들이 '능력을 최대한 발휘하여' 학습하도록 도울 수 있다. 이는 단지 학생을 학교 밖으로, 이른 시기에 더 자주 나오도록 하는 일에 그치지 않는다. 오히려 그들이 학교 밖으로 나왔을 때 무엇을 하며, 학습 경험과 성취를 어떻게 학교로 되가져 갈 것인가가 관건이다. 사회 구조와 문화를 규명하고, 학교 밖 세계를 기술하려면 넘나들며 배우기 작업을 효과적으로 만들어야 한다. 그러므로 우리가 생각하는 교사의 새로운 역할은 재능 관찰자, 여행 길잡이, 중개인, 개인 훈련 조교, 코치와 같은 것이다.

또한 넘나들며 배우기 프로그램은 최근에 학업을 중단했으나 학교로 되돌아오고 싶어 하는 다른 청소년들에게 학교가 일종의 메시지를 전달하도록 돕는다. 이 같은 '되돌아오기' 프로그램은 학교 밖으로 배우러 떠난 학생들에게 학습자원을 제공하기 때문에 학교가 지역사회 안에서 (물리적으로든 온라인상으로든) 정보를 취득할 수 있게 도와준다.

넘나들며 배우기 프로그램을 지원하기 위한 새로운 정책과 협약에는 부모, 고용주, 지역사회의 협력이 필요하다. 청소년을 위해 봉사하는 모든 이들은 그 어떤 정책이나 프로그램, 실천을 수행하든지 간에 지금처럼 대통령이 교육개혁을 반복적으로 호소하게 만드는 지엽적인 특별 정책들과는 달리 진정으로 의미심장한 혁신을 끌어안을 필요가 있다.

빅픽처러닝 학교에서는 학업 중단 학생들이 나오지 않는다. 대부분의 학생들이 심층에 놓인 네 가지 학업 중단 사유 가운데 일부 또는 전부와 직면하고 있음에도 결코 학업을 그만두지 않는다. 그 아이들은 왜 학교에 남아 있을까? 여러 가지 이유가 있겠지만 그 가운데 핵심은 우리 학교에서는 심층에 놓인 네 가지 원인에 면밀하게 주의를 기울이며, 학생들에게 기대 수준을 언급한다는 점이다. 대부분의 학생들이 보여주는 고도로 동기화되고 적극적으로 관여하는 학습은 학교 밖에서 일어나고 있으며, 이는 학점을 취득하기 위한 중요하고 정당한 활동으로 인증된다.

넘나들며 배우기는 비록 이론이 아니지만 세계 여러 나라의 수백 군데 학교에서 진화를 거듭하며 주의 깊게 연마된 체계이다. 우리는 또한 빅픽처러닝 학교가 아니라 하더라도 학생을 위해 이 체계를 수용하려는 숱한 학교들을 돕고 있다. 아래의 질문들이 우리가 펼치려는 담론을 이야기해 준다.

- 학생들은 학교에 무엇을 원하는가?
- 넘나들며 배우기 프로그램이 어떻게 생산적 학습에 깊이 몰입하면서 졸업할 때까지 학교에 남아 있으려는 학생들의 숫자를 의미심장하게 증가시킬까?
- 넘나들며 배우기 프로그램의 핵심적인 설계 형태와 구성은 어떠해야 하는가?
- 넘나들며 배우기 프로그램을 지원하기 위해 교육자들이 학교에서 만들어 내야 하는 변화는 무엇일까?

대부분의 학생들은 학교를 활용하기 어려워한다. 실제로 많은 청소년이 학교를 부정적인 학습 환경으로 간주한다. 학교는 학생들이 중요한 삶의 기술을 습득해 역량을 갖추도록 도와주는 데 실패했다. 뿐만 아니라 학습이란 오로지 학교에서만 일어나고 실제 세계와 동떨어진 어떤 것이며, 학교는 수업 종과 규율로 조직되고 선다형 시험문제와 지필고사로 평가받는 곳이라는 천편일률적인 이미지를 심어줬다. 학교는 문서로든 비문서 형태로든 배우려는 젊은이의 내적 욕구를 옥죄고, 탁월하게 발전시키고 싶은 것들, 가르쳐 줄 사람, 배우는 방법 등에 대한 선택을 제한하는 규칙들을 갖고 있다. 그러니 창조적이고 기업가 정신을 가진 숱한 젊은이들이 생산적인 학습으로부터 마음이 떠나 버린 사실이 그다지 놀랍지는 않다. 그들은 어른들이 학교에 머물러 있으라고 제언하는 것을 실제 세계에 참여하지 말라는 의미로 받아들인다.

학교는 학습자와 학습에 관한 연구, 특히 학습 동기, 학습에의 관여, 창조성에 대한 연구 결과를 죄다 무시한다. 학생들에게 주의집중을 요구하면서 되레 학생들의 집중력을 희생시키며, 오히려 학교는 학생에게 주의집중하기를 거부한다. 학교 측의 주의집중 장애가 학생의 성공을 위협하고 있다. 켄 로빈슨(2001)을 비롯하여 창조성과 발명 분야의 여러 전문가들은 청소년이 가진 내적 창조성과 발명 근성을 계발하는 일을 무시함으로써 초래한 무시무시한 결과가 어떤 것인지 우리에게 환기시킨다.

진정으로 현재와 달리 더 나은 상황을 만들어 가려면 교육자들은 학습자와 학습에 대해 다르게 생각할 필요가 있다. 그동안 당연시 여기던 가정假定에 대해 질문을 던지고, 이전에 알고 있었던 학교를 잊어야 하고, 초심자의 마음으로 되돌아가서 사유하며, 새로운 시각, 특히 학생 개개인의 시각으로 새로운 가능성을 직시해야 한다.

만약 여러분이 그처럼 다르게 생각하고 행동할 준비가 되어 있지 않다면 당신의 학교를 혁신하기 위해서는 다른 곳을 알아보는 편이 나을 것이다. 오스트레일리아의 석유 사업가였던 존 마스터스는 이렇게 언급한 적이 있다.

'최전선'에서 탐색하는 매순간마다 외롭다는 사실을 여러분은 직시해야 합니다. 만약 여러분이 엄청나게 편안한 느낌이 든다면 뭔가 잘 진행되지 않고 있는 상황을 뜻합니다. 모든 일이 잘되고 있다는 안온함은 대개 어떤 무리의 한가운데 있을 때에만 느껴지는 감각입니다. 여러분이 백척간두 바로 앞에 놓여 있을 때라야 정말로 커다란 보상을 받을 기회를 가지고 있는 것입니다. (Biggs 2006, 120)

진짜 위기란 아무것도 시도하지 않는 것이다. 그러므로 우리에게는, 또한 바라건대 여러분에게도 그렇게 하는 것이 선택지가 아니길 희망한다.

1부 _ 학교와 멀어지는 아이들 이해하기

점점 늘어나는 학교 중퇴 학생을 줄이기 위해 그런 징후를 조기에 포착하는 시스템에서부터, 학업을 그만두려는 학생을 위한 프로그램과 특별 학교 도입에 이르기까지 수많은 해결책이 제시되었다. 하지만 어떤 것은 성공의 문턱에 한참 미치지도 못했고, 다른 것들은 학교로 되돌아오고 싶어 하던 아이들과 함께 어디론가 사라져 버렸다.

1부에서는 만약 학생의 중퇴 문제에 좀 더 폭넓게 초점을 맞췄더라면 학교의 참여가 더 성공적이었거나, 개입이 전혀 필요하지도 않았을 것이라 제언한다. 여기서 말하는 초점은 왜, 어떻게 학생들이 학교에서 떨어져 나오는지에 대해서뿐만 아니라 왜, 어떻게 더욱 많은 학생들이 생산적인 학습에서 멀어지게 되는지에 대한 깊은 이해를 뜻한다.

또 학생의 학업 중단 이유를 다수의 연구 결과로 살펴보고, 경험으로 밝혀낸 부가적 요인도 더 규명해 보겠다. 이로써 학교가 어떻게 그 요인들을 이해할 수 있을지 더 나은 인식을 공유하려고 한다. 우리는 또한 학생의 입장에서 품고 있는 기대가 무엇인지도 주목할 것이다. 끝으로 우리는 학교 중퇴가 진행될 때 학생에게 그 현상이 어떻게 비춰지는지를 이해하기 위해 그들의 머릿속과 마음속으로 들어가 보려고 시도할 것이다.

그럼 시작해 보자.

1장 _ 학교에서 마음이 떠나게 되는 8가지 이유

> 나는 인간으로 살아가는 전 생애에서 학창시절이 가장 불행하다고 생각한다.
> 학교생활은 지루함, 비지성적인 과업들, 불쾌하고 늘어나는 관례들,
> 상식과 예절에 대한 야만적인 침해들로 가득 차 있다.
> _ 헨리 루이스 멩켄

20세기 초반의 멩켄처럼 학교를 비난하는 행동은 전무후무한 일도 아니다. 유명한 로큰롤 가수였던 척 베리는 1957년에 학교에는 "바보 같은 짓들이 넘쳐난다"고 기록했다. 그는 그곳에서 매일같이 괴로웠고, 똑같은 일이 반복되어 지루했으며, 학생들의 반항에도 학교는 아무런 반응을 보이지 않았다고 묘사했다. 유감스럽게도 이는 현재의 학교 모습을 그대로 반영한다.

베리가 이렇게 탄식하기 한 세대 이전에 자크 쿠스토는 이미 학교가 지루함과 금지로 가득 찬 장소임을 간파하고 있었다. 쿠스토는 어린 시절 병약했음에도 아주 이른 나이부터 수영을 아주 좋아했다. 열 살 때 그는 이미 물속에서 버틸 수 있는 만큼 오랫동안 숨을 참을 수 있었고, 더 오래 머무르기 위해 튜브를 이용하기도 했다. 또한 쿠스토는 기계를 해체했다

가 다시 조립하는 일을 무척 즐겼다. 열한 살 때는 크레인과 축전지로 운행되는 자동차를 만들었다. 쿠스토는 학교가 지루했고, 공부 못하는 학생으로 간주되었다. 전기 작가인 레슬리 듀템플(2000)은 이렇게 적었다. "기계만이 유일한 관심사라고 그는 선언했다. 기계는 마술 같은 일을 만들어 낸다! 그는 다른 모든 과목을 포기하고 오로지 기계만을 공부했다"(14). 하지만 교사들은 그의 요구를 거부했다. 그래서 쿠스토는 수업을 빼먹고 물건을 부수고 거짓말을 일삼았다. 쿠스토는 유리창 열일곱 장을 깨부순 일로 퇴학을 당했는데, 그는 창문들이 마치 카우보이가 총기를 난사한 것처럼 보이기를 원했다고 말했다.

쿠스토를 맡았던 교사들이, 장차 그가 수중자가호흡장치^{SCUBA} 공동 개발자인 동시에 세계적으로 알려진 탐험가이자 자연보호론자가 되리라 예상했다고 한다면 그것은 말이 안 되는 일이리라. 아무튼 교사들은 쿠스토가 학교 밖에서 세상을 바라보고 영화를 만들고 수영을 하면서 갖게 된 관심사와 성과를 전혀 알아채지 못했다.

베리가 학교에 불만을 토로하고도 한 세대가 지난 다음, 캐나다 출신 뉴스 프로그램 진행자인 피터 제닝스는 아홉 살에 이미 자신의 라디오 프로그램을 진행하고 있었는데, 반면 학교에서는 고전하던 중이었다. 그는 나중에 회고하기를 10학년 진급에 실패하고 학교를 중퇴했는데 그것은 '완벽한 따분함'으로부터 해방되는 일이었다고 했다. "나는 운동을 몹시 좋아했다. 여자아이들도 무척 좋아했다"고 말했다. "나는 만화책을 사랑했다. 또한 별다른 이유가 없어 지금도 이해할 수는 없는데, 당시에 나는 꽤나 게을렀다"(Darnton, Jennings, and Sherr 2008, 6). 제닝스는 학업을 그만두기 전에 잠시 칼톤 대학교에 재학했다. 또한 그는 오타와 대학에도 다녔던

적이 있다.

제닝스는 주변에 기자들이 많은 가정환경에서 자랐다. 그의 아버지는 캐나다 라디오 분야의 개척자였으며 종종 캐나다의 월터 크롱카이트 혹은 에드워드 머로에 비견되는 인물이기도 했다. 라디오와 텔레비전에 대한 관심사가 제닝스를 이끌었다. 그는 학교에서 배우는 그 무엇도 원하지 않았다. 가만히 앉아 있기에는 매우 활동적이었고 탐구심이 많았다. 따라서 일반적인 방식의 학습 면에서는 보통 이하였다. 여동생인 사라는 이렇게 회고한다. "오빠가 첫 번째 직업을 가졌을 때는 미국 교육 체제를 무난히 통과한 사람들이라면 누구나 알고 있을 만한 지식이 부족했던 것이 사실입니다. 그러나 오빠는 배우려는 욕구, 알려는 욕구를 가지고 있었고, 질문하는 것을 두려워하지 않았습니다. … 자신의 관심사에 충실하다는 관점에서 보자면 바로 그것이 오빠가 학습하는 방법이었지요."

여러분은 제닝스의 학교가 그와 같은 인재를 가르치느라 기뻐서 어쩔 줄 몰랐을 것이라 추측할지도 모르겠다. 하지만 당시 교육과정에서 그의 관심을 충족시킬 만한 게 전혀 없었기에 학교 밖 세상이 제닝스의 학습 환경이 되어 주었다. 그는 어른들과 관계를 맺으면서 실제 세계에서 부딪히는 어려움을 학습해 나갔다. 그는 학교에서보다 더 많은 것들이 필요하다는 사실을 깨달았고, 그러한 기회를 스스로 거부할 생각이 없었다.

이와 유사한 젊은이들의 이야기가 잊혀질 만하면 뉴스에서 흘러나온다. 오스트레일리아의 열여섯 살 제시카 왓슨은 혼자 세계를 항해하기 위해 7개월 휴학을 신청했다(Batty 2010). 조던 로메로는 자신의 열다섯 번째 생일이 돌아오기 전에 각 대륙에서 가장 높은 산봉우리들을 모두 등정했다(BBC News US & Canada 2011, Shimura 2010). 그러한 능력과 성취를 학교가 인증하지 못했다는 사실은 우리의 상식에 위배되는 일이다. 역사를 만들어 낸 학생들의 업적이 학점으로 인정받지 못하는 반면, 학교에서 그러한 역사 이야기를 책으로 읽은 학생들은 어찌하여 학점을 받을 수 있단 말인가? 만약 이처럼 학교가 보여준 학생에 대한 기대의 경직성 때문에 당혹스럽다면 학생의 입장에서는 더욱 그렇지 않겠는가?

학업 중단에 관한 연구에 따르면 학생이 일단 학교를 떠나면 다시 돌아오는 경우란 거의 없으며, 졸업장 없이 학교를 그만둔 학생들에게는 네 가지 주요 원인이 작용한다고 규명하고 있다. 학업 실패, 문제 행동, 삶의 변고, 관심 상실. 우리가 학생과 학교를 관찰한 바에 따르면 이 네 가지 원인보다 더 깊숙한 곳에는 연구자들이 잘 감지하지 못하는 심층 원인 네 가지가 존재하는데, 그것은 방치, 어긋남, 재능과 흥미의 간과, 지나친 규제이다.[1] 표층 원인이 교육 정책을 주도했던 반면, 심층 원인 네 가지는 수많은 학생들이 학교를 어떻게 느끼는지에 대한 통찰을 제공한다.

표층 원인 네 가지

학교에서 끝내 중퇴한 학생들은 불안정한 출석률, 교칙 위반 행동, 학업 실패와 같은 강력한 경고 신호를 사전에 내보낸다. 『위대한 국가 건설하기』(2011, 2012)에서 로버트 발팡즈와 동료들은, 이 같은 경고 신호들은 학업 중단의 첫 단계로서 어떤 학생이 고등학교를 중퇴할지 사회경제적 요

---

1) 여기서부터 전자(the big four)를 표층 원인, 후자(the deeper four)를 심층 원인이라 이름 붙이기로 한다.

표층 원인

학업 실패 / 문제 행동
삶의 변고 / 관심 상실

방치
어긋남
재능과 흥미의 간과
지나친 규제

심층 원인

인보다 더 정확하게 예측하거나, 중학교 입학 시기부터 고등학교의 졸업 비율을 미리 예측하는 데도 유효하다고 보고했다.

학업 실패

『침묵의 유행병』(2006)에서 존 브릿지랜드, 존 딜룰리오, 카렌 버크 모리슨은 중퇴 학생 가운데 3분의 1 정도가 학교를 떠나는 주요 요인을 학업 실패 때문이라 진술했다고 보고한다. 그 학생들은 학업을 따라갈 수 없었거나 결석 일수가 너무 많았다. 절반 정도는 고등학교에 입학했을 때 준비가 적절히 되어 있지 않았다고 답변했다. 3분의 1 정도는 동일 학년을 다시 다녀야 했고, 또 3분의 1은 열심히 노력을 기울였더라도 학교에서 요구하는 사항을 맞춰 낼 수 없었을 것이라고 느꼈다.

학업 실패는 별로 복잡하지 않은 사안이다. 반복해서 실패한 과목에 더 많은 시간을 투자하지 않으면 졸업이 불가능하다는 사실을 의미한다. 하지만 학업 실패, 특히 전통적 방식의 평가로 측정된 학업 실패가 반드시 공부에 실패했다는 뜻일까? 우리는 그렇게 생각하지 않는다.

학교는 등급과 카네기 수업 시수(학생들이 학점을 받으려면 반드시 이수해야 하는 수업 시간)를 점검하고 학생들에게 졸업이 가능한지 정보를 제공한다. 때로는 주 정부와 교육구에서 실시하는 시험으로 누가 졸업장을 받을 것 인지를 결정하기도 한다. 학생들은 계산을 해보고 누적 학점을 추가로 딸 수 없거나 다른 학생들을 따라잡을 길이 없다는 사실을 확인할 때 학교 중퇴를 결심한다.

존 엘더 로빈슨은 독학으로 전자공학과 복원 분야에서 독보적 권위자 가 된 인물로, 랜드로버와 롤스로이스, 벤틀리 자동차에 특화된 독립 자 동차 정비 기업 'J E 로빈슨 서비스'의 회장이기도 하다(Robinson 2011a). 『다 르게 되라』에서 로빈슨(2011b)은 몇몇 교과목에서 실패했던 경험을 다음과 같이 회고했다.

금방 파악할 수 있는 내용을 굳이 시험으로 측정하고, 고등학교 내내 지루 한 아이디어만 다루고, 대학에 입학 허가를 받았지만 똑같은 짓을 4년 동안 이나 또다시 해야 한다는 사실이 비현실적으로 보였다. 첫 번째 문제는 나 를 제외한 동급생 모두가 11학년으로 진급할 때 내가 감수해야 할 모욕감이 었다. 얼마나 많은 아이들이 학교에서 낙제하는 것일까? 나는 의아했다. 고 등학교를 3년이나 더 다녀야 한다는 사실을 상상조차 할 수 없었다.

아스퍼거증후군(고기능 자폐증)을 앓고 있던 로빈슨은 고등학교 때 자퇴를 했다. 그는 쉰한 살 되던 2008년에 휴스턴의 모나크 학교에서 명예졸업장을 받았다(이 학교는 신경학적 차이를 가진 개인들을 도와주는 기관이다).

빅픽처러닝의 한 학생은 그녀가 예전에 다녔던 일반적인 고등학교에서 감당해야 했던 문화와 체제에 관한 이야기를 우리에게 들려주었다. 저메인은 이렇게 설명한다.

저는 뒤처져 있었어요. 물론 학점도 바닥이었고요. 그들이 가르치는 내용을 이해할 수 없었기 때문이죠. 저는 배울 수 있어요. 하지만 그들이 가르치는 내용과 방식으로는 배울 수 없어요. 그들이 가르치려는 것은 저를 대학에 보내기 위한 준비였다는 사실을 이해해요. 하지만 저는 그런 대학에 관심이 없어요. 제 손과 제 마음을 통해 배우며 일하기를 원합니다. 저는 머릿속에서만 머물 수는 없어요. 그것은 제 인생에서 원하지 않은 일입니다.

이런 이야기들은 학업 실패에서의 예민성, 그리고 미묘한 문제를 드러낸다. 연구 보고서나 우리가 관찰한 바에 따르면 많은 학생들, 심지어 등급 시험을 통과한 학생들조차 수업 내용이라든가 교육과정을 실제로 잘 이해하지 못한다. 물론 그들이 시험을 통과한 사실은 맞다. 하지만 그들은 정녕 무엇을 배웠을까? 어떤 학생이 받은 F학점이 그의 부족한 이해 때문이 아니며, 어떤 학생이 더 이해를 못했음에도 A학점을 받을 수 있다는 데에 슬픈 진실이 존재한다. 표준화된 시험, 심지어 고등학교 졸업 시험을 통과한 많은 학생들이 어떤 대학에서 입학 허가를 받아도 그 대학의 수업을 받을 수준에는 못 미치기도 한다.

물론 중퇴자의 상당수는 낮은 등급을 받는다. 하지만 학교에서 적절하게 학습 참여를 보장했다면 많은 학생들은 학업상의 발전을 이룰 능력이 있었을 것이다. 이것은 그들이 배울 수 없다는 의미가 아니라 학교가 교육 과정을 가르칠 때, 학생들이 무엇을 언제, 어떻게 배워야 하는지 제대로 알려 주지 못했다는 의미다. 때로 이런 학생들은 자신을 공부 못하는 사람, 또는 전통적인 학교의 의미에서는 뛰어나지 못한 사람으로 인식한다.

문제 행동

학생들은 폭력, 협박, 마약 복용, 장기 결석, 그리고 교칙 위반 등 다양한 문제 행동으로 인해 학교에서 퇴학당하거나 자퇴를 한다. 리처드 프라이어도 이들 중 한 사람이었는데, 고등학교 중퇴자의 약 4분의 1 정도가 이 범주에 속한다. 문제 행동은 종종 무관심과 권태 같은 다른 원인들도 불러일으킨다.

일부 행위들은 용납받지 못할 일들이다. 폭력과 마약 복용이 명백한 사례이다. 거친 행동은 학교나 교사가 제어할 수 있는 능력 밖의 사안으로 바라보아야 한다. 그렇지만 학교 측에서 학업 중단의 심층 원인 네 가지를 언급하고, 학생들이 학교에 거는 기대를 들어주면서 수용해 나갈 때 학생들의 행동에 놀랍고도 즉각적인 변화가 일어나는 현상을 우리는 목격했다. 여기에 한 가지 사례가 있다.

어제 엘리자베스 리와 담임교사인 알렉스는 미니애폴리스(세인트폴에 있는 공립 차터스쿨) 작은 학교 컨퍼런스에 참가한 200명의 청중 앞에서 발표를 했다. 엘리자베스가 메트스쿨에서 겪은 경험이 그녀의 삶을 바꾸었노라 증언하는 내용의 대학 리포트를 읽어 내려가자 행사장에 있던 사람들은 눈물을 훔쳤다. 3년 전 우리 학교에 도착한 첫날 엘리자베스는 비명을 지르고, 욕을 해대고, 언쟁을 일삼았다. 그 누가 그렇게 하지 않겠는가? 그 아이는 한 입양 가족에서 다른 입양 가족으로, 한 학교에서 또 다른 학교로 계속 옮겨 다녔다. 그 후 수년 동안 엘리자베스가 메트스쿨에서 지내면서 일어난 변화는 환골탈태 바로 그것이었다. 알렉스는 초기에 엘리자베스가 보였던 허장성세가 차분히 생각하고 타인과 공감하는 자세로 변모되었다고 청중에게 증언했다. 그는 '어떤 상황에서 잠시 견디는' 시간에 대해 이야기했고, 그런 시간을 가짐으로써 개별 학생들과 함께 작업할 수 있게 되었다고 말했다. (Big Picture Learning 2004)

학습 기회를 개별 학습자에게 맞추고, 생산적 학습이 되도록 학생들을 끌어들이고, 규칙을 느슨하게 적용함으로써 마약 복용이나 폭력 조직 가담 같은 극한적 문제까지 포함해 학생들의 용납하기 어려운 행동들을 줄여 나가는 일은 가능하다.

삶의 변고

이즈라일 겔판트는 20세기에 가장 걸출한 수학자 가운데 한 사람이었고 고등학교 중퇴자였는데, 이런 이야기를 들려준다.

유대인을 대상으로 집단 학살이 일어나던 무렵, 우크라이나의 한 유대인촌에는 한두 개의 학교만 간신히 살아남아 있었다. 한 차례의 집단 학살이 휩쓸고 지나간 뒤 어느 날 생물 교사가 곤충의 한살이를 강의하고 있었다. 한 유대인 소년이 강의에 주의를 기울이지 않자 교사는 그를 향해 이렇게 물었다. "모쉬, 딱정벌레 다리가 몇 개인 줄 아느냐?" 모쉬는 슬픔에 가득 찬 눈길로 그 교사를 바라보며 말했다. "저도 그런 문제를 고민할 수 있다면 얼마나 좋을까요, 선생님!"(Gelfand and Gelfand 2009)

겔판트는 정치적인 이유로 학교에서 제적됐지만 (아마도 자퇴보다는 '밀어내기'였을 것이다), 그가 지녔던 수학에 대한 사랑이 그 정도 일로 중단되지는 않았다. 그는 책을 통해서, 그리고 대학 도서관을 찾아 자신의 공부를 이어 나갔다. 시대를 앞서 나갔던 그는 러시아의 통신교육학교에 다니기 시작했다. 그곳에서는 수학에 관심 있는 학생들의 멘토가 되어 주는 수학자들을 만날 수 있었다. 고등학교를 마치지 못했다 해서 학문적으로 무능한 것은 아니라는 사실을 그는 자신의 경험을 통해 알고 있었다.

많은 학교 중퇴자들은 학교를 떠나야 했던 개인적인 이유에 대해 설명한다. 브릿지랜드, 딜룰리오, 모리슨에 따르면 학업 중단자의 3분의 1은 직업을 찾아 돈을 벌어야 했다고 보고한다. 또다른 4분의 1은 아이를 낳아 부모가 되었고, 5분의 1 정도는 가족 구성원을 돌봐야 했던 사정을 이야기했다.

이들 가운데 많은 수는 학교생활을 상당히 잘했다고 보고되었으며, 만약 자신들이 학교에 남아 있었더라면 충분히 졸업했을 것이라 강하게 믿고 있었다. 이 학생들은 만약 학교에서 자신들에게 더 잘해 보라고 요구하고 필요한 도움을 주었다면(학생이 가진 기대를 읽고 충족시키기), 더 열심히 공부했을 것이라고 답할 확률이 가장 높은 그룹이었다. 삶의 변고는 누구에게나 아주 힘든 요인으로 작용하는데, 대부분의 학교에서는 그 문제를 드러내 다루려고 노력하지 않는다. 또한 문제 상황에 놓인 학생을 돕기에 적합한 지역 내 관련 기관들의 협력을 끌어모으고 지속시키는 등의 연계 업무도 수월하지 않다.

우리가 이야기 나눈 학생들은 대부분 학업 중단 원인들이 겹쳐지면서 학교를 떠날 결심을 하게 되었다고 했다. 예를 들어 한 학생이 보고한 내용을 보면 어머니와 다툼이 있었고, 학교에서는 안전하다는 느낌이 들지 않았으며, 경제적 독립을 위해 일주일에 60시간씩 일해야 했다는 것이다. 학교는 이 학생을 대학 진학 기회로부터 차단시키고 군에 입대하도록 했다. 하지만 그는 "군대는 나랑 안 맞아요"라고 말했다.

삶의 변고는 존 엘더 로빈슨(2011b)에게도 불어닥쳤다.

학교 밖 세계는 기회로 가득 차 있었다. 나는 지역의 음악가로 더 많은 시간을 일했고, 어느 밴드의 전일제 단원으로 들어갈 수도 있었다. 나는 기능공으로 차량을 수리하는 일도 구할 수 있었다. 트럭 운전이나 농장에서 농기계를 운행하는 것처럼 내가 할 수 있는 다른 일들도 있었다. 나는 이미 사람들을 상대하는 소박한 직업을 가졌고, 급료도 받았다.

로빈슨이 경험한 삶의 변고는 긍정적일 수 있다. 하지만 학교 중퇴자들이 자신이 내린 결정은 옳은 선택이었다고 얘기할 때조차 삶의 변고는 당사자에게 스트레스를 주는 일이다. 때로는 학교 중퇴가 갑작스레 나타난 삶의 문제를 즉각 처리해 준다. 하지만 꼭 장기간 동안 쌓인 문제들까지 해결해 주는 것은 아니다.

관심 상실

브릿지랜드와 그의 동료들은 학교 중퇴자의 절반가량이 학교에서 제공하는 것들에 관심을 두지 않았다는 사실을 발견했다. 관심 상실은 학업 실패와 문제 행동에 주요한 영향을 끼치는 요인이다. 학생들은 학교 공부가 자신이 살아가고 있는 삶이나 학교 밖에서 경험하는 세계와 아무런 연관이 없다고 느꼈다. 학교가 가르치는 것에 대한 관심 상실이 아이들의 과잉 행동을 촉발했을까? 그것이 학업 실패를 유발한 것일까? 만약 학생들이 관심을 갖게 되고, 교사가 적극 관여한다면 그들을 학교에 머무르게 하는 일이 조금이나마 수월해질까? 미하이 칙센트미하이와 바바라 슈나이더(2000)는 고교 심화학습과정[2]을 이수하는 학생을 포함해 학교에서 마음이 떠난 상당수의 학생에 대한 기록을 남겼다. 다니엘 핑크(2009)는 산업화 시대에 만들어진 당근과 채찍 방식의 공교육 모델이 학생의 의욕 상실과 학업 중단 위기를 초래했음을 느끼고 있다. 학생의 동기와 참여가 학습의 핵심을 이룬다.

우리가 지금까지 서술한 유명인 학교 중퇴자나 학생들 대부분이 바로 지루함과 관심 상실이라는 원인 때문에 학교를 떠났다는 사실이 확실히 규명되었다. 그들이 학교 밖에서 가지게 된 기회와 학교를 어떻게 비교할 수 있을까? 그들은 학습에 무관심했다기보다 학교에서 다루지 않는 무언가를 배울 때 관심을 보였다.

---

2) advanced placement course: 미국 대학협의회에서 만든 고교 심화학습과정. 학업 성취도가 뛰어난 학생들을 대상으로 고등학교 재학 중에 대학 학점을 미리 이수할 수 있도록 마련된 제도이다. 본래 취지는 우수 학생들이 대학에 입학한 뒤 학점 취득을 편리하게 하도록 만든 것이었으나 최근에는 대학 입시에서 지원자의 학업 성취도를 나타내는 지표로 사용되면서 애초의 취지가 퇴색된 측면이 있다.

이모젠은 오스트레일리아의 빅픽처러닝 학교에 재학 중인 학생인데 관심 상실과 관련해 또 다른 관점을 제공한다. 그녀가 열정을 쏟는 분야이자 장래 목표이기도 한 것은 그래픽디자인이다. 원래 그녀가 다니던 고등학교에서는 그 관심을 충족시키기에는 제한된 기회만을 제공했다. 그녀는 학교에 가야 할 동기를 찾기가 힘들어졌다. 다음 해 그녀는 자신이 다니던 학교에 도입된 빅픽처러닝 프로그램으로 전환해 들어왔다. 지금은 기술을 연마 중인데, 가상의 의뢰인이 주문한 작업을 설정하고 포트폴리오를 만들고 있다. 자신이 바라는 작업을 하면서부터 이모젠은 규칙적으로 등교한다. 그녀는 학교에 머물고 싶어 하며, 설정한 목표를 달성하자 더 시간을 쏟는다. 그녀는 말한다. "저는 학교에 있고 싶어요. … 지금 제가 원하는 것을 하고 있어요."

학생들은 여러 가지에 참여하지만 학교가 하라고 해서 늘 그 말을 따르는 건 아니다. 오히려 자신들이 하고 싶어 하는 작업과 학습을 수행하면서 얻는 만족감이 있는데, 그것이 지연되면 지치게 된다. 학생들은 자기 삶의 계획에 따라 앞으로 나가기를 원한다. 영화 〈타이타닉〉과 〈아바타〉의 감독으로 잘 알려진 제임스 카메론은 이렇게 말했다. "나는 학교에서 해야 할 필요가 있다고 한 것들을 하지 못했다. 그들은 성공하기 위해서는 자신들이 팔고 있는 것이 나에게 필요하다고 했다. 나는 그들이 옳았는지 의심스럽다"(Cameron 2012).

우리가 '네 가지 주요 요인'이라고 명명하는 표층 원인을 지지하는, 매우 뛰어난 연구를 칭찬하지 않을 수 없다. 일부 학교에서 학교 중퇴의 잠재성을 초기에 식별하기 위해 채택한 '조기경보 체계'가 있는데, 그것은 전형적으로 지금까지 얘기한 표층 원인 네 가지에 근거를 두어 만들어졌다. 하지만 이 체계는 단순하게 만든 알고리즘에 지나지 않으며 학교와 생산적 학습에 의욕을 상실한 학생들의 신비한 마음을 파악하기에는 빈약하다. 교사나 일반 연구자들이 잘 감지하지 못하는 심층 원인 네 가지에 대해 살펴보자.

심층 원인 네 가지

뉴욕 대학교 교육학과 교수이자 도시사회학자이기도 한 페드로 노구에라(2004)는 이렇게 관찰했다.

만약 우리가 학생이 원하는 것이 무엇인지 귀 기울인다면 그들 스스로 교육에 참여하도록 하는 방법을 찾을 수 있을 것이다. 고등학교가 당면한 문제의 해결책을 학생들이 갖고 있지는 않겠지만, 우리가 그들을 소외시키지 않고 학교를 더 의미 있는 공간으로 만드는 토론에 참여시킬 수 있다면, 우리는 학생과 함께 과거의 피상적인 개혁을 뛰어넘어 실패의 악순환을 깨는 방법을 찾아 나갈 수 있을 것이다.

우리는 15년 넘게 학생들의 목소리를 들어왔고, 그들이 어떻게 학교와 관계를 맺는지 관찰해 왔다. 그들의 이야기는 앞서 살펴본 표층 원인 네 가지의 밑바닥에 좀 더 복잡하고 심층적인 원인들이 존재한다는 사실을 밝혀 준다.

방치

2006년 아카데미 시상식에서 여우주연상을 받은 리즈 위더스푼은 수상 소감에서 준 카터(영화 〈Walk the Line〉에서 위더스푼이 맡은 역할)의 말을 인용하면서 자기 삶의 목적을 요약했다. "저는 단지 소중해지려고 노력하고 있어요."[3)]

소중해지려고 한다는 것은 학생들이 스스로를 의미 있게 생각한다는 것이다. 이것은 학교에 있는 사람들을 포함한 다른 사람들이 그들을 어떻게 생각하는가에 따라 커다란 영향을 받는다는 뜻이다.

학생들은 자신이 누구인지, 무엇이 되길 원하는지, 학교나 학교 밖의 더 넓은 공동체에서 장차 겪어야 할 문제들이 무엇인지 알 필요가 있으며, 학교나 교사로부터 그것을 확언받을 필요도 있다. 학생들은 자문한다. 우리 **학교는 나의 관심사나 정체성을 배려하고 있을까?** 애석하게도 많은 학생들이 자신의 학교가 그렇지 못하다는 결론을 내린다.

『불완전함의 선물』(2010)에서 브렌 브라운은 젊은이와 일부 어른의 경험을 포착했다. 이 책의 부제가 모든 것을 말해 준다. "여러분이 되고자 했던 대로의 자기 자신이 되도록 하고, 여러분 그대로를 인정하고 받아들이세요." 학교는 학생들이 브라운의 충언을 따르기 어렵게 만든다. 한 학생

---

3) 리즈 위더스푼의 여우주연상 수상 소감 한 문단을 옮겨 본다.
"사람들이 주인공인 준에게 요즘 어떻게 지내냐고 인사를 건네면 그녀는 이렇게 대답하곤 했어요. '나는 단지 소중해지려고 노력하고 있어요.' 저는 그녀가 무엇을 말하는지 알아요. 여러분도 아시지요. 저는 그냥 소중해지려고 노력합니다. 그리고 저는 좋은 삶을 살아가고 있으며, 누군가에게 그 무엇이 됐든 의미를 전하는 작품을 만들려고 합니다." '책임 있는 행동을 하라'는 뜻을 지닌 영화 〈Walk the Line〉은 2006년 78회 아카데미 시상식에서 리즈 위더스푼에게 여우주연상을 안겨 준 작품으로 한국에서는 〈앙코르〉라는 제목으로 개봉되었다.

은 예전에 다니던 학교에 대해 이렇게 말했다. "그 사람들은 제 약점을 알고 있었어요. 그러나 저에 대해서 그들이 알고 있던 건 그것이 전부였죠." 사실이다. 대부분의 학교에서 학습 상황을 측정할 때 핵심 사안은 학생들이 '할 수 있는 것'이 아니라 '하지 못하는 것'이 무엇인지를 밝혀내는 일이다. 그리고 강점을 간파하기 위해서 약점에 주목하는 일은 거의 없다.

빅픽처러닝의 학생 아리엘이 들려준 인상적인 독백은 예전 학교에서 스스로 소중해지려고 노력했던 시도가 어떻게 실패했는지를 묘사한다.

나를 가르치려 했던 구닥다리 기술로는 나를 가르치지 못했어.

비록 내 성적표에는 합격이라고 적혀 있었지만 말이야.

우리 선생님들은 걸어 다니는 모순 덩어리들이었어.

그들은 내게 꿈을 좇으라 말해 주었다네.

하지만 그들은 정학 서류에 서명할 때 나의 잘못을 마음속에 담은 채,

나의 주목을 끌어 보려는 의도로 경멸감을 드러내었고,

내 손에 교과서를 안겨 주고, 시험문제를 내준다네.

내가 재적하고 있으므로 자신들은

종신재직권tenure을 얻을 수 있으리란 희망을 품고서 말이지.

그들은 내가 가진 신세대 정신을 산업혁명 시대에 맞춰 훈련시키려 하지.

하지만 학교생활 첫해에 나는

표준화 검사와 성적표 사이의 십자가에 못이 박혀 버렸다네.

지식에 대한 나의 바람은 HB2 연필심처럼 뭉툭하게 닳아 사라졌다네.

나는 선다형 시험지에 답안을 표시할 수 없었지.

풍선 같은 빈 칸을 채우지 않으면 무슨 사달이 날지 우리 모두 알고 있잖아.

신경학자이자 우리의 동료 프랭크 윌슨은 1558년 무렵 피터르 브뤼헐이 그린 〈이카로스의 추락이 있는 풍경〉에서 발견되는, 소중해지기라는 도전에 대한 W. H. 오든의 은유를 우리와 공유하고 있다. 이 그림은 태양 주변까지 날아오르려 했던 젊은 이카로스의 시도가 실패하여 바다에 추락하는 순간, 주변의 어른들이 이 사태를 방관하고 있는 모습을 기록했다. 오든(1938/n.d.)은 '순수예술의 박물관'이라는 시에서 이 그림의 본질을 짚어 냈다. 이 시에서 그는 높이 날아오르기를 원했던 이카로스의 교만보다는 세상이 고통을 어떻게 외면하는지에 초점을 두었다.

브뤼헐의 그림에서는 어떻게 모든 사람들이 그렇게도 한가로운지.
저 농부는 풍덩 물이 튀는 소리와 고독한 울음소리를 들었으리라,
하지만 농부에게 저 추락은 별일이 아니었다네.
짙푸른 물속으로 하얀 두 다리가 사라져 갈 때
태양은 그곳을 비치고 있었다네.
또 저 우아한 배는 무엇인가 놀라운 일을 목격했을 테지,
하늘에서 추락하는 한 소년을.
그럼에도 어디론가를 향해 고요히 운항을 계속하고 있었다네.

그림과 시는 세상과 이카로스 사이의 격리에 대해 이야기한다. 이카로스는 그의 능력을 다소 벗어나는 허황된 포부를 품었고, 자신의 생각을 가지고 있었으며, 다른 사람들은 상관하지도 않는 일에 흥미와 열정을 가진 국외자였다. 그것은 학생을 무시하는 학교의 행태를 여러 면에서 상기시켜 준다.

2010년에 빅픽처러닝이 연, 학업 중단자를 위한 토론회에서 한 학생은 이와 같은 사태에 대해 발언했다. "저는 학점도 부족했고, (예전에 다니던 학교에서) 나를 아는 사람이 단 한 명도 없었기 때문에 학교로 되돌아가는 일이 어려웠어요. 학교는 나 같은 아이들을 뒷문으로 몰아낸 다음 자기 학교의 성적만 높이려 했어요." 다른 학생도 예전 고등학교에 대한 아쉬움을 쏟아 냈다. "저는 단편소설 쓰기를 정말 좋아했어요. 하지만 학교에서는 조금도 알아주지 않았어요. 학교의 규모가 진짜로 저를 겁먹게 만들었어요. 그리고 거기에서 어느 누구의 개인적 관심도 받지 못했죠. 제가 학교를 떠난 뒤로 저는 철저하게 절연되고 말았어요."

빅픽처러닝 학교에 재학 중인 린제아는 이카로스 같은 부류의 학생이었다. 아메리카 원주민의 강한 전통을 물려받은 공동체와 가족을 갖고 있던 린제아는 일반적인 고등학교에서 어려움을 겪었다. 그 학교는 주의력 부족으로 애를 먹던 린제아가 그 한계를 넘어서는 상당한 재능을 갖고 있다는 사실을 알아채지 못했다. 빅픽처러닝 학교로 전학한 지 일 년 뒤 린제아의 담임교사는 그녀의 변모를 다음과 같이 묘사했다.

린제아는 천성 그대로 특출한 학생으로 지금까지 빛을 내고 있습니다. 수학을 빠른 속도로 이수하고 있으며, 재능 있는 필자인 동시에 대중 연설을 아주 잘하는 학생입니다. 지금은 소방서장의 도움을 받아 소방서에서 인턴으로 일하는 중인데, 과학감식 분야에 관심을 두고 일합니다. 그녀는 대학에서 운영하는 과학감식 실험실로 일주일에 한 번씩 출근하고 있습니다.

브렌 브라운의 주장처럼 자신이 바라는 대로 되기 위해 전진하는 일,

자신을 있는 그대로 끌어안는 일은 중요하다. 하지만 스스로를 창조하는 일, 니체의 말대로(2007) "원래대로의 자신을 완성해" 나가는 시기에 학교 측의 도움을 받는 일은 더욱더 중요하다.

학교 밖에서 형성된 관심사는 옆으로 제쳐 놓고, 학교가 제공하는 것에만 초점을 맞추는 일이 성장이라고 학교 측은 주장할지 모른다. 하지만 학생들은 학교가 학생을 알지 못한 채 학습에 끌어들이려 함으로써 기회를 낭비한다고 주장한다. 학교가 학생의 주목을 받으려 한다면 먼저 학생에게 주목해야만 한다. 하지만 학교는 자신만의 주의력결핍장애를 가지고 있다.

어긋남

청소년들은 자신이 누구인지 발견할 필요가 있으며, 그러기 위해서는 어딘가에 자신이 뿌리를 내리고 있다는 느낌이 필요하다. 그들은 공동체에 맞춰 변화하고, 공통의 관심사를 나눌 수 있는 타자와 연계되어야 하며 그렇게 되길 바란다. 이런 요구와 바람이 너무나 강하기 때문에 많은 청소년들은 학교, 가족, 사회 안에서 자신들이 변화에 적응할 수 있도록 도움을 주는 페르소나[4]를 선택한다. 특히 아이들이 또래 집단에 적응하는 방식을 보면 이는 진실이다.

자신을 소중하게 여기기가 양陽이라면 적응은 음陰에 해당한다. 학생들이 학교에서 자신이 소중한 사람이라고 느끼지 못하고, 학교가 자기에게 맞지 않다고 느끼게 되면 그들은 학습하고 성공하려는 욕구를 채우기 위

---

4) persona: 참된 자신과는 달리 다른 사람에게 투사된 성격을 말한다. 이 용어는 카를 융이 만들었는데 에트루리아의 어릿광대들이 쓰던 가면을 뜻하는 라틴어에서 유래했다.

해 다른 장소를 물색하게 된다.

우리는 학생과 학교 사이의 어긋난 만남에 대해 수없이 많이 들었다. 학생들은 "제가 다른 방식으로 배운다 해도 잘 지낼 수 있을까요? 제가 다르게 바라봐도 괜찮나요? 또는 완전하게 달라도요?" 하고 묻는다. 누군가에게는 학습 일정이, 다른 누군가에게는 학습 내용이 맞지 않는다. 또 다른 이들에게는 가르치는 방법이 문제이고, 너무 빡빡하거나 느슨할 수도 있다. 린제아는 정확한 맞춤 교육을 받아서 아메리카 원주민의 전통에 관한 교육과정을 이수할 기회를 누렸다. 그 기회란 생산적 학습을 달성하기 위해 학습 속도와 시기를 바꿔 주는 것이었다.

신경학자이자 저술가인 올리버 삭스는 뉴요커 잡지에 쓴 '찬란한 빛'(1999)이란 제목의 기고문에서 이렇게 말했다.

나는 어떤 의미에서는 두 명의 삼촌에게 배운, 그리고 도제 수업을 받으면서 만들어진 즉흥성과 자유가 학교에서는 망쳐지고 있었다. 학교에 등교하면 나는 수업 시간에 앉아 있어야 하고, 필기와 시험을 감당해야 하고, 밍밍한데다 개성도 없고 끔찍한 교과서를 공부하도록 강요받았다. 내가 내 방식대로 했기에 즐겁고 희열로 가득했던 모든 것들은 꼭 그것을 해야 하는 순간 혐오스럽고 악몽 같은 것이 되어 버렸다. (72)

의심할 바 없이, 학생들과 함께 시작하려면 그리고 관심사에 맞게 교육 내용과 과정을 조정하려면 상당한 지성과 열정이 필요하다. 바로 그것이 학생들이 원하고 필요로 하는 일이다. 그런 열정이 없으면 학교는 학생에게 동일한 기준을, 동시에, 같은 방법으로 강요하게 된다.

재능과 흥미의 간과

자신을 세계적으로 유명한 인물로 만들 정도의 의욕, 행운, 재능을 가진 학생은 드물겠지만 모든 학생은 자신의 직업, 가족, 지역사회에서 성공할 수 있는 나름의 관심사와 재능을 분명히 가지고 있다. 우리는 지금 여기서 단지 수학이나 영어 과목에서 좋은 성적을 유지하는 것이 아니라, 갈수록 낡은 형태가 되어 가는 교과목들을 넘어서는 관심사와 재능을 어떻게 발달시킬지를 이야기하는 것이다. 학교는 재능 있는 사람을 가려내는 기관이 아닌데다가 스스로를 재능인 선발자로 바라보는 교사도 극히 드물다. 운동부 코치나 미술, 음악 교사가 그런 역할을 할 수도 있겠으나 교장이나 일반 수업을 진행하는 교사가 그렇게 하리라 기대하기란 무척 어렵다. 그럴 수 있는 구조화된 절차를 만들어 놓은 학교 역시 거의 없다.

학교와 재능에 관해 한 친구가 들려준 이야기를 전한다.

벤스가 열두 살 때쯤 그의 아버지 리치는, 열두 살 난 아이를 둔 훌륭한 아버지라면 했음직한 모든 것을 베풀어 주었다. 리치는 아들이 당구를 칠 수 있도록 당구장으로 데려갔다. 리치는 열네 살에 학교를 떠났고, 뉴욕 시에서 당구를 가장 잘 치는 선수 가운데 한 사람이 되었다. 여러분도 짐작했겠지만 벤스는 아버지에게 자신의 당구 실력을 보여주고 싶어 아버지와 함께 당구장에 갔다. 벤스가 한동안 당구를 치고 있을 때 아버지는 이렇게 말했다. "넌 당구에 재능이 없구나. 그냥 학교에 더 다니는 게 좋겠어."

리치는 교육을 많이 받은 인물은 아니었지만 아들에게 한 이 조언은 가장 통찰력 있는 것이었다. 리치가 생각하기에 만약 어떤 젊은이가 시장성이 있는 재능을 가지고 있다면, 그 아이는 자신과 가족을 부양하기 위해 학교를 떠나서 재능을 연마해야 했다. 리치는 학교를 재능 계발에 적합한 장소라고 생각하지 않았다. 다행인지 불행인지 당구장에 갔던 그날 벤스는 별다른 당구 솜씨를 아버지에게 보여주지 못했고, 학교에 더 다니게 되었다. 하지만 그의 아버지는 지혜롭게도 수 년 뒤에까지 벤스를 방치하지 않았다. 대학을 졸업한 뒤에 벤스는 재능을 더 갈고 닦기 위해 한 생리학 실험실에서 인턴십을 했다. 학교에서 발견하지 못한 재능을 실제 세계에서는 찾아낼 수 있다. 실험실에서 몇 년을 보내면서 실제 세계의 경험으로 무장한 벤스는 대학원 과정에 진학해 생리심리학 분야에서 박사 학위를 취득했다.

재능과 관련하여 심리학자 하워드 가드너는 이렇게 관찰했다.

영재를 다시 정의하고 재능의 범위에 대해 우리의 관심을 확장할 때가 왔다. 아동 발달이 잘 이루어지도록 하는 교육의 중요한 역할은, 한 아동의 재능에 가장 잘 맞는 분야에서 그 아이가 만족을 느끼고 능력을 갖추도록 도와주는 것뿐이다. 우리는 이것을 완전히 모른 채 살았다. 그러기는커녕 우리는 잘해야 대학교수 되기에나 딱 어울리는 그런 교육을 모든 학생들에게 강요했다. 그런 다음 우리는 성공 기준을 지나치게 좁게 설정한 뒤 모든 사람이 그 기준을 충족시키는지를 재는 방식으로 평가해 왔다. 우리는 아이들을 줄 세우는 일에 시간을 쓰지 말고, 타고난 능력과 재능을 밝혀내고 계발하도록 돕는 일에 더 많은 시간을 투입해야 한다. 성공하는 데에는 수백 가지 길이 있고 성공에 이르도록 돕는 능력들 역시 헤아릴 수 없이 많다. (Goleman 1986, para. 6)

레스 폴은 세계적으로 유명한 기타 연주자이고, 솔리드 바디 전기기타와 다중 트랙 녹음 기법을 창안한 인물이다. 〈레스 폴—소리를 좇아서!〉라는 다큐멘터리에서 폴(2007)은 자신의 어린 시절을 이렇게 묘사한다.

당시 라디오는 완전히 신상품이었고, 나는 거기에 꽂혀 있었죠. 그것은 세상에서 가장 놀라운 물건이었습니다. … 하루는 자전거를 타고 밖으로 나가서 라디오 송신기 아래에 자전거를 세워 두었는데, 거기에 있던 기술자가 나를 보고 전자 기술에 관심이 많다는 것을 알아차렸어요. 글쎄 그가 뭐라 했는지 알아요? 만약 내가 매주 일요일에 같은 장소로 나오면 전자 기술을 가르쳐 주겠다는 거예요. 그렇게 해서 나는 학교를 다니면서 동시에 전자 기술도 배우게 된 겁니다.

폴의 어머니는 졸업이 일 년밖에 안 남았으니 학교를 계속 다니지 않겠냐고 물었다. 열일곱 살짜리 폴의 대답은 이랬다. "저는 수학에 관심도 없고, 타이타닉호를 누가 침몰시켰는지 신경 쓰지도 않아요. 내가 말하잖아요. 그런 건 저에게 아무것도 아닌 거예요. 그냥 그런 거예요". 장차 미국 발명가 명예의 전당에 이름을 올린 이 거장은 이렇게 해서 학교를 떠나게 되었다.

2011년 향년 93세로 숨을 거둔 폴은 그때까지 정기 연주회를 열었는데, 사실 그는 청소년기에 자동차 사고로 오른쪽 팔이 부러진 전력이 있었다. 의사가 더 이상 연주는 어렵겠다고 말했을 때 그는 어떻게 하면 자신의 팔을 나름대로 고정시켜서 기타 줄을 계속 튕길 수 있는지를 의사에게 보여주었다. 폴의 학교에서 이와 같은 배움의 충동을 미리 알고 그것을 최대한 북돋웠더라면 어떠했을까.

장고 라인하르트는 세계적으로 유명한 또 다른 기타 연주자인데 고등학교 졸업장은 없다. 열여덟 살 때 화재로 왼손에 큰 화상을 입어서 기타를 치기에는 상당히 어려운 모습이었다. 하지만 이에 굴하지 않았던 장고는 자신만의 스타일을 구축하고 연주를 계속함으로써 기타계의 후배들에게 커다란 영향을 남길 만큼 완벽하게 새로운 음악을 창조해 냈다(Cole 2010). 이 거장들의 말대로 학교가 학생의 강점을 계발하고 발견하기 위해 취약점을 뛰어넘어 살피거나 아니면 그 취약성의 이면을 들춰볼 때라야 재능은 도출되는 것이다.

또한 2005년에 〈브로크백 마운틴〉으로 아카데미상을 수상한 영화감독 리안의 이야기를 생각해 보라(Hollander 2007). 리안은 높은 수준의 학업 성취도로 잘 알려진 대만에서 대학 입학 시험에 두 번 실패했다. 그는 결국 성적이 낮은 어느 예술 학교에 입학했는데 거기에서 영화제작 기법을 배웠다. 학교에 있던 그 누구도 리안이 지닌 포부와 관심에 대해서 알려고 하지 않았다.

극작가이자 시인인 랭스턴 휴즈는 1920~1930년대 할렘 르네상스 운동의 태두였는데, 역시 비슷한 경험을 가지고 있었다. 그의 아버지는 휴즈가 컬럼비아 대학에서 토목공학을 공부할 경우에만 학비를 주겠다고 했다. 휴즈는 대학 첫해에만 아버지의 요구에 따르다가 다음 해 자퇴했다. 그는 거의 모든 강의를 빼먹고 독서, 특강, 다른 문화적 자원을 통해 공부했다는 슬픈 경험을 글로 남겼다. 그는 후원자의 도움을 받아 링컨 대학교에서 학위를 취득했다. 그때 이미 휴즈는 명망가로서 입지를 굳히고 있었다.

『젊은이들의 재능을 계발하기』(1985)라는 책에서 벤저민 블룸은 학교가 학생의 재능을 발견하거나 계발하는 데 별로 유능하지 않다는 사실을 지적한다. 블룸은 예술, 과학, 운동경기, 게임에서 우수한 학생들을 대상으로 연구했는데 다음과 같은 전형적인 패턴을 발견했다. ① 이 학생들은 자기가 추구하길 원하는 상당한 재능과 흥미를 가지고 있다. ② 멘토라든가 그와 유사한 역할을 맡은 이들이 학생과 부모에게 웬만큼 재능이 있다는 사실을 일찍부터 알린다. ③ 학생들은 자신의 재능을 키우기로 결정을 내리며, 성장이 보이면 더 좋은 멘토나 코치를 찾아 나선다.

블룸의 동료 연구자인 로렌 소스니악은 다음과 같이 애석한 결론을 내린다. "현재의 교수법은 재능을 장기적으로 발전시켜 나가는 데 매우 부적절해 보인다. 우리는 순간적인 집중력, 지식을 빠르게 습득하고 단순화하는 기술, 그리고 즉각적 결과를 획득하는 것을 강조하는 경향이 있다"(Sosniak 1989, 288).

학생들이 자기 재능을 인식하는 데 항상 능숙한 것은 아니다. 게다가 경직성, 비진정성이라는 학교의 본질은 재능을 인정하고 발견하는 일을 어렵게 만든다. 대개 학교는 학생의 학업 수행 능력에만 기대기 때문에 그렇지 못한 요소에 대해서는 의심하고 불안해한다. 이런 이유로 수많은 학생들은 자신의 재능과 관심을 발견하고 계발하기 위해 학교 밖으로 탐색을 떠난다.

지나친 규제

학교의 규제는 여러 가지 향기를 풍기는데 학생들은 그것들을 모두 맛본다. 융통성 없는 학습 범위와 일방적인 진도 나가기, 군대식 편제, 필독 자료 등이 학생으로 하여금 학교에 등을 돌리게 만들고 생산적 학습을 방해한다.

『오늘의 심리학』전 편집국장이며 『틴 2.0』의 저자인 리처드 엡스타인은 이렇게 말한다.

내가 수행한 설문조사에 따르면 미국 청소년들은 사회의 주류 어른보다 최대 10배, 현역 복무 중인 해병보다는 2배, 그리고 심지어 투옥된 중범죄인보다 2배나 더 많은 규정에 얽매여 있다(59). … 진실을 말하자면 청소년들은 경쟁력이 출중하다. 대개 그런 능력을 드러내 놓고 표현하지는 않지만 말이다. … 우리는 미성숙한 청소년의 뇌라는 신화를 넘어서 역사에서 등장하듯이 능력 있고 실제적 지식이 있던 청소년, 다른 문화권의 청소년, 그리고 현재 우리 사회에서 살아가는 가능성 높은 젊은이들을 솔직하게 직시할 필요가 있다.

학교는 순종의 장소다. 삼가야 할 것과 규제로 학교 조직과 문화를 구축했다. 그 논리적 근거는 학생에게 구조화가 필요하다는 것이었다. 진실로 그것이 필요하다. 하지만 학교가 부여한 구조가 생산적 학습을 방해하고, 학생이 어떻게 스스로의 학습을 창조할지를 배우지 못하도록 막아서고 있다. 학생들과 나눈 대화에 따르면, 진정성 있는 학습과 과제가 요구되는 상황에서 나오는 규제라면 그들은 반대하지 않는다고 했다. 진실로 학생들이 배움을 경외한다면 수많은 규제를 스스로에게 부과할 것이다.

학생들은 연구원이 말하는 '통제 위치'[5]를 스스로 확립하려고 노력할

---

5) Locus of control: 1954년에 줄리안 로터가 발전시킨 개인 심리에 관한 이론으로 개인에게 영향을 끼치는 사건을 자신이 통제할 수 있다고 믿는 만큼 성공 여부가 달라질 수 있

것이다. 빅픽처러닝 학생들 가운데 첫 졸업반 출신이던 한 아이는 이렇게 회상한다. "나는 학교를 자퇴했는데 예전 학교에서는 말하는 방법도 할 말도 없었기 때문이다." 학교를 그만두는 행동은 용기 있고, 자아를 확인하고, 삶을 바꿀 수 있는 행동이다. 떠남은 이 실천을 위한 강력한 선택이고, 학생들은 가끔 그것을 힘들어하지 않고 결정한다.

규제는 학생들이 학교에 있을 때 그들이 간절히 바라는 생산적 학습 경험을 방해하는 형태로 부여된다. 학생들은 일상적인 학교생활에서 의미 있고 지속적인 학습을 추구하며, 곧 성인이 될 사람으로서 대우를 받아야 함에도 스스로 선택할 기회를 충분히 누리지 못한다. 그러한 기회가 부족하니까 많은 학생들이 가만히 앉아 있지 않는다. 그들은 심리적으로나 신체적으로 학교에서 이탈해 나온다.

빅픽처러닝 방식을 채택하려는 학교와 함께 일하다 보면 학생들과 비슷하게 무력감을 느끼는 교사와 교장을 많이 만난다. 그들 중 상당수는 교직을 떠난다. 왜냐하면 규제를 준수하다 보면, 모든 학생들이 생산적 학습을 할 수 있도록 돕는 도전적인 일, 즉 학생들의 요구에 초점을 맞추고, 그들 자신의 창조성과 창의력을 불러일으키려는 교사와 교장의 노력이 제한받기 때문이다.

앞서 열거한 여덟 가지 이유(표층 원인 네 가지와 심층 원인 네 가지), 그리고 이 원인들을 조합하면 왜 학생들이 학교를 떠나서 다시는 돌아오지 않는가를 설명할 수 있다. 이 원인은 또한 졸업할 때까지 학교에 남아 있는 수

다는 주장을 담고 있다. 특히 통제위치가 외부보다는 자기 내부에 있다고 믿는 사람은 실패를 겪어도 무기력해지지 않고 다른 방식으로 재도전하는 길을 찾아 나선다고 한다.

많은 학생들이 왜 그토록 생산적 학습으로부터 이탈되어 있는지도 설명해 준다. 이들은 마지못해 의자에 앉아 현행 학교 체제를 가지고 노는 것이다. 학교에 가는 것이 어떤 면에서는 학교 이탈의 가장 오래된 형태 중 하나라는 관점도 가능할 것 같다. 결국 학교는 담쟁이로 뒤덮인, 속세와 절연된 곳이거나 수도원 같은 곳이 되고 만다.

여러 면에서 학교는 아직도 **사회에서 분리된** 청소년들이 머무는 곳이다. 그곳은 학생들이 일상에서 떨어져 나와 책 읽고, 강의 듣고, 기술을 훈련하면서 시간을 보내는 장소가 되었다. 학교는 학생들에게 삶의 방편으로 노동을 하면서 매일같이 계속되는 일상에서 이탈할 수 있는 시간을 제공한다. 직업교육 프로그램이나 직업학교, 기술학교들은 노동 현장을 위한 준비 기관으로 선전되긴 했지만 역사적으로 학교는 청소년을 노동 현장으로부터 지켜 주는 장소로 간주되었다.

학교 중퇴자의 흐름을 막고 모든 학생을 생산적 학습이라는 경로 위에 서게 하려면, 학교가 학업 중단이라는 문제에 어떻게 대처할 것인지 다시 생각해 보기를 요구한다. 학생이 학교와 반목하는 일을 올바로 다루지 않는다면 학교는 학생의 재능을 간과하고, 규정을 준수한다는 명목으로 에너지를 낭비하고, 갈수록 골동품이 되어 가는 학습 체제에 학생을 꿰어 맞추려는 강압적인 행동을 계속하게 될 것이다.

1988년에 윌리엄 티 그랜트 재단은 그 당시에 '잊혀진 절반'이라고 알려진, 고교 졸업 후 대학에 진학하지 않은 젊은이들의 요구 사항을 거론한 두 종류의 보고서를 발간했다. 20년 후에 『잊혀진 절반 다시 돌아보기』에서 사무엘 할퍼린(Bailey and Smith Morest 1998)은 "몇몇 지역에서 빈약하게나마 진전되었으나 나머지 다른 지역에서는 상당한 수준으로 후퇴했다"고

보고했다.

　우리는 미국의 고등학교와 대학에서 또 다른 '잊혀진 절반'을 수용하고 있다고 믿는다. 그러나 수용된 우수한 학생들마저 위험스럽게도 학교에서, 그리고 생산적 학습에서 떨어져 나오고 있다. 미국 학교들만 이러한 문제를 경험하고 있는 것은 아니다. 캐나다교육협회가 사회적, 학문적, 지성적 관여(Willms, Friesen, and Milton 2009)에 관한 보고서를 내놓았는데, 캐나다 학생들 절반 가까이가 학교생활에 깊이 참여하지 않는 것으로 밝혀졌다. 이 학생들을 졸업할 때까지 학교에 다니게 하고 생산적 학습에 몰입하도록 하려면, 학생들의 기대와 학교 이탈의 원인에 대해 더 주의 깊게 바라봐야 한다고 말한다.

2장 _ 학생들이 학교에 품는 10가지 기대

누구든지 가장 강렬한 기대감을 가지고 시작하지 않는 한
그 강렬한 기대감을 넘어서는 성공을 거둘 자는 아무도 없다.
_ 랠프 샤렐

지난 10여 년 동안 '높은 수준의 기대high expectations'라는 문구를 듣지 않
았다면 여러분은 깊은 산속에 파묻혀 살아왔던 것이리라. 이 표현은 조
지 부시 대통령이 '낙오학생방지'[1] 정책을 공표할 때 등장했고(The White
House 2009), 정책 결정자와 교육 분야의 지도자들이 오늘날까지 열성을
다해 되뇌는 문구이기도 하다. 하지만 과학을 살짝 곁들이고, 주로 읽기
와 수학 점수에 협소하게 초점을 맞추는 일이 어떻게 '높은 수준의 기대'
를 구성하게 되었는지 우리는 그저 당황스러울 수밖에 없다.

---

1) 원문에는 No Child Left Beyond라고 되어 있으나 이것은 No Child Left Behind의 오기
이다. 미국에서는 NCLB라는 약어로 쓰이는 경우가 많으며, 2002년 부시 대통령 집권 시
기에 미국 상하원의 압도적인 지지 아래 이 '낙오학생방지법'을 통과시켰다. 학습 부진의
결과에 대한 학교 측의 책임을 강화하기 위해 학업 성취 결과를 공표하고, 교수 방법의
혁신, 부모의 학교 선택권 강화 등을 골자로 한 것이었으나 이 교육개혁법의 실질적 결과
는 기대 이하의 것으로 드러나고 있다.

1960년에 존 에프 케네디의 선거운동을 위해 만들었던 주제 음악이 '높은 수준의 희망'이었다. 케네디 대통령과 마찬가지로 청소년들은 스스로에게 높은 수준의 희망과 기대를 걸고 있다. 그들은 또한 학교와 교사에게도 큰 희망을 걸고 있다. 우리 사회가 학생, 교사, 학교에 거는 기대에만 주목하는 가운데 학생들이 지닌 기대는 간과되어 왔다. 학생들과 함께 작업해 온 경험과 그들이 학교에서 이탈해 나오는 이유가 무엇인지 살펴본 결과를 토대로 우리는 열 가지 기대를 규명해 냈다. 학생의 관점에서 질문함으로써 이러한 기대의 명칭을 이끌어 냈는데, 만약 어떤 학교든지 학생을 생산적 학습에 참여하도록 유도하려면 반드시 제공해야 할 필수 불가결한 조건이라고 우리는 믿는다.

관계 _ 선생님과 학교의 다른 사람들이 나와 내 관심사, 재능에 대해 알고 있는가?

연관 _ 학교에서 가르치는 내용이 내 관심사와 연관성이 있는가?

의미 _ 학교에서 내가 하는 학습과 작업이 학교 밖의 작업 공동체, 전문가, 가족, 고용주로부터 의미 있게 여겨지는가?

적용 _ 내가 배우는 것을 실제 세계의 환경과 맥락에 적용해 볼 수 있도록 기회가 주어지는가?

선택 _ 무엇을 언제 어떻게 학습하고, 내 능력을 선보일 수 있을지에 대해서 나는 실질적인 선택권을 가지고 있는가?

도전 _ 학습이나 작업을 할 때 나는 적절하게 도전적인 과제를 수행하고 있다고 느끼는가?

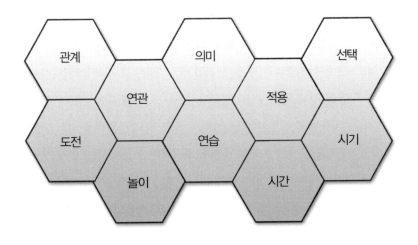

놀이 _ 나는 실패로 낙인찍힐 염려 없이 실수를 하고, 또 그로부터 배울 수 있을 만큼 자유롭게 탐험할 기회를 누리는가?

연습 _ 내가 배워야 할 기술을 익힐 때 깊이 있고 지속적인 연습에 몰입할 수 있도록 기회가 주어지는가?

시간 _ 나만의 속도로 배울 수 있도록 충분한 시간이 주어지는가?

시기 _ 표준화된 과정을 벗어나서 나만의 학습을 추구할 수 있는가?

　전통이 있는 우수한 학교라 해도 이러한 기대를 실현하는 일은 도전적인 일이다. 이러한 과업은 거의 구현이 불가능하고, 한마디로 성취할 수 없는 일처럼 여겨질 것이다.

　그럼에도 이러한 기대를 학교가 충족시키지 못했기 때문에 학생들이 졸업장을 포기한 채 학교를 떠나거나 생산적 학습에 관여하지 못한 채 그냥 학교에 남아 있는 것이다. 학생들의 관점에서 각각의 기대를 좀 더 면밀하게 살펴보는 동안 과연 여러분에게 학교는 어떠했는지 회고해 보시기 바란다. 여러분이 다녔던 학교는 앞으로 살펴보게 될 기대를 얼마나 충족시켰는가?

관계 _ 삶에서 중요한 인물 만나기

선생님과 학교의 다른 사람들이 나와 내 관심사, 재능에 대해 알고 있는가?

학생들은 대부분 다른 사람과의 관계를 통해 자신이 누구인지, 어떤 사람이 되기를 원하는지 깨닫는다. 그들은 어디엔가 소속되기를 열망하며 맹렬하게 찾아 나선다. 그런 열망을 충족시키기 위해 사람, 장소, 환경을 물색한다. 학교 안팎에서 학습 모임이나 연습할 수 있는 동아리에 가담하기도 한다. 학생들은 그들을 가르쳐 주는 사람이 삶에서 중요한 인물이기 때문에 멘토나 코치와 연계 맺기를 열망하는 것이다. 대개 학교는 이러한 본능의 힘을 활용하지 못한다. 청소년의 발달 과정에서 이처럼 진실로 중요한 갈림길에 서 있는 시기에 학교는 대개 자기 학생으로부터 한 발짝 비켜나 있다.

우리들 대부분은 학창 시절에 우리의 '위대한 기대'[2]를 충족시켜 주었던 한두 명의 특출한 선생님들을 기억할 것이다. 하지만 대부분의 학교가 지

---

2) 필자들이 이 표현을 따옴표로 강조한 이유는 그것이 19세기 영국을 대표하는 소설가 찰스 디킨스의 작품 제목(Great Expectations)과 같기 때문이다. 1860년에 발표된 이 소설이 한국에 소개될 때는 『위대한 유산』으로 번역되었다.

닌 문화, 구조, 일하는 방식을 고려할 때 교사의 입장에서 이런 종류의 지식과 보살핌을 베푸는 과업은 도전적이며 부담스러운 일일 것이다. 욕구의 위계 이론으로 유명한 에이브러햄 매슬로는 대개 앎에 대한 두려움이 곧 행동에 대한 두려움이라는 사실을 관찰했다(Kaplan 1998). 학생들과 그들의 관심을 깊이 있게 이해하면 교사들이 강한 의무감을 갖게 되기도 한다. 하지만 집도 절도 없는 아이들이나, 마약을 복용하거나, 가정의 평화가 깨진 가족에서 떨어져 나온 아이들을 맡았을 때 교사들은 어떤 준비가 되어 있고, 어떤 능력을 보여줄 수 있겠는가?

학교가 이런 기대를 충족시킬 수 없을 때 학생들은 다른 공간, 그리고 원하는 것을 베풀어 줄 수 있는 사람을 찾아 나선다. 학교 밖에서 안전하고 긍정적인 공간과 인물을 발견할 수 없을 때 많은 청소년들은 폭력 조직, 약물, 각종 비행 저지르기에 가담하는데, 대부분은 우리가 사전에 막을 수 있는 것들이다.

빅픽처러닝이나 이와 유사한 학교에서는 학생들에게 자신에 대해, 자기 흥미와 포부에 대해 교사에게 들려주기를 권유한다. 앞에서 말한 유사한 학교에는 에드비전학교(www.edvisions.com), 녹음예술고등학교(www.hsra.org), 마야엔젤러스학교(www.seeforever.org)를 그 사례로 들 수 있다. 빅픽처러닝에서는 9학년에 올라갔을 때 '나는 누구인가?'라는 수업이 개설된다. 학생들은 자신의 관심, 재능, 강점을 생각해 보고 관계를 맺은 작업장, 가족, 지역 공동체에서 장래 직업과 관련된 희망을 공유하도록 한다. 이러한 과정을 거쳐 교사들은 인종, 성별, 계급과 관련된 사안이 학생들의 관심과 직업에 대한 포부 수준에 어떤 영향을 끼치는지 깨닫는다. 교사들은 학생들이 학습공동체 안에 가담하고 그곳에서 꽃필 수 있도록 돕는 방법을 깨우치게 된다.

학생들 또한 페이스북을 비롯한 여러 사회관계망 서비스^{SNS} 안에서 '나는 누구인가?'라는 질문에 대답하는 시도를 해본다. 온라인상에서 자기를 대신하는 다양한 아바타라든가 페르소나를 도입해 봄으로써 그들은 자신의 내부와 외부 세계에 다가선다.

일부 교육자들은 우리처럼 관계라는 요인을 중요하게 여기지 않는다. 그들은 학생들이 교육과정을 충실히 수행하고, 시험을 잘 치르며, 좋은 학점을 받도록 도와주는 게 더 낫다고 믿는다. 그들은 시험 점수, 부족한 점을 통해서 학생들을 파악한다. 그런 것들은 장학금이나 상장을 줄 때 참고할 수 있겠지만 학생에 대한 이해를 심화시키지는 않는다. 어떻게 교사가 학생에 대한 이해 없이 학생들의 학습을 도울 수 있단 말인가? 학교의 문화와 조직 구조를 바꿀 때에만 우리는 올바른 관계를 형성할 수 있다.

연관 _ 배움에 몰입하도록 만드는 강력한 동기

학교에서 가르치는 내용이 내 관심사와 연관성이 있는가?

혹시 예전에 여러분이 교실에 앉아 있었을 때 이런 말을 얼마나 자주 했는가? '실생활에서 내가 원하는 일을 할 때 이건 결코 사용되지 않을 거야'라고 말이다. 진실로 배우고 싶은 학생은 이렇게 묻는다. "선생님이 저를 알게 되신다면, 어떻게 저를 생산적인 학습에 참여시킬지 선생님께서 터득하신 대로 적용하실 건가요? 저의 강점을 키워 주실 건가요? 저의 재능을 계발시켜 주실 건가요? 선생님이 지금 가르치는 내용은 제가 직업을 찾고 삶에 대한 열망을 가질 수 있게 도와주는 거죠? 그런 사실을 제가 알도록 도와주실 건가요?"

　연관성은 공부하기 싫어하는 학습자를 참여하도록 만드는 강력한 수단이다. 빅픽처러닝 출신 한 학생은 4년 동안 지역의 작은 공항에서 인턴으로 일했다. 평소에는 선반旋盤으로 깎은 나무그릇, 필기구, 유모차 같은 물품을 제작하곤 했다. 인턴십을 하는 동안 그는 비행기 동체와 엔진을 수리 정비하는 방법을 배웠고, 항공기 조정사 자격증을 취득하기 위해 공부했으며, 공항의 정비·기술·보전팀에 소속한 팀원이 되었다. 휴가철과 인턴십 기간 외에도 공항 측으로부터 일을 해달라는 요청을 받은 그는, 지금 디젤엔진 정비사 자격증을 따기 위해 학교에서 열심히 공부하고 있다.

　다른 학생은 의학에 관심을 두고 의사가 되려 한다. 고교 11학년 때 그녀는 생물학 수업을 들었다. 졸업반이던 12학년 때는 대학의 생물학과에서 진행 중인 주혈편모충 질환 연구의 조력자로 선정되었다. 이 병은 페르시아 만 지역에서 복무하던 병사들이 감염되었던 기생충 관련 질병이다. 그녀는 특정 기생충과 연관된 잠재적 유전자 표식이 무엇인지를 발견하는 팀에 참여하고 있었으며, 학술 대회용 출판물 제작 업무도 함께했다. 그녀는 현재 대학의 최우수 학생 대상 프로그램에 속한 장학생이다. 앞의 두 학생은 일반적인 학교에서라면 수업을 들으려고 자리에 앉아 있지 않았을 것이다. 그들은 자신들의 관심이 무엇인지를 공표함으로써 생산적 학습자로 변모한 것이다.

　연관성을 찾기 위해 노력하는 것은, 만약 학생들이 어떤 연관성을 찾지 못할 경우에 학교가 가르치지 못할 것이라는 의미가 아니다. 그보다는 적어도 모든 학생들에게 모종의 연관성을 찾는 시도를 해보라고 요청해야 한다는 것이다.

직업에 대한 학생들의 관심은 아주 빠르게 진화한다. 그들은 몇 달 만에 외과의사에서 소방관으로, 다시 무용수로 장래 희망을 바꾼다. 결국 아주 이른 경우라 해도 고등학교 시절에야 어떤 직업을 결정하며, 어떤 학생들은 첫 직장을 갖게 될 때까지 결정하지 못하기도 한다. 이러한 발견과 선택을 촉진하는 일이 바로 학교의 책임이다.

오스트레일리아 빅토리아 지역 원주민 출신 섀넌은 예전에 다녔던 학교에 대해 다음과 같이 말했다. "나를 도와주었던 교사가 한 분도 없었어요. 아무런 도움이 없으니 저 스스로 뭘 해볼 도리가 없더라고요." 빅픽처러닝 학교를 찾은 후에 그가 관심을 가졌던 디자인 관련 맞춤형 수업이 제공되자 섀넌은 두 번 다시 과거를 돌아보지 않았다. 그의 담당 교사는 이렇게 말한다. "지금 그 아이는 디자인을 해요. 영화와 TV 프로그램도 제작하죠. 그 아이는 뭔가를 더 하고 싶어 해요." 섀넌은 이제 생산적인 학습자가 된 것이다.

연관성은 학습자로부터 시작되지만 거기에서 끝날 필요는 없다. 학습은 학습자가 더 큰 세계와 관계를 맺고, 더 배우고자 원할 때 활짝 피어난다. 연관성이란 학습자, 그 영역에서 솟아나는 학습자의 관심, 그 영역에서 복잡하게 얽힌 학습의 도전적 요소, 이들 삼자 사이의 깊은 관계에 관해 인식하는 것이다. 학교는 학생들이 그들의 관심사를 끌고 들어오는 방법에 대해 고심할 필요가 있다. 그런 다음 그것을 일생의 관심사가 되도록, 즉 학생들이 직장, 가족, 지역사회 안에서 그 관심사를 추구함으로써 직업적 경력으로 삼도록 키워 내야 한다.

의미 _ 미래의 직업과 일을 준비하는 진실한 경험

학교에서 내가 하는 학습과 작업이 학교 밖의 작업 공동체, 전문가, 가족, 고용주로부터 의미 있게 여겨지는가?

여러분의 학교 경험을 회상해 보라. 식당에 갔는데 가끔씩 차림표에 뭐가 있는지를 보는 대신 거기에 적힌 음식을 강제로 먹고 있다는 느낌이 든 적은 없었는가? 학교의 배경, 인물, 장소, 맥락은 리얼리티 텔레비전 프로그램을 위해 쓰인 대본처럼 기껏해야 가짜 진실이다. 학교에서는 모든 경험이 간접적이다. 학생들은 실제 세계에 존재하는 미궁이나 문제점 같은 생생한 경험을 갖지 못한다. 교육과정의 범위와 배워 가는 순서는 실제 세계에서 지식과 기술이 사용되는 방식과는 딴판이다. 끝없는 단어 문제와 문법의 활용이, 실제로 전문가들이 언어를 구사하는 방식과는 너무나 다르다는 점을 우리는 모두 기억한다. 학교교육의 이러한 양상이 실제 세계로부터 동떨어진 모습으로 비춰지는 데 기여해 왔다.

학생들은 학교가 진정한 학습 경험을 제공해 주기를 바란다. 그들은 학습 경험이 미래의 일과 직업 경로에서 성공하도록 준비하는 데 도움이 되리라는 보증을 받고 싶어 한다. 이런 종류의 진정한 학습에 관한 수많은 사례를 우리는 수집해 왔다.

시나는 거주하던 공동주택 개발단지 안의 어린이들에게 놀이가 미치는 영향을 이해하고 싶어 했고, 이에 근거하여 상황을 개선시키고 싶어 했다. 담임교사는 단지 안에 방치된 농구장을 새로 단장해 보라고 조언했다. 시나는 이 과제를 추진하는 동안 중요한 학문적 기술을 배웠는데, 그 못지 않게 중요했던 것은 지역의 여러 단체나 사업체와 상호작용하면서 사회적 소통 기술까지 익힐 수 있었다는 점이다.

저스틴은 자폐증이 있었는데, 교육 전반 특히 자폐증에 관심을 두었다. 대학 2학년 때 그는 차터스쿨[3]개발협회에서 인턴십을 했다. 3학년 때는 한 초등학교에서 자폐증 아이들을 가르쳤다. 4학년 때 수행하는 논문 작업의 일환으로 자폐증 아이들의 걷기 행사를 조직했다. 이러한 사업들은 학문적 요구 사항과 결합되는 것들이다. 저스틴은 말한다. "저는 3학년 과정 절반을 초등학교 두 곳에서 보냈고, 올해 4학년이 되어서는 모든 시간을 같은 초등학교에서 보냅니다. 저는 현재 4, 5, 6학년 학생들과 헤리티지 페어 행사를 함께하고 있어요. 이 행사의 목적은 학교의 모든 구성원들이 각기 다른 문화에 대해서 더 깊이 배우도록 돕는 것입니다."

2005년 2월 『아틀란틱』[4]에 실린 기사 '능력주의 사회에서 잃은 것: 나는 어떻게 교육을 거래해서 지배 계층으로 가는 표를 구했나'에서 월터 키른은 그가 받았던 교육에서 의미가 상실된 상황을 묘사했다. 그는 시험을 잘 치르는 데 도사였으며 프린스턴 대학에 진학했지만 나중에 가서야 무엇을 몰랐고, 왜 몰랐는지 깨닫게 되었다.

---

3) 미국의 자율형 공립학교. 저소득층과 유색인종 밀집 지역에서 공립학교의 자율성을 강화하기 위한 방안으로 1992년에 처음 실시되었다. 교육과정의 계획, 실행, 교사 채용, 재정 운용 등 학교 운영에 관한 모든 사항을 단위 학교에서 독자적으로 책임지고 운영하도록 허용하고 있다.

4) 1857년에 창간된 미국의 유서 깊은 교양 잡지. 2013년 현재 연 10회, 약 48만 부 정도를 발행한다. 정치, 국제, 경제, 문화, 교육에 대해 깊이 있는 주제를 다루고 있어 미국의 식자층이나 여론 주도층에게 큰 영향력을 행사하는 매체다.

다섯 살 때부터 나는 위로 오르기만 했다. 내가 했던 공부는 매번 다음 단계로 뛰어오를 때마다 그것을 가능하게 할 정도로만 충분했다. 나는 그런 체제가 만들어 낸 순수한 산물이다. … 나는 다음 성적표가 나오는 때보다 필요 이상으로 목표를 더 높게 설정하거나 더 넓게 잡을 생각은 한번도 한 적이 없었다. 학습은 두 번째로 중요했고, 다음 단계로 올라가는 것이 첫 번째로 중요했다. 점수를 따서 쌓아 놓으란 말 이외에 그 누구도 현재 배우고 있는 내용의 요점이 무엇인지를 말해 주지 않았다.[5] 나는 그것으로 충분하다고 생각했다. 그것 이외에 그 무엇이 있었던가?

시험 치르는 데 능숙했거나 아니면 그런 체제를 가지고 놀았던 수많은 졸업생 대표들은 아마도 이런 판단에 동의할 것이다.

보스턴 대학교의 부교수 카렌 아놀드는 저서 『약속의 삶』(1995)에서 고교 시절 졸업생 대표가 될 만큼 공부를 잘했다고 밝히면서, 앞에서 나온 월터의 이야기와 비슷한 현실과 경험에 대해 증언했다. 교육사 연구자이자 하버드 대학 총장이었던 제임스 브라이언트 코넌트(1940)는 이미 오래전 비현실적인 학교 체제를 이렇게 꾸짖은 바 있다.

일부 사람들은 '책으로 학습하는 것'에 지나치게 높은 사회적 평가를 부여한다. 반면 '머리가 뛰어난 자들'에게 코웃음 치는 다른 이들은 교과 학습 능력을 과소평가한다. 교육받은 속물들은 구식 교육과정으로 편성된 교과목들

---

5) 원문에는 월터 키른의 문필가다운 재치가 돋보인다. '무엇이 요점이었는지(what the point was)'라는 표현에서 '요점(point)'과 '계속 점수를 따서 쌓아 놓으라(keep on accumulating points)'는 문장에서 '점수(points)'가 동음이의어이다.

을 손쉽게 공부하는 그런 유형의 능력을 참된 지성과 동등하게 취급하면서 찬양하는 경우가 자주 있다. 그 결과 학교와 대학에는 지성인인 체 가장하는 사람들이 부지기수다. 책으로만 하는 공부는 아주 제한된 유형의 사람들에게만 적합한데, 수많은 사람들이 그렇게 해보려고 어설픈 시도를 하고 있다. 반면에 정통의 학문적 지향 밖에 놓여 있는 귀한 재능을 탐색해 보려 시도조차 하지 않는 사람들 역시 너무나 많다. (Section Ⅲ)

적용 _ 현실을 반영하는 직접적 경험

내가 배우는 것을 실제 세계의 환경과 맥락에 적용해 볼 수 있도록 기회가 주어지는가?

배운 것을 실생활에서 적용해 봄으로써 자신이 익힌 기능과 이해가 하나가 될 수 있다. 실생활과 맥락에 적용하는 일은 학생들이 일생에 걸쳐 학습하고 작업하려는 준비가 되어 있다는 사실을 확인하는 것이다. 적용은 학생이 자신의 학습을 깊이 들여다보도록 도와주며, 대부분 손에 잡히는 결과물을 낳는다. 이를테면 다른 사람들이 관찰하고 평가할 수 있는 생산물이나 공연 같은 것들 말이다. 학생들은 능력을 계발할 수 있는 직접적 경험을 바라며, 그 경험은 전문가들이 실제 세계에서 생각하고, 수행하고, 학습하는 방식을 거울처럼 반영해 주길 원한다. 학생들은 배운 것, 즉 기능뿐만 아니라 이해까지도 실제로 적용해 봄으로써 부딪히는 난관과 도전적인 과제를 다뤄 보고 싶어 한다.

빅픽처러닝 출신 두 학생의 경험을 사례로 들어 보자.

줄리안은 늘 작곡을 하고 싶어 했지만 어떻게 해야 할지 몰랐다. 그는 작곡을 도와줄 컴퓨터 프로그램을 검색했지만 적합한 것을 찾지 못하자 자신만의 프로그램을 만들기 시작했다. 지금은 10학년인 줄이안은 장난감 회사인 해즈브로를 상대로 상품을 개발해서 시장에 내놓는 일을 협상하고 있다.

앨리슨은 경찰관이 되고 싶어 했다. 형사들과 경찰차에 동승하면서 인턴십을 수행했고, 실제로 마약 단속이나 사고 현장에서 경찰관이 상황에 대처하는 모습을 관찰했다. 앨리슨은 도심지의 가난한 지역에 사는 청소년들이 경찰관을 대하는 태도가 교외 지구의 잘사는 지역에 사는 청소년들과 어떻게 차이가 나는지 알고 싶어, 조사 범위를 주 차원으로 넓혀서 이 주제를 연구했는데, 뜻밖의 결과가 나왔다. 일반적인 통념과 달리 교외 지구의 청소년들이 도심 지구 청소년들보다 경찰관에게 더 부정적인 태도를 지니고 있었다. 경찰관과 청소년 사이에 우호적인 관계를 형성하기 위한 개선점의 핵심이 드러났다. 경찰관이 학교나 지역 청소년 센터에 상주하고 있을 때 경찰에 대한 학생들의 태도와 관계가 더 긍정적이라는 것이다. 프로비던스에 있는 경찰청과 우리 학교에서는 경찰과 학생들 사이에 우호 관계를 유도하기 위해 이 연구 조사 결과를 활용하고 있다.

학교는 학생들이 학교에서 학습한 내용을 받아들이고 그것을 바깥에서 적용할 수 있는 기회를 주어야 한다. 또한 학생들이 밖에서 성취한 배움을 학교 안으로 가지고 들어올 수 있는 기회도 제공해야 한다.

선택 _ 스스로 결정할 때 생기는 책임감

무엇을 언제 어떻게 학습하고, 내 능력을 선보일 수 있을지에 대해서 나는 실질적인 선택권을 가지고 있는가?

학생들은 어떤 방식으로 배울지, 언제 어떻게 배울지 선택하기를 원한다. "내가 가진 강점을 활용해서 이끌어 가도 되나요? 내가 가치를 두는 어떤 것을 정말로 잘할 수 있도록 집중해도 되나요?" 때때로 학생들은 자신이 다녔던 고등학교에서의 경험을 회고하면서 이렇게 말한다. "그 학교에서 이러저러한 강의를 제공했더라면 얼마나 좋았을까." 하지만 갈수록 많은 학교에서 교육과정을 엄격하게 운영하는 데 더 초점을 맞추고 있기에 학생들이 선택할 수 있는 기회가 거의 없는 형편이다. 학생들은 선택할 거리가 적은 빈약한 메뉴를 보면서 자신들이 찬밥 신세라고 느낀다. 시험 성적이 낮은 학생들은 대개 선택권이 더 줄어든다. 시험 점수를 끌어올리는 일에 더 집중해야 하기 때문이다.

통제 위치에 대한 연구를 보면 생산적 학습을 해나갈 때 학생의 요구와 그 실현을 돕는 기관이 얼마나 중요한지 알 수 있다. 학생들은 선택할 필요가 있고, 선택에 대한 책임을 받아들여야 한다. 학생들에게 불필요한 규제를 가하면 선택과 책임을 받아들이는 능력이 억제된다. 선택의 기회를 갖지 못하면 학교에서 계발될 수 있었던 특별한 재능을 가진 학생들에게는 더욱 불행한 일이 된다.

학교는 모든 학생들을 프로크루스테스의 침대와 같은 규준에 맞추려고 한다. 학교는 조심성 없는 '팔다리'는 잘라 내고 학교의 틀에 개별 학생들을 끼워 맞춘다. 이런 과정에서 학교는 학생들이 누구인가라는 중요한 측면을 무시하게 된다. 빅픽처러닝의 한 학생은 어린 시절 교통사고 때문에 정신적 충격이 남아 고생하고 있었다. 그런 이유로 학교에서 집중을 잘 못했다. 고등학생이 될 때까지 그는 학교를 증오했지만 자동차를 무척 좋아했고, 직접 제재소를 운영했으며, 토목공사 현장에서 중장비 운전을 보조하기도 했다. 그는 맞춤형 자동차 디자이너·제작자와 함께 3년 동안 인턴으로 일했으며, 수십억 원을 호가하는 자동차의 엔진을 제작하고 조율하거나 차체를 디자인하고 제작하는 일을 곁에서 도왔다. 그는 결국 일주일에 이틀은 인턴십과 개인사업에 매달렸고, 나머지 사흘은 등교해서 자신의 프로젝트를 기록으로 남기거나 수학과 문해력을 더 가다듬었다. 졸업해서 일을 하고 있는 그는 몇 가지 기술을 성공적으로 익혔고, 학습자로서 자기 자신을 증명하는 여러 가지 자격증도 갖추게 되었다.

상식을 따르자면 학생들은 저마다 독특하고, 그들의 학습 요구에 맞춘 독특한 대응이 필요하다. 각기 다른 학생들에게 똑같은 학습 기회와 환경을 제공하는 것은 동일한 성공 기회를 부여하는 것이 아니다. 학교는 학생 한 명 한 명을 옹호하려는 용기를 내야 하고, 학생들의 관심을 충족시키는 특별한 학습 프로그램을 창조해야 한다. 학습공동체에 참여한다는 책임성을 학생들이 완전히 이해하는 것도 그 가운데 하나이다.

도전 _ 자기 능력을 최대한 이끌어 내기

학습이나 작업을 할 때 나는 적절하게 도전적인 과제를 수행하고 있다고 느끼는가?

　학생들은 그들이 보기에 연관성 있는 도전적인 과제를 학교 밖에서 찾아내어, 스스로 그 분야에서 탁월해지려고 노력을 기울인다. 그들은 학교에서도 자기 능력의 한계 지점까지 밀어붙여지기를, 그리고 경계 지점에서 배워 나갈 때 필요한 지원이 제공되기를 기대한다.

　진정한 도전은 실제 세계에 맞닥뜨리는 난관의 정도를 가늠하게 해 준다. 훌륭한 교사는 어려운 학습, 엄중하게 결합된 원리, 실제 세계의 맥락이 지식과 기술에서 여러 학문 분과 사이고 융합과 연계된다는 점을 심사숙고하여 학생들이 알 수 있도록 촉진한다. 학생들은 실제 세계에서의 탁월함이라는 것이 어떻게 구현되는지 알기 위해 많은 기회를 필요로 하고, 그 기회를 접할 수 있기를 바라기도 한다.

　빅픽처러닝의 학생 루스는 어머니가 아이티 출신이었지만 가족들을 만나러 한 번도 아이티에 가 본 적이 없었다. 2010년 대지진이 일어난 뒤 루스는 아이티에서 종교적 신념에 따라 병원을 운영하던 한 의사와 인연을 맺었고, 고아들을 위한 학교를 지원하기도 했다. 루스는 항공권을 구입하기 위해 두 차례 기금 모금 행사를 주최했고, 톰 박사를 비롯해 병원에서 자원봉사자로 일할 의사들과 함께 아이티로 향했다. 그녀는 자신의 졸업논문을 위해 아이티의 병원, 대지진 이후 후유증, 처음으로 가족을 만난일에 대한 다큐멘터리를 제작했다. 루스는 현재 전액 장학금을 받으며 의과 대학을 다니고 있다. 루스의 꿈은 알베르트 슈바이처, 또는 친구인 톰박사 같은 의사가 되는 것이다.

놀이 _ 탐색하고 실험하고 실패해 보는 기회

나는 실패로 낙인찍힐 염려 없이 실수를 하고, 또 그로부터 배울 수 있을
만큼 자유롭게 탐험할 기회를 누리는가?

학생들은 놀이를 좋아한다. 그들은 학습과 작업을 할 때 빈둥거리면서
이것저것 시험해 볼 기회를 갖고 싶어 한다. 물론 이때 노는 것을 완전히
배제하지는 않으며, 그 역시 의미가 있다. 하지만 우리는 지금 재미나게
노는 이야기를 하고 있는 것이 아니라 탐색하고, 실험하고, 발견하는 것에
대해 말하고 있다. 어떻게 하면 그러면서 생산적으로 배울 것인가라는 문
제는 어려운 일이다. 왜냐하면 대부분의 학교가 지니고 있는 조직 구조와
문화는 학생들이 빈둥거리는 것과는 정반대로 대치되기 때문이다.

에디슨에서 아인슈타인에 이르기까지 모든 혁신가들은 놀이를 통해 경
험하는 실수가 강력한 학습 방법이었다고 말한다. 미하이 칙센트미하이
(1996)는 작업이 놀이처럼 여겨질 때 몰입[6]에 이른다고 했다. 물론 놀이에
도 도전이 숨어 있지만 위험 요인은 낮고 회복할 수 있는 기회도 많다.

놀이는 혁신과 창조의 요체이고, 발명하려는 마음을 자유롭게 풀어 준
다. 다트머스 대학교 행정학부 교수 제임스 버나드 머피(2011)는 이렇게 서
술한다. "어린이들은 냉혹한 경제적 시간 관념에서 자유롭다. 어린이들은
환상 놀이나 놀 것들에 폭 빠져 있기에 시간 감각을 잃어버린다. 그들은

---

6) 심리학자 칙센트미하이는 몰입을 '플로우(flow)'라는 개념으로 설명한다. 플로우란 '특
정 활동에 집중하면 시간의 흐름이나 공간, 의식까지도 잊어버리게 되는 심리적 상태'를
이른다. 『몰입의 즐거움』 등 저서 십여 권이 번역되어 있다.

시간의 부족을 느끼지 못하기에 시간을 허비할 수도 없다." 하지만 일부 교육자들은 실제 세계가 집중을 요구한다고 주장한다. 학습은 유치원에 서처럼 더 이상 재미난 놀이나 게임일 수 없다는 것이다. 사람들은 가장 이르게는 초등학교 1학년 때부터 학생들이 험난한 현실과 실제 세계의 요구 사항에 맞춰 미리 준비할 필요가 있다고 말한다.

하지만 학교가 점점 더 학습과 작업이 이뤄지는 실제 세계와 멀어지고 있는 것이 진짜 현실이다. 가장 성공적인 기업들은 창조성과 발명 능력에 불을 붙이기 위해 목적성이 담긴 놀이(또는 목적성이 없다 하더라도)를 조직과 문화에 확대시키려고 애쓰고 있다. 성공을 거두어 경탄의 대상이 되는 기업들은 직원 복지를 위해, 또 기업 수익을 높이기 위해 놀이, 탐험, 흥미 중심의 학습과 작업 환경을 제공했다는 이야기가 도처에 풍성하다. 이들의 노력은 우리에게 니체의 통찰을 떠올리게 한다. "성인의 어려움은 어린아이의 놀이에서 관찰되는 진지함을 회복해야 한다는 것이다"(Lehrer 2011).

주물럭거리기는 놀이의 강력한 형식인데, 오스트레일리아의 우리 동료 마크 톰슨(2011)은 그것과 생산적 학습 사이의 연관성을 다음과 같이 훌륭하게 묘사한다.

주물럭거리기는 그 어떤 대단한 결과 없이도 경미한 위험 요인을 끌어안는 행위이다. … 주물럭거리기에는 아무런 핵심 행동 지표가 없다. 그것은 알려진 결과물 없이도 이것저것을 탐색해 보는 행위이다. … (주물럭거리기는) 몰입 상태를 포함하며, 작고 닫혀 있는 세계에 강렬하게 초점을 맞추는 행동이다. … 이런 성격의 활동은 현대 생활에서 수없이 많은 조직이 보여주는 경향성을 정면으로 거스르는 것이다. 주물럭거리기와 놀이는 긴밀하게 연결되어 있다. 모든 주물럭거리기의 핵심에는 호기심을 추동하는 일종의 경이감이 존재한다. 또한 주물럭거리기는 진화의 어느 과정에서나 필수적 요소인 실패를 허용한다. 물건을 다루는 즐거움은 우리 인간에게 복잡하게 얽힌 채로 내장되어 있다. 주물럭거리기는 사물의 열린 가능성에 대한 강력한 감각을 부여하는데, 그것은 분명 창조성의 원천임에 틀림이 없다.

가장 훌륭한 교사는 높은 차원의 사고를 계발할 때 놀이를 활용한다(여기에다 우리는 주물럭거리기, 또는 '생각으로 여러 가지를 시도해 보기'[7]를 곁들일 수 있겠다). 그들의 학습 기회는 '만약 이렇게 한다면'과 '왜 그러면 안 되지'로 가득 차 있다. 교사는 학생과 함께 작업하면서 마주쳤던 우연한 발견들 가운데 몇 가지를 제시하거나 탐색하기, 다르게 사고하기, 우리라면 어떻게 문제를 풀어낼지 자문하기에 집중하도록 유도한다.

연습 _ 기술과 수행력을 더 예리하게 가다듬기

내가 배워야 할 기술을 익힐 때 깊이 있고 꾸준한 연습에 몰입할 수 있도록 기회가 주어지는가?

---

7) 원문은 ~tinkering, or "thinkering"으로 되어 있다. thinker는 '생각하는 사람'이지만 thinkering이라는 단어는 없다. 앞에 나온 단어 주물럭거리기(tinkering)와 각운을 살리면서도 '이런저런 생각으로 사물을 두드려 보기'라는 뜻이 충분히 연상되도록 필자들이 재치 있게 만들어 쓴 것이다.

놀이와 단짝을 이루는 연습 또는 실행은 발견이나 탐색에 중점을 두기보다는 기술과 수행력을 더 예리하게 만드는 과정이다. 연습은 자신이 실수하거나 학습한 것에 주의 깊게 주목하는 일이며, 때로는 높은 수준의 결과물이나 장인정신에서 자극을 받기도 한다. 켄 로빈슨(2001)은 기꺼이 잘못을 저지를 수 있을 때 창조성이 계발된다는 사실을 우리에게 상기시킨다. 빈둥거리기, 주물럭거리기, 그리고 놀이는 학생들이 낮은 위험 요소를 감수하면서 무엇인가를 시도할 수 있도록 해 준다. 우리가 추측건대 로빈슨은 놀이와 연습을 하나로 취급하기를 바랐던 것 같다. 그러나 우리는 양자 사이에 존재하는 미묘하면서도 분명한 차이를 드러내고 싶다.

제이콥 브로노우스키는 『인류의 부상』(1976)에서 "인류가 부상한 강력한 추동력은 기술에 대한 즐거움에서 찾을 수 있다"고 관찰하면서 "인류는 자신이 잘할 수 있는 일, 잘하는 일을 하는 것을 무척 좋아했고, 그 일을 더 잘하는 것을 너무나 좋아했다"(para. 15). 바로 이것이 리차드 세넷이 『장인』(2008)에서 찬양했던 장인정신에 기반한 탁월성의 본질이다. 그 장인정신이 요구하는 것은 기술력과 헌신성, 그리고 판단력이 결합된 연습 외에는 아무것도 없다고 말했다.

말콤 글래드웰(2008)은 연구 결과를 인용하면서 어떤 분야에서 전문가가 되려면 대략 일만 시간의 연습이 필요하다고 말한다. 그 어떤 형식의 연습이라도 그럴 것이다. 대니얼 코일은 『탤런트 코드』(2009)에서 높은 수준의 연습은 미세한 실수들로 가득하며, 수행-평가-재수행을 즉석에서 끊임없이 지속적으로 반복한 결과라고 설명한다. 이런 연습 과정은 학교 미술실이나 운동장에서는 종종 보지만 교실에서는 거의 볼 수 없는 장면이다. 왜 그럴까? 학습이 실제 세계와 관련이 없거나 의미가 없어서 연습의 필요를 아무도 느끼지 못해서일까? 아니면 그러한 시도나 통찰을 바라지 않았거나 혼란스러울 정도로 변화무쌍해서일까?

학생들은 뭔가를 연습할 때 자신을 지도해 주는 전문가가 실제로 작업하는 것을 보기를 원한다. 학생들은 어떻게 하면 잘 할 수 있을지 배우길 바라며, 특정 기술을 완벽하게 습득하거나 안으로 깊숙이 들어가는 경험을 원한다. 또 전문가들이 충고하는 것처럼, 시험 점수나 등급을 염려하지 않는 상태에서 좀 더 빨리 그리고 더 자주 실수하기를 원한다. 성공적인 여러 조직들이 말해 주듯이, 학교는 학생들이 연습하는 과정에서 저지른 실수는 성공에 가까이 다가서고 있거나 '의미 있는 실수'로 간주해야 한다.

시간 _ 학습이 아닌 성장을 위한 기간

나만의 속도로 배울 수 있도록 충분한 시간이 주어지는가?

『불합리의 시대』(1990)에서 찰스 핸디는 시간과 관련해 학교가 당면한 문제점을 묘파하면서 통찰력 있는 예를 든다. 그는 말한다. 만약 여러분이 아침에 직장으로 출근해서 사무실, 또는 칸막이가 둘러쳐진 책상에서 일을 시작했다고 상상해 보라. 한 시간쯤 뒤에 벨이 울리면 하던 일을 챙겨 짐을 싼 뒤 복도를 거쳐 다른 사무실로 이동한 다음 완전히 다른 분야의 업무를 새로 시작한다. 이런 과정이 매일같이 하루에 대여섯 번씩 반복된다고 상상해 보라. 핸디는 묻는다. 여러분은 얼마나 생산적인 작업을 달성할 것 같은가? 그리고 우리는 묻는다. 그런 체제 아래서 여러분은 얼마나 생산적인 학습을 이뤄 낼 것 같은가?

무엇인가를 배우는 데 들어가는 시간이 학생들마다 무척 다른데, 학교에서는 여전히 학사 일정을 엄격하게 고수하고 있다. 교사는 교육과정의 진도를 재빠르게 뽑아야 하고, 모든 학생이 똑같은 시간표에 따라 움직이도록 관리해야 하기에 무엇인가를 성찰하거나 흥미롭게 옆길로 새는 것을 허용할 시간이 없다.

『거품 안에서: 복잡한 세계에서 디자인하기』의 저자 존 타카라[8](2005)는 "어떤 것은 빠르고 어떤 것은 느린 것처럼, 다양한 속도^{tempo}는 공존할 수 있다. 하지만 그것은 바람직하게 디자인이 되어야만 한다"(48)고 관찰했다. 우리는 학생과 교사가 타카라의 시간 개념에 동의하리라 여기지만 학교의 경직된 학사 일정은 이를 불가능하게 만들 것이다. 그러면 충분한 시간이 허락되지 않는다는 사실을 학생들이 알게 될 때 어떻게 하겠는가? 그들은 실제 세계에서는 그런 방식으로 일이 이뤄지지 않는다는 사실을 즉각 감지하고 학교에서는 가짜로 하거나, 배운 다음 까먹거나, 더 나쁜 경우엔 속임수도 사용한다. 훌륭한 학교는 교육과정을 수박 겉핥듯 다루지 않고, 깊이 이해하려 노력하거나, 효과보다는 효율을 추구하고, 시간을 유연하게 사용한다. 그러한 학교는 단지 학습을 위한 시간이 아니라 성장하기 위한 시간, 그리고 무엇인가를 잘하기 위해서는 얼마나 오랜 시간이 걸리는지 이해하고 있다.

---

8) 디자인계의 미래학자라 불리는 존 타카라는 디자인의 사회경제적 영향을 높이는 프로젝트로 국제적 명성이 자자하다. 저서 가운데 특히 『거품 안에서』는 현대의 소비지상주의에 대한 비판으로 유명하다.

시간에 대한 다른 사고방식이 여기 있다. 로드아일랜드의 빅픽처러닝 학생 가운데 거의 삼 년 동안 지독하게 다루기 어려운 학생이 한 명 있었다. 그 아이는 인종차별과 관련된 공부를 하러 남아프리카공화국으로 떠날 기회가 생겼는데, 그 여행이 아이를 변모시켰다. 그 여행은 아이에게 딱 맞아떨어졌는데, 그 시기에 발달적 측면에서 성장할 준비가 되었던 것이다. 미국으로 돌아온 아이는 플로리다 지방을 중심으로 시민권 운동의 역사를 살피는 여행을 다녔고, 졸업 학년 때는 주지사의 기금으로 진행되는 연구, 로드아일랜드 경찰청이 수행하는 혁신적 범죄 유형 분석법 연구에 참여했다. 아이는 대학에 진학했다.

우리가 하는 일은 학생들이 포기하지 않고 그들 스스로 성장할 수 있도록 얼마간의 시간을 벌어 주는 일이다. 이것은 융통성 없는 학사 일정이 부인하고 있는 현실이다. 학교에서 고전하고 있기에 조만간 학교를 떠나려고 하는 수많은 학생들은 학습 시간을 조금 더 창조적으로 사용하는 것만으로도 혜택을 볼 수 있다.

시기 _ 오로지 스스로 배움을 원할 때

표준화된 과정을 벗어나서 나만의 학습을 추구할 수 있는가?

학생들은 시간뿐만 아니라 학습 시기도 조절하기를 바란다. 그런데 이런 요구를 수용하려면 학교가 시간과 시기를 변화 가능한 것으로 바라보고 그렇게 활용해야 한다. 학생들은 그러기를 바란다. 하지만 학교는 마치 무언가를 학습할 기회가 일생에 오직 한 번만 오는 것처럼 믿고 있는 것 같다. 예를 들어 학교는 고교 시절에 수학을 배우지 않은 학생은 실패할 운명에 놓이고, 이후로 다시는 기회가 오지 않을 것이라 믿는다.

표준 교육과정의 범위와 순서를 보면, 무엇을 언제 가르쳐야 하는지를 성적 등급별 순서에 따라 엄격하게 정해 놓고 있다. 이는 학교를 특징짓는 또 다른 프로크루스테스의 침대라고 하겠다. 하지만 존 엘더 로빈슨(2011) 은 다음과 같이 우리를 상기시킨다. "지연되다delayed라는 말은 그냥 늦었다 는 의미이지, 그 나이가 15세든 심지어 25세든 뭔가를 배우기에 너무 늦었 다라는 의미는 아니다". 조언자이자 영감의 원천인 시모어 사라손(2004)이 공식화한 사라손의 법칙은 강력한 여러 아이디어를 설명해 주는데, 그중 하나가 '시기'에 초점을 맞추고 있다. 그 법칙은 교사가 읽기나 수학을 가 르칠 수 있는 때는 오로지 아이가 읽기나 수학을 배우기 원할 때라고 가 정한다. 사라손의 추론은 일단 교사가 학생의 관심사에 초점을 맞추면 학 생은 자기가 하려는 것을 더 많이 이해하려 열망할 것이고, 읽기나 수학 공부를 하기 원할 것이라는 점이다. 어떻게 읽는지 가르쳐 달라고 요구하 는 학생을 데리고 교사가 무엇을 할지 상상해 보라!

존 듀이와 전 세계의 다른 교육 지도자들처럼 핀란드 공교육 체제의 아 버지인 우노 시그나에우스도 사라손에게 영향을 끼쳤다. 시그나에우스는 슬로이드sloyd[9]를 창안했는데, 손-마음을 훈련시키는 이 체제는 현재까지 도 핀란드 학교 현장에서 사용되고 있다(Encyclopedia Britannica 2012). 핀란드

---

9) 간단한 수공예를 뜻하며, 핀란드의 초등학교에 정식으로 편입된 것은 1863년부터였다. 단순한 목공, 손물레를 이용한 도예 등에서 시작해 지금은 한층 더 복잡하고 다양한 과 목으로 확대되고 있다.

에서는 초등 2학년 때까지 읽기를 가르치지 않는다. 그 대신 초등 저학년 시기에는 놀이와 물건 만들기에 집중한다(Anderson 2011, Hancock 2011).

● ● ●

이제 여러분은 학생들이 품고 있는 열 가지 기대를 파악했다. 의식하든 않든 학생은 이런 것들을 열망하지만, 대부분의 학교는 완전히 무시하면서 그런 기대란 너무나 이상주의적이라고 주장한다. 그럼에도 직업교육이나 취미교육의 영역에서 넘나들며 배우기를 시행해 오던 기관들은 학생의 기대를 주의 깊게 청취하면서 교수 능력을 개선해 왔다. 학습자의 경험을 고려하는 대안적 학습 프로그램을 진지한 자세로 개발할 때 학습 설계의 요구 사항으로 이러한 기대를 고려할 것이다. (우리가 운영하는 학교에서 이러한 기대에 바탕을 두고 스스로 대안을 창조할 수 있는지에 관해서는 9장과 10장에서 다룬다.)

학생들은 자기가 하려는 작업을 실제로 수행하는 어른을 발견해 그를 멘토로 삼고 모방한다. 그럴 때 학교가 학교 바깥의 세상을 이용한다면 생산적 학습을 위해 필수 조건인 열 가지 기대는 더욱 쉽게 충족된다.

이 열 가지 기대 가운데 어느 하나라도 충족시키는 데 실패한다면 그것은 배움을 포기하고 떠나려는 학생을 부추기는 일이 될 것이다. 반대로 학교를 반쯤 떠난 것이나 다름없는 학생들이 학습에 흥미를 붙이도록 만드는 데 한 가지 또는 두 가지 정도의 기대가 충분할 수도 있다. 또한 개별 학생의 기대는 다른 학생들의 기대와 앞뒤로 연결되어 작동된다. 예를 들어 관계, 연관성, 그리고 의미를 언급함으로써 학생들이 수준 높은 학습과 작업을 할 수 있게 교사가 도전 의식을 고취할 수 있다. 이러한 기대에 호응함으로써 교사는 모든 분야의 연관성 있는 측면들을 포함시킴으로써 학생들의 관심사를 넓힐 수 있다.

이 책에 담긴 여러 학생들의 이야기를 읽으면서 여러분은 그들이 다닌 학교와 여러분이 예전에 알던 학교가 무척 다르다는 것을 눈치챘을 것이다. 여러분들은 이 책에서 묘사된 것과 비슷한 학습 기회를 아마도 가져 보지 못했을 것이다. 그 가운데 상당수는 학교 밖 교육 환경에서 제공된 학습 기회였다. 여러분이 옳다. 빅픽처러닝 학교들의 구조는 범상치 않으며, 이를 실행하는 것은 도전적인 일이다. 그러려면 학교의 조직, 문화, 프로그램, 그리고 교육과정 등 너무나 많은 근본적 요소들을 바꿔야 하기 때문이다. 여러분은 또한 이렇게 생각할지 모른다. '그래, 나는 학생들의 기대가 합리적이라는 데 동의해. 하지만 지금 일하는 학교는 그런 기대를 충족시키지 못할 거야.' 만약 그렇다면 여러분은 우리가 몸담은 학교에서 만들어 내야 할 근원적 변화를 인정하기 시작한 셈이다. 그리고 여러분은 학생들의 기대 가운데 적어도 몇 가지는 충족시키기 위해 몇 발자국 앞으로 나갈 준비가 되어 있는 셈이다.

3장 _ 학교와 결별하는 3단계

단지 학교를 떠난다 해서
당신의 교육이 중단된다는 것을 의미하지는 않는다.
_ 랄프 캐플란

로저 마틴은 토론토 대학 로트만스쿨의 대학원장이다. 그곳은 매사추세츠 공과대학^{MIT} 슬로언 경영대학원과 하버드 대학 비즈니스스쿨을 합쳐 놓은 것과 같은 교육기관으로 캐나다 최고의 경영대학원이다. 이 학교는 디자인 사고[1]에 대한 독보적인 위상을 갖고 있다. 마틴(2009b)은 디자인 사업과 사업 디자인(이 표현은 그가 최근에 펴낸 책의 제목임) 분야에서 세계적으로 잘 알려진 전문가이다.

우리는 지난 몇 년간 마틴의 통찰력 있는 작업을 주목해 왔다. 왜냐하면 교실이나 작업장, 지역사회 등 어디서든 생산적 학습을 불러일으키는

---

1) 로저 마틴이 사용하는 용어로 직관적 사고나 분석적 사고 한쪽에만 의지하지 않고 통합적으로 접근하는 사고법을 의미한다. 이 원리를 디자인 분야에만 국한하지 않고 경영과 관리 영역에도 광범위하게 적용함으로써 혁신적 기업을 만들어 가는 기폭제가 되었다. 로저 마틴의 저서 『The Design of Business』는 『디자인 씽킹』이라는 제목으로 한국에 번역 출간되었다.

생산적 혁신, 정책, 프로그램, 실행을 위해 디자인 사고를 적용함으로써 서로에게 도움이 되는 것을 공유해 왔기 때문이다. 그는 우리에게 흥미로운 이야기를 들려준다.

나는 의무감이 무척 강한 가족들 속에서 자랐다. 그래서 1학년부터 13학년까지 무사히 마칠 수 있었다(당시 나는 온타리오에서 살았고, 그 지역은 13학년제를 시행했다). 왜냐하면 나는 의무감이 강했으니까. 13년 재학 기간 동안 내 상상력을 잡아 끈 강의는 오로지 4개뿐이었다. 12~13학년 때의 역사(후쉬카 선생님 고마워요), 그리고 영어(엑슬리 선생님 고마워요) 과목이었다. 하지만 출생 순서의 역동성 때문인지 가장 어린 남동생(다섯 자녀 가운데 넷째)은 의무감 따위는 전혀 없었고, 중등학교 시절에는 학교생활을 극도로 지루해하는 소문난 골칫덩이였다. 고맙게도 어머니는 이 점을 인지하고 계셨고, 남동생이 원할 때는 언제든지 학교에 가지 않고 집에 머물도록 허락해 주셨다. 교감 선생님께는 "어제 테리가 학교에 가지 않았어요"라는 내용이 담긴 통지문을 적어 보냈다. 그 결과 어머니는 교감 선생님 집무실로 불려 가셨고, 학부모 통지문이 필요한 이유는 수업 불참에 대한 적절한 사유를 듣기 위해서라는 말을 들었다. 즉 통지문이 실제로 의미하는 바는 단순한 알림 쪽지가 아니라 결석에 모종의 정당성을 부여하고자 기록으로 남겨 두자는 것이었다. 대단한 어머니, 어머니는 교감 선생님과 전혀 다른 의견을 보이셨고, 통지문과 관련된 교육청의 규정을 보여 달라고 요구하셨다. (어머니는 과거에 초등학교 교사였다.)
다행스럽게 동생의 가장 친한 친구 두 명도 동생의 선례를 따랐다. 조이스 글래드웰(말콤 글래드웰의 어머니)과 헤드램 여사(부르스 헤드램의 어머니)가 그들이었다. 감당하기 어려운 세 청소년들은 고등학교를 가까스로 졸업할 수 있었는데, 그들은 열정적으로 의기투합해서 무언가를 할 수 있을 때에만 등교했다. 하지만 그들 가운데 그 누구도 후쉬카 선생님과 엑슬리 선생님의 수업은 빼먹지 않았다. 사실을 말하자면 엑슬리 선생님의 발 앞에서 먹을 만한 게 있다면 뭐든지 갉아먹으려고 도사리고 앉은 메뚜기들 같았다(빌 엑슬리 선생에 대한 배경 정보를 더 원하는 분들은 '허무주의자 경련 밴드'를 찾아보시라). 세 학생들은 인구 7만 명의 소도시에서 고등학교를 졸업했는데 그런 소박함이 명성과 행운을 가로막지는 못했다. 말콤과 테리 마틴은 하버드 대학교의 러시아연구소에 소속된 교수가 되었고, 부르스 헤드램은 현재『뉴욕 타임즈』의 편집차장으로 일하고 있다.

만약 ① 서로에게 단짝이었던 그들, ② 지지자였던 우리 어머니, ③ 비교를 불허하는 빌 엑슬리 선생님이 골칫덩이 세 사람 곁에 없었더라면 그들은 모두 학교를 그만두었을 것이다. (Martin 2009a)

세 사람은 그들을 도와주면서 부추기기도 했던 현명한 어머니의 지원에 힘입어, 직접 고른 흥미로운 주제에 깊숙이 빠져든 동시에 학교에서 제공하던 대부분의 교육과정으로부터 떨어져 나오는 길을 발견했던 것이다.

우리는 학교 중퇴를 불화의 과정, 그리고 학교에서 심리적으로 또는 신체적으로 분리해서 떨어져 나오는 현상으로 보아 왔다. 대개 관심의 대부분은 잠재적, 또는 실제적 중퇴에 두었지만 더욱 많은 학생들이 경험하는 학교 이탈의 본질, 그리고 전적으로 관계를 깨고 중퇴하기까지에 이르는 상황을 학교는 더 면밀하게 살펴야 한다.

무너지는 또는 이미 실패한 대부분의 관계를 특징짓는 불화와 마찬가지로 즉시 구분할 수 있는 단계들, 그리고 언뜻 보기에도 무한한 정도의 변화가 학교 이탈의 과정에서 나타난다. 일부 학생은 자기 학교와의 관계가 더 이상 순탄하지 않다는 사실을 인지하지만 그냥 눌러앉아서 수업을 듣는다. 다른 학생은 '제2의 삶'을 도모한다. 그들은 학교 밖에서 관심사를 찾아내며, 학교 안과 밖에서의 삶을 병행하되 결코 두 가지를 하나로 통합하지 않는다. 그럼에도 일부 다른 학생들은 더 이상 참을 수 없는 상황으로 내몰리거나 학교 밖에서 맺은 더 매력적인 기회와 관계에 이끌려 학교와의 인연을 완전히 끊고 그 자리를 떠난다.

학교에서 마음이 떠나는 단계는 학생들이 초등학교에서 중학교로, 그리고 고등학교로 이동할 때 전형적으로 드러나기 마련인데, 우리는 그 상황을 여기에서 묘사하려 한다. 그러나 그 과정이 항상 직선적으로 또는 점진적으로 나타나는 것은 아니다. 또한 의무교육법에 따라 학교 중퇴는 16세 이상이 되어야 가능하므로 위의 세 단계 모두 고등학교 시절이 되어서야 비로소 나타날 수도 있다.

당신은 변했다!

결혼 문제 상담가들은 부부 관계에 금이 가기 시작하는 전형적인 유형을 밝히고 있다. 초기 단계에서 배우자들은 애초에 생각했던 것보다 공통의 관심사가 더 줄어들고 함께 사는 보람도 없어진다. 신뢰, 보살핌, 그리고 관용의 수준도 감퇴한다. 관계에 대한 기대는 충족되지 못하고 "당신은 내가 결혼했던 그 사람이 아니야"라며 실망감이 늘어난다.

많은 학생들이 학교와의 관계에서 비슷한 불화를 경험한다. 학교에서 갖는 첫 번째 경험은 대부분 긍정적인 것으로 놀이, 탐험, 관계 형성이 이뤄지면서 때로는 즐겁기까지 하다. 하지만 빠르면 초등 2학년이나 3학년 무렵 프로젝트별로 활동하던 모둠에서 벗어나 줄 맞춰 늘어선 책상으로, 마음대로 탐색하던 상황에서 벗어나 엄격하게 구조화되고 지시 사항이 기술된 상황으로 물리적 심리적 환경이 급격하게 변화한다. 상상력과 놀이 감각이 뛰어난 학생을 사랑하던 학교가 말 잘 듣고 유순한 학생을 사랑하는 학교로 뒤바뀐다. 학교는 학습 기회와 환경을 뒤바꿔 놓음으로써 관계를 파기하는 상황을 초래한다.

분리의 초기 단계에서 많은 학생들은 자기 관심사와 학교가 일치하지 않는다는 사실을 발견한다. 그들은 말한다. 내가 하고 있는 이 과제는 내가 바라는 공부가 아니에요. 우리는 똑같은 것들을 바라지 않아요. 이 지점에서 학교는 아주 잘 조직된 매력적인 학습 기회가 학교 밖에 마련되어 있지 않음에도 학생의 마음을 쫓아 버린다. 학생의 몸과 마음은 학교에 남아 있지만 영혼은 깃발처럼 흔들린다. 그들은 관심이 없는 것을 공부하기 때문에 낙담한다. 또한 부과된 학습을 자기 것으로 바라보지 않기에 내적 보상은 미약하기만 하다.

이러한 불화에도 불구하고 많은 학생들은 학교에서 맺은 사회적 관계망과 과외 활동, 그리고 (로저 마틴의 '길들여지지 않는 세 소년들'의 경우처럼) 아주 가끔씩 만날 수 있는 빼어난 교사의 가치를 인정한다. 때로는 학교 정규 과정을 벗어난 공간에서 만난 코치나 동아리 지도자와 학생-교사 관계에서 깊이 있는 교류가 발생하기도 한다.

학교가 지닌 상당한 강점을 학교는 이용하지 못한다. 요컨대 학교는 학생들에게 이렇게 말한다. "학교는 너 개인을 돌보지 않아. 그러니 꿈일랑은 접어 두렴. 꿈꾸거나 변덕 부릴 시간은 없어." 학교는 놀이 시간을 적게 내주며, 학교에서 정한 교육과정과 교수 방법 이외의 그 어떤 것에도 거의 시간을 투여하지 않는다. "내 방식을 따르고 그게 싫으면 나가." 애석하게도 많은 학생들은 나가라고 말한 그 선택지를 고민하기 시작한다. 이처럼 불화의 초기 단계에서는 학교 중퇴까지 이르지는 않으나 장기결석, 부정적 행동, 권태, 형편없는 학업 점수로 불화의 증상이 표출된다. 학생들은 자기가 똑똑한 인물이 아니라고 느낀다. 길을 잃었고 동료 학생들보다 뒤처지기 시작했다고 느낀다.

이 단계에서 학생들은 자기에게 소중한 어떤 것을 학교 측에서는 전혀 고려하지 않는다는 사실을 깨닫는다. 재능이 있든 없든 학생의 관심사는 무시되고, 학교와 조직, 교육과정, 구조, 문화는 그들로부터 멀어져 가는 것이다. 그들의 관심사를 학교로 끌어들이는 기회는 거의 없다. 하루 일과의 모든 구석구석까지 온갖 규제가 파고들어 있다. 교사들은 "너희들 지금 내 이야기 듣고 있니?"라고 묻지만 답변은 대개 그냥 맥없이 대꾸하는 말에 지나지 않는다. 많은 초등학생 학부모들은 학교가 제공해야만 하는 것들로부터 자녀의 흥미가 점점 떨어져 가는 사실을 망연히 바라볼 뿐이다. 초등 저학년 무렵 형성되었던 로맨스는 갑자기 사라져 버린다. 미하이 칙센트미하이(1997)를 비롯한 학자들은 유치원에서부터 고등학교에 이르기까지 학교에서 학생의 흥미도가 하락하는 현상을 기록으로 남겼다.

이러한 분리 단계 기간 동안 일부 학생들은 몇 년을 학교에 그대로 잔류한다. 때로는 학생이 그럴 의지가 있는 경우 마치 정략 결혼처럼 수동적인 이탈 상태를 유지하기도 한다. 그 학생들은 학년 진급을 거듭해서 마침내 졸업한다. 학교 밖에서 발견한 관심사로 관계가 만들어질 순 있겠으나 그것은 결코 좋게 맺어질 관계의 요인이 되지는 못한다. 대개 이런 학생들은 잠재적 중퇴자를 관리 대상으로 삼는 학교 측의 조기경고 체계에 감지되지 않는다. 그럼에도 이 학생들은 학생과 학교라는 관계의 핵심부에 놓여야 할 생산적 학습에는 거의 참여하지 않는다.

사랑은 어디로 가 버렸나?

관계, 특히 실패한 관계는 평안한 상태로 유지되지는 못한다. 일정 시점이 되면 학생들은 새로운 소속감을 형성하기 위해 학교 밖으로 눈을 돌린다. 불화의 두 번째 단계는 중학교 초기에 시작되는데, 이때는 거의 모든 학생들이 신체적 심리적 변화를 크게 겪는 와중에 자신이 누구인지 발견하려고 애쓰는 시기이다. 물론 이 단계는 어떤 학년에서도 겪을 수 있다.

학생들이 하고 싶은 것을 학교 밖에서 발견하게 되면 학교로부터 이탈하는 정도는 더욱 심해진다. 이 단계에서는 학교가 밀어내는 힘에다 학교 밖의 관심사가 끌어당기는 힘이 합쳐진다. 진로에 대한 학생들의 관심과 재능이 아직 완전하게 형성되지는 않았지만 다른 방식으로 배우려는 열망은 더욱 강도 높게 나타난다.

학교 밖으로 끌어내는 힘은 여러 가지 유형으로 나타난다. 여행할 기회가 생기거나 가족의 이사가 동기가 되기도 한다. 어떤 학생은 병 때문에 더 긴 기간 동안 휴학해야 할지도 모른다. 그밖에 운동경기, 취미가 될 수 있고, 또는 천문학, 컴퓨터, 예술 동아리, 춤 스튜디오, 자동차를 복원하는 정비소 등 열정적인 관심사를 나누기 위해 어른이나 다른 동료 학생과 더불어 학습하고 작업할 기회를 가질 수도 있다. 학생들은 이렇게 생각할 수 있다. '나는 이것에 소질이 있고 즐기며, 나를 지원하고 관심사를 공유하는 사람들과 함께하고 있어.' 특별한 재능을 가진 청소년들이 (이제 막 재능이 드러나기 시작했다 해도) 그 재능을 더 발전시키기 위해 시간을 보내고 싶어 하는 것은 당연한 일이다.

이런 자연스러운 경향은 만약 학교가 학생에게 관심을 가지고 학교로 들어오라고 초대하지 않으면, 그리고 면밀한 교육과정으로 관심사를 포용하지 않으면 학생–학교 사이의 관계는 위협받게 된다. 하지만 학교는 이런 일을 거의 하지 않으며, 그 대신 학생을 관계로부터 멀어지게 밀쳐 냄으로써 관심사를 발전시키고 불 붙여 줄 기회를 날려 버리고 만다. 학교는 물론 좋은 의도를 가진 채 수업 시수, 교육과정 전달 순서, 등급별 기대 수준, 여타의 규제 등에 대한 정책을 고수한다. 학생들은 더 많이 성장하고 싶고, 돌봄을 필요로 하지만, 학교는 학업 중심을 고수하며 교과목, 등급, 특히 시험에 대한 관심을 늘려 간다. 그들은 엄격한 시간표, 수업 종, 각기 다른 교사들이 가르치는 수업 체제를 도입하지만 어느 누구도 학생을 충분히 잘 알 수 있을 만큼 시간을 갖지 못한다. 학교는 자신이 봉사하고 있는 학생에게 어떤 일이 일어나는지 일부러 무시하고 있는 듯하다. 피터르 브뤼헐에게서 영감을 받았던 오든이 이러한 학교를 목격한다면 이렇게 언급할지 모른다. '그들은 어디론가 갈 곳이 있어서 돛을 펴고 느긋하게 항해를 계속한다.'

두 번째 단계를 지나면서 관심과 초점이 크게 흐트러지며 학생들은 학교를 그만두려는 경향이 농후해진다. 학교는 학생과 이어온 정서적 유대를 더 이상 발전시키지 못한다. 신뢰는 무너지고 양측은 비유적으로나 문자 그대로 서로를 속이기 시작한다. 연대의 법칙은 이탈의 법칙으로 대체되고, 우호 관계는 적대 관계로 돌변한다. 점증하는 반목과 학생의 기만, 또는 심지어 교사와 교장의 기만이 서로 결합되는 현상을 어렵지 않게 목격하게 된다. 우리는 심리학자는 아니지만 교사에게 시험 성적을 올리라는 압력이 가해질수록 학교와 학생으로부터 교사 또한 이탈하는 현상을 보면서 압력과 이탈 사이의 강한 관련성을 짐작해 보는데, 이는 지나친 억측이 아닐 것이다.

많은 학생들은 이 단계에 머물러 있으면서 학교와의 불화를 견디기로 한다. 아마도 몇 가지 긍정적인 측면들, 가령 친구와 사귈 수 있는 환경, 방과후 활동, 훌륭한 한 명의 교사, 좋아하는 과목 등이 그들을 붙들어 두기 때문이리라. 그들은 의식적으로든 무의식적으로든 학교를 떠날 때가 아니라는 것을 알고 있다. 그런 학생들의 학업 성적은 들쭉날쭉할 것이고, 학교의 조기경보 체제는 이런 증상을 보이는 학생들을 잠재적 학업 중단자로 분류할지 모른다.

『배신의 풍경, 희열의 풍경』에서 허브 차일드리스(2000)는 노스캐롤라이나 지역의 한 고등학교에 다니는 학생들을 관찰한 기록을 우리에게 전해 준다. 그는 학생들이 학교 밖에서 자기 자신이 될 수 있고 관심사를 추구할 수 있다는 것을 경험할 때의 행복감과 학교 안에서 느끼는 불행감에 주목했다. 이 학생들은 학교 안팎에서의 학습이 합쳐질 수 없었기 때문에 밖에서의 잡아당김과 안에서의 밀어냄 사이에서 일종의 평형 상태를 유지하고 있었다.

하버드 대학의 컴퓨터 교수인 해리 루이스는 마크 주커버그와 빌 게

이츠를 가르쳤다. 빌은 마크보다 수십 년 전에 가르쳤다. 루이스 교수는 BBC 다큐멘터리 프로그램인 〈마크 주커버그: 페이스북 안으로〉에 출연하여 페이스북의 최고경영자에 관해서 이렇게 증언했다.

주커버그에 관해 말하고 싶은 사실은 그 친구가 배움에 대한 열망이 컸다는 겁니다. 그런 만큼 그는 우리가 가르치는 어떤 내용도 과연 자신이 배우려는 데에 적합한 것인지 아주 회의적이었어요. 제 생각으로는 빌 게이츠도 정확히 똑같은 느낌을 가졌다고 봅니다. 그렇다고 당시 우리가 가르치던 내용을 주커버그가 깡그리 무시했다는 말이 아니에요. 명확히 말하자면, 아마도 그는 학습 내용 자체에 관심을 가졌던 게 아니었겠지요. 그리하여, 아시는 대로, 그는 배우는 모든 것을 빨아들이기는 했으되 동시에 그것들에 주의를 집중하지는 않았습니다. (British Broadcasting Company 2011)

이는 높은 수준으로 이뤄진, 학생 입장에서의 순종이며, 거의 완벽한 상황 분석이다! 그런 환경에서 학생은 교수에게 충분한 주의력을 기울이지 않으며, 학생이든 교육 체제든 그 상황을 문제라고 보지 않는다. 이런 이탈은 시스템의 설계와 문화 안에 이미 내장되어 있다.

이런 형태의 이탈은 유치원에서 고등학교에 이르기까지 모든 학년의 교실에서 기본적인 상태로 존재하고 있다고 우리는 추정한다. 학생은 학교 측과 무언의 거래를 하고 있다. '당신네 학교 측이 내게 과도한 요구만 하지 않는다면 나는 당신과 최소한의 관계는 유지하도록 하겠소.' 이런 거다. 학생들은 학교생활을 견뎌야 하는 것으로 체념하며 받아들인다. 그들은 그냥 저냥 교실에 머물다가 졸업하고, 있어도 그만 없어도 그만인 졸업장을 손에 받아 준다. 고등학교 이후에 펼쳐질 배움과 작업에서 성공하기 위한 준비를 갖추지도 못한 채 달랑 종이쪽지 하나만 가지고 사회로 진출하는 것이다. 그들은 학교 시스템이 자신들을 상대로 게임을 한다는 사실을 발견하자 그 체제를 상대로 게임을 한다.

그렇게 하는 대부분의 학생들은 적어도 자기가 관심을 기울이는 것들과의 연계가 끊어졌다고 보지는 않는다. 사실 그들은 학교로부터는 관계가 끊어졌을지 모르지만 학교 밖에서 만나는 사람, 장소, 대상과는 종종 연계되어 있다. 그 연계는 일부 학생의 경우 학교 측과의 관계를 마지막으로 깨뜨리는 사태에 이르도록 만들기도 한다. 학교를 떠나려고 마음이 기울고 있거나 학교 밖에서 몰입할 대상이 생겨 중퇴의 빌미를 만들려고 하는 바로 그 시점이 넘나들며 배우기 프로그램이 개입할 수 있는 최적의 시기이다.

이별을 고할 때

세 번째 단계에 이르면 일부 학생들은 학생-학교 관계를 더 이상 참지 못하며, 비생산적인 학습과 행동을 보여주기 시작한다. 학생들은 자신이 얼마나 한계를 넘어섰는지를 잘못 판단하게 되고, 그 결과 학교생활에서 뒤처지는 어려움에 직면한다. 일부 학생의 경우 수업 진도를 이미 다 끝내고 다른 이들보다 훨씬 앞질러 가기도 한다. 이제 상황은 긴장되고, 성마르며, 수동-공격적, 또는 단순히 공격적이거나 수동적이 된다. 그렇지 않으면 이런 학생들은 마지못해서 뭔가 하는 시늉을 하면서 자신만의 세계에 몰두한다.

심사숙고가 분수령을 넘어서면 행동으로 바뀐다. 물리적으로 이탈하고자 하는 결정은 무의식에서 의식의 형태로 전환된다. 때로 이런 파경은 근심으로 뒤범벅되어 혼란스럽고 난처한 지경에 이르기도 한다. 저메인은 이러한 압박감을 씁쓸하게 증언한다. "고등학교에 입학했을 때 학교 측에서는 제가 2학년이 될 때까지 예술 과목을 들을 수 없다고 말하는 거예요. 제가 좋아하는 것들 가운데 단 하나 선택 가능한 게 언어 과목이었는데, 선택지가 프랑스어 달랑 하나더라고요. 하지만 저는 스페인어를 하고 싶었죠. 그래서 학교를 떠났어요." 또 다른 중퇴자는 이렇게 회고한다. "한 가지는 확실했죠. 제가 떠나는 그 순간까지 학교 측은 저를 원하지 않았고, 저도 그들을 원하지 않았어요. 양측이 서로를 잘 떠난 셈이죠"(Robinson 2011). 학생들에게 일어난 이런 파경은 사람들의 눈길을 거의 붙잡지 못한다. 그러는 사이 조용하게, 하지만 완벽하게 학교로부터의 이탈이 마무리된다. 학업 성취 점수가 엉망인 채로 누적되어 다시는 따라잡을 수 없다는 사실을 받아들인 채 그들은 링 위로 수건을 던진 후 좀 더 색다르고 더 나은 전망이 펼쳐지기를 꿈꾸면서 각자 자기 길을 찾아 떠난다.

또 학교의 지나친 규제, 삶의 변고, 마약 남용은 일부 학생을 학교에서 떠나도록 만든다. 자신과 가족을 위해 돈이 필요했을 수도, 동네 깡패가 학생을 학교에서 끄집어 낼 수도 있을 것이다. 이런 사안들 대다수는 학교 홀로 감당하기에는 너무나 힘겨운 요인들이다. 리처드 로스테인(2001)이 주장한 대로 학교 자체 힘으로는 아이들이 겪는 삶의 수많은 변고나 학생을 압도하는 또 다른 어려운 환경을 극복하지 못한다.

디자인 고문 랄프 캐플란(2008)과 함께 학교 밖 프로그램에 관한 대화를 나눈 적이 있다. 그는 이렇게 말했다. "학생이 학교를 떠났다는 이유만으로 교육이 중단되었다고 말할 수 없어요. 사실은 그와 정확히 반대되는 현상이 일어날 수 있죠." 빌 코스비처럼 성공을 거둔 중퇴자들은 배울 필요가 있거나 원하는 것들을 배우는 방법을 학교 밖에서 발견했다. 마이클 벨, 스티브 잡스, 위 라이트(비디오게임 심시티와 스포어의 개발자), 빌 게이츠는 대학을 중퇴하고 떠났지만 대학 밖에서 배우고 성취한 일을 인정받아 명예 학위를 받았다. 그들의 배움은 새로운 학습 환경 아래서, 앞서 말했듯이, 진정으로 생산적인 학습을 통해 장인정신에 기반한 탁월한 예술성으로 나아갔다.

하지만 이 단계에 이른 다른 많은 학생들은 별로 준비되어 있지 못하고 잘하지도 못한다. 게다가 학위나 졸업장도 없이 중간에 그만두었다는 사실, 사회의 시각으로 볼 때 무엇인가 마무리하지 못했다는 낙인은 성공한 중퇴자에게조차 역설로 작용한다. 성공한 중퇴자들은 스스로의 업적을 자랑스럽게 생각하면서도 자신이 그렇게까지 훌륭한 사람은 아니라고, 또는 예전에 잘못된 결정을 내렸던 것이라고 느낄지 모른다. 그들은 일생 동안 이렇게 뒤섞인 감정을 품고 살아간다.

이 마지막 단계에 이르는 일은 학교 측이든 학생 측이든 결코 긍정적인 경험은 아니지만 양자 사이에는 아직 희망이 남아 있다. 학교 밖 프로그램을 만들어 내면 중퇴를 앞둔 학생들조차 생산적 학습의 형식에 깊이 몰입하게 만드는 길이 생겨난다. 예를 들어 제임스 카메론 감독의 아내이자 배우 겸 모델로 활동했던 수지 에이미스는 어린 시절 학교를 그만두고 모델 경력을 쌓기 위해 프랑스로 건너갔다(Harrington 2014). 나중에 로스앤젤레스에 살 때 자녀들이 학교생활을 잘하지 못하자 에이미스는 캘리포니아 뮤즈학교를 설립했다. 이 학교는 어린이의 열정, 창조성, 세상에 대한 이해에 불을 붙이고, 지속가능한 미래와 지역 공동체에 관심을 두는 교육기관이다. 뮤즈학교는 학생이 자신의 관심사를 추구하고, 창조성을 마음껏 발휘하고, 책임성에 대해 자각하도록 북돋는다. 또한 공동체 안에서의 관계성을 북돋우는 동시에 그렇게 실행하도록 지원한다. 뮤즈학교는 학생들이 실제 세상에서 떨어져 나오는 것을 두고 보지 않으며, 세상 속으로 깊이 잠입해 들어가도록 만든다.

관계를 재고하기

이탈의 과정에는 변칙이 없다. 체계이론[2] 연구자들은 이탈의 과정을 기존의 학교 조직과 문화가 지닌 신종 특성으로 바라볼지 모르지만 말이다. 이탈은 이미 학생을 밀어내는 관계에 대한 정상적인 반응이다. 풍부한 언어와 소통, 가치가 부여된 대상, 어렵지만 즐길 만한 활동을 포함하는 관계를 충족시키는 사람과 장소를 찾는 행동은 학생에게 정상적인 것이다. 만족스럽지 않은 관계 속에 잔류하는 것은 건강하지 못하고, 신체적으로나 정서적으로도 해롭다. 그렇다면 중퇴 문제를 타개하는 핵심 열쇠

---

2) System theory: 하나의 체계와 그 주변 체계와의 상호관계, 그리고 하나의 체계에서 투입과 산출의 계속적인 과정을 설명해 주는 이론. 오스트리아의 이론 생물학자 베르탈란피(Bertalanffy)가 1947년 '일반 체계이론'을 발표한 이래 정치학이나 행정학 등 여러 학문 분야에서 이 이론에 대한 논의와 적용이 이뤄져 왔다. (참고: 네이버 백과사전)

는 중퇴 문제를 겉으로 드러내지 않는 것일까? 당연히 그렇게 하는 것이 쉬워 보인다.

클린턴 대통령의 선거운동 전략참모였던 제임스 카빌이 만든 문구를 살짝 비틀어서 적용한다면, 진짜 문제는 "참여야, 바보야"다.[3] 오늘의 교육 체제는 여러분으로 하여금, 당면 문제는 오로지 중퇴자들 때문이라 믿게 하려 할 것이다. 이 문제는 중퇴 위험성이 높은 학생들에게 표식을 매달아 주의를 기울여 관리하는 경보 체제를 구축함으로써 해결될 수 있다고 말이다. 하지만 속지 말라. 그것은 마술사의 낡은 속임수이다. 그 체제는 더 깊고 더 광범위하게 퍼져 있는 학생들의 이탈 문제에 대한 우리의 관심을 흩뜨려서 중퇴자 문제를 바라보도록 유도한다.

왜 그럴까? 중퇴 문제에 초점을 두는 것은 학교의 작동 방식을 근원적으로 바꾸라고 요구하지 않기 때문이리라. 조기경보 체제를 이용해 학생에게 꼬리표를 붙이는 방식으로 학교가 특별 개입 장치를 마련함으로써 학교는 평상시처럼 지속될 수 있다. 이 전형적인 개입은 똑같은 약을 더 열심히 투약함으로써 벌어지는 과잉 복용 증상으로 드러난다.

이처럼 '고물 기계를 현금으로 산' 것 같은 프로그램은 병을 고치기보다는 대증요법을 시술한 것이다. 그럼에도 '올바른' 방향으로 가고 있다는 식으로 언론의 머리기사를 장식하기도 한다. 즉각적이긴 하나 미미한 개선만 보였음에도 교육 관료들은 대중적 신뢰를 확보하게 된다. 고통 없이 이

---

3) "문제는 경제야, 바보야(It's the economy, stupid)." 1992년 미국 대통령 선거운동 당시 큰 효과를 거둔 선거 슬로건이었는데, 덕분에 민주당 클린턴 후보는 조지 부시 대통령을 누르고 승리를 거둘 수 있었다. stupid(멍청한)는 silly(어리석은), absurd(터무니없는)보다 훨씬 강한 뉘앙스를 가진 단어로, 욕은 아니지만 방송이나 공식 석상에서 사용하면 큰 결례를 저지르게 되는 비속어에 가깝다.

룰 수 있다고 약속하는 날조된 다이어트 방식처럼 우리가 경험해 온 분위기 띄우기식 처방책은 오래 가지 못한다. 얼마 지나지 않아 일단의 전문가들과 사회과학자들은 그럴싸한 다른 방책을 가지고 교육 체제에 접근하고, 엄청난 공적 자금을 낭비하기도 한다. 학생들의 이탈은 우리가 위험을 각오하고 무시해 온 골칫덩이다. 이러한 상황은 니체의 통찰을 떠올리게 한다. "인간은 해답을 찾을 수 있는 질문들만 경청한다"(206).

고등학교와 학생 사이의 관계가 빠른 속도로 나빠지고 있다. 높은 비율의 학생들이 부분적으로 또는 전체적으로 이탈하고 있음을 보여주는 증거들은 차고 넘친다. 시험을 통과하거나 학점을 이수한 숱한 졸업생은 생산적인 학습에 깊이 빠져들지 않는다. 대학에 입학한 고교 졸업생은 대학 수업을 제대로 소화하기에 부족하며, 또한 직장에 들어간 졸업생 역시 회사에 기여할 만큼 준비가 되지 않은 이유가 바로 여기에서 비롯된다.

우리는 고등학교를 중퇴하는 행동을 옹호하지 않는다. 저명하거나 잘 알려진 중퇴자들 몇 명이 성공적인 삶을 이룩했다고 해서 우리가 학교 중퇴를 매력적인 선택지로 확신하는 것도 아니다. 고교 중퇴가 생산적 학습으로 전환되는 아주 드문 사례가 있을 수 있지만 그런 사례만으로는 결정을 내리기 어렵다. 과연 어떤 조건 아래에 놓여야 학생이 학교를 영원히 떠나겠다고 결정할 때 여러분이 지지할 수 있을까? 그 학생에 대해서 여러분이 알아야 하는 것은 무엇인가? 그 학생이 학교 밖에서 이뤄지는 자신의 학습을 지원해 달라고 여러분에게 무엇을 요청할 것이라 예측하는가? 여러분이 제공할 수 있는 대안은 무엇인가? 중퇴를 했음에도 성공을 이룬 사람들은 자신들이 예외라고 생각하지 정도를 걸었다고 여기지 않는다. 그들은 중퇴를 권고하지 않는다. 왜냐하면 중퇴를 하고도 성공하려면 특별한 재능을 가진 사람에게 특별한 사람이 곁에 있어 줘야 하기 때문이다. 그들은 자기 아들에게 재능이 없으니 학교에 그대로 있으라고 말해 준 리치와 입장이 같다.

학생을 이탈의 지경까지 내몰았던 주요 요인은 부적절한 교수법 때문이 아니다. 되레 이탈은 학교와 학교교육의 설계 그 자체에 내재되어 있다. 바로 이것이 학교의 사각지대이다. 학생과 학교의 관계는 운동경기 팀에나 적합한, 불필요한 추려 내기와 선발하기에 기초를 두고 있으며, 그런 방식은 학생의 재능을 분별하고 발달시키려 할 때 독소로 작용한다. 전국에 걸친 수백 군데의 대안학교들은 그러한 독소적 문화를 바꿔 보려고 시도하고 있지만, 그것은 근본적 재구조화가 필요한 체제에다 일회용 반창고 몇 장을 덧대는 것에 불과하다. 대안학교들은 좀 더 근원적이고 광범위한 개혁이 필요한 폭발적 상황에서 압력을 줄이는 안전밸브로 자기도 모르는 사이에 기능하고 있다. 이런 학교들 상당수는 몇 살 더 나이 들어 학교로 되돌아오는 학생들에게 의지하고 있으며, 더 많은 학생들은 앞서 말한 두 번째 단계에 안착한 채로 졸업할 때까지 참고 지낼 준비가 되어 있다. 현행 교육 체제는 엄존하는 문제를 근본적으로 다시 설계하려 하지 않고 땜질 처방만 계속해 대고 있다.

이탈은 학교에 재학 중인 학생에게만 국한된 것이 아니다. 사회학자들을 비롯한 다른 전문가들은 우리 사회 전체에 걸쳐 몰입과 참여가 감소하고 있다는 사실에 주목한다. 성인들 역시 자기가 근무하는 기관과의 연계성, 그리고 사람과 사람 사이의 연계성을 잃어 가고 있다는 사실을 우리는 알고 있다. 직장에서의 불화가 증가하고 있으며, 유례없이 많은 직장인들이 자기 직업이 만족스럽지 않다고 밝히고 있다. 연구자들도 사회에 만연된 불화를 목도하고 있다. 로버트 퍼트남은『혼자서 볼링하기: 미국의 사회적 자본 감소』(1995)라는 책에서 사회적 고립이 점증하고 있으며, 그런 현상으로 인해 몇 가지 유형의 사회적 자본이 감소하고 있다고 기록했다. 학교는 생산적 학습에 초점을 두고 학생의 기대를 충족시킴으로써 건강한 관계를 발전시키기 위해 몇 갑절의 노력을 더 기울여야 한다.

넘나들며 배우는 기회는 양적 질적으로 증가하고 있다. 이런 현상은 현재 수동적 이탈 상태로 남아 있는 수많은 학생들이 그런 대안을 선택할 것이라는 의미일까? 아니면 그런 대안을 통해 학생들은 자기 학교와 더 굳건한 관계를 맺게 되는 것일까? 참여와 몰입의 법칙은 변화될 것인가?

2부_생산적 학습에 학생을 참여시키기

학교가 직장이나 가정, 지역 공동체 안에서 전 생애에 걸쳐 평생학습자로서 성공할 수 있도록 학생을 준비시키지 못한다면, 학교 안팎 어디에서 배우든 별다른 차이가 없다. 2부에서는 교육전문가뿐만 아니라 사회구성원 모두가 답을 찾고자 했던 생산적 학습과 관련하여 그간 지속적으로 제기해 왔던 세 가지 의문에 대해 다루려 한다.

1. 성공이란 무엇인가?
2. 성공하기 위해 꼭 배워야 하는 것은 무엇인가?
3. 학교는 생산적으로 학습하려는 학생을 어떻게 도와야 하는가?

이 질문에 대한 우리의 답변은 명확하지도 않고 앞으로 달라질 수도 있지만, 모든 학생을 생산적인 학습에 참여시키려는 노력에 방향성을 제시한다.
첫 번째 질문을 다루기 위해 한 젊은 여성의 첫 구직 면접 내용을 소개해 성공의 다차원적 측면을 살펴보겠다.

두 번째 질문에서는 학습에 거는 학생들의 '높은 기대'가 무엇인지를 제기할 것이다. 일반적으로 높은 기대를 너무 좁게 정의하고 있는데 특히 예술, 창의성, 발명과 관련해 더욱 폭넓고 심도 깊은 기대가 무엇인지 논의하고자 한다. 우리는 표준을 바라보는 대안적 시각이 무엇인지 기술하고 장인정신에 기반한 탁월성 같은 학습의 질에 대해 더 많은 관심을 촉구할 것이다.

세 번째 질문에서는 학생의 기대를 수용하는 학습 기회, 모든 학생에게 생산적 학습 결과를 가져다주는 학습 기회를 설계하기 위한 틀을 제안하고자 한다. 우리는 다양한 분야에서 성공한 사람들이 정규 학교 체계 밖에서 학습하고 일하는 방식을 그려 보일 것이다. 학교 밖을 주시하면 우리가 학습자와 학습, 그리고 학교에 관해 당연시했던 통념들을 뛰어넘도록 도움받을 수 있다.

4장 _ 성공이란 무엇인가

> 삶의 유일한 목적은 우리가 우리 자신이 되고,
> 이루어 가는 능력을 지닌 사람이 되는 것이다.
> _ 로버트 루이스 스티븐슨

성공에 대한 폭넓은 관점

생산적 학습에 관한 우리의 정의는 더 많이, 더 깊이 학습하려는 욕구를 자아내는 생성적 학습이어야 한다는 시모어 사라손(2004)의 관점에 바탕을 둔다. 또한 생산적 학습은 능력(예를 들어 지식, 기술, 성향을 보여주는 수행력)에 초점을 두는데, 학생의 치열한 노력을 요구하며, 학습자로 하여금 장인정신에 기반한 탁월성을 추구하도록 이끈다.

학습에 대한 이 같은 정의를 길잡이 삼아 이제 유치원생부터 고교생에 이르기까지 성공은 무엇으로 구성되는지에 대한 우리의 의식을 공유하려 한다. 사람들 대부분은 성공이란 좋은 등급, 훌륭한 시험 성적, 졸업장, 고등 교육기관으로 진학하는 것이라고 정의한다. 이러한 정의에 굳이 시비를 걸진 않겠으나 우리의 경험에 따르면 이것은 그다지 적절하지 않다.

우리는 더 폭넓은 관점에서 지표가 더해져야 한다고 생각한다. 성장 가능성이 밝은 즐겁고 생산적인 일자리 구하기, 가족 부양하기, 지역사회에 기여하기, 삶의 굴곡을 겪으면서 어떻게 항해할지 고민해 보기 같은 것들이다. 항해는 참으로 적절한 비유다. 성공을 논할 때는 최종 목적지보다 여행이라고 생각하는 편이 더 낫기 때문이다. 행복과 마찬가지로 성공은 개인에 따라 다른, 늘 새롭게 떠오르는 어떤 상태인 것이다.

빅픽처러닝 학교 졸업생이 전해 주는 사례를 살펴봄으로써 성공적인 학습에 관한 복합적 이미지를 제시해 본다(Mojkowski and Washor 2011).

레이첼은 지역에서 가정용품을 중심으로 신상품 아이디어를 만들어 내는 소규모 디자인 회사에 취업하기 위해 생애 처음으로 진중한 인터뷰 시험을 치르고 있었다. 인터뷰의 좌장은 이렇게 시작했다. "서류를 보니 당신은 우리가 모집하려는 자리에 적합한 자격을 갖추고 있지 않은 것 같네요. 그럼에도 당신의 이력서 가운데 우리 눈길을 붙잡은 대목이 있었어요. 이제 당신에게 몇 가지 질문을 할 텐데요, 그에 앞서 자기 자신과 작업에 대해 소개를 좀 해주세요."

레이첼은 곧바로 시작했다.

"여러분의 회사는 가정용품을 디자인하는 데 특화되어 있습니다. 지난 3년 동안 저는 제 공식 비공식 학습의 일부분으로 바로 그런 작업을 해왔어요. 이 회사를 연구하고 나서 저는 여러분이 일하는 과정, 생산품, 그리고 고객에 대해 이해하게 되었다고 믿습니다. 여러분께 제가 디자인한 몇 가지 작품과 제가 채택했던 작업 과정에 대해 보여드리고 싶은 마음이 간절합니다.

먼저 제 소개를 간략히 올리지요. 저는 디자인 전공으로 2년제 교육과정을 마치고 취득한 기술 관련 학위를 가지고 있습니다. 이 학위로는 이 회사에서 맡아야 하는 일에 부적합하다고 여러분들이 생각하고 계시다는 것을 저도 알고 있습니다. 그럼에도 저는 자신합니다. 아마 지금 당장은 아니겠지만 가까운 장래에 저는 이 회사의 성공에 기여할 수 있도록 준비가 되어 있다고 말입니다."

레이첼은 지난 3년 동안 그녀의 학습활동을 이끌어 왔던 여러 가지 능력을 보여주는 자료를 나눠주었고, 자신이 받은 기초 문해력과 수리력 점수를 요약해 주었다.

"보시다시피 저의 수학 점수는 별로 좋지 않습니다. 저는 수학을 공부할 때 무척 어려웠어요. 하지만 제가 일하려는 분야에서 수학이 거의 필요하지 않다는 것을 깨닫는 순간 그걸 내려놓았습니다. 수학은 제가 필요할 때 언제든 다시 공부할 수 있으니까요."

그런 다음 그녀는 자신이 가지고 있는 능력에 초점을 맞춰 설명했고, 그것이 디자인 회사 측에 가치가 있는 것이라 설득했다.

"저는 디자인적 사고, 그래픽과 물체를 이용한 의사소통, 유연하게 작업하기, 변화를 수용하기, 정보를 발견하고 확산하기 위한 테크놀로지 사용 영역에서 특히 출중한 능력을 가지고 있습니다. 이 분야에서 거두었던 저의 수행평가 점수는 이미 제공해 드렸습니다. 제출한 저의 포트폴리오를 보시면 실제적인 생산물을 만들어 내는 데 사용된 여러 가지 기술을 확인하실 수 있습니다. 또한 이 아이패드에는 여러분께서 알고 계실 거라 여기는 이 산업 분야에 종사하는 두 분의 멘토가 영상으로 보내 준 추천사가 담겨 있습니다. 그리고 저는 여러분의 산업 분야에서 개발한 기술자격증 가운데 두 가지를 취득했습니다. 이 자격증이 능력의 유효함을 입증했다고 봅니다.

저는 우리 지역사회에서 몇 가지 디자인 관련 작업을 해왔습니다. 노숙인을 위한 지역 센터를 새로 디자인할 때 소규모 작업팀을 이끌었고, 새로 노인정이 설립되어 인테리어 공사가 진행될 때에도 참여했습니다."

레이첼은 성공적인 졸업생일까? 우리 생각엔 대부분의 고등학교나 지역사회 대학이라면 그녀가 자기 학교 졸업생이라는 사실을 자랑스러워할 것 같다. 여러분은 레이첼이 자기 직장에서 잘 근무할 것이라 예상하는가? 우리는 그러리라 본다. 그런데 여러분이 레이첼의 수학 교사라면 어떻겠는가? 레이첼의 성공에 대한 당신의 정의는 그녀가 당신의 수업 시간에 얼마나 잘 배웠는가에 주로 초점이 맞추어져 있을 것이다. 수학의 중요성에 대해 레이첼이 내린 평가에 대해 당신은 동의하는가? 오로지 하나의 관점으로 학생의 성공을 바라보는 것은 아주 쉬운 일이다.

가족으로서, 또는 지역사회 구성원으로서 레이첼이 장기간에 걸쳐 성공할지 예측하기란 어렵지만 대부분의 사람들은 역시 낙관적일 것이다. 우리의 요점은, 지금처럼 학생들의 학습 기회를 설계할 때 학교가 준수하는 것보다는 더 폭넓은 성공의 정의가 무엇인지 기꺼이 고민해 봐야 한다는 점이다.

다채로움의 아름다움

성공과 성취에 대해 더 종합적으로 이해해야 하는 곳은 단지 학교뿐만이 아니다. 우리 사회에서는 성공에 대해 두 가지 상반된 시각이 병존한다. 대부분의 미국인은 성공을 다르게 정의하고 이를 성취하기 위해 참신한 경로를 선택한 별종을 찬양하지만, 동시에 그들은 (여기에는 부모와 교육 정책 기획자가 포함됨) 무엇이 성공을 구성하는가에 대해서는 학교 또는 학교교육과 연관지어서 매우 보수적이고 편협한 관점을 유지하고 있다. 예를 들어 부모들은 예산이 허락하는 한 최상위권의 4년제 대학에서 취득한 학위가 자녀들을 성공에 이르게 하는 이상적 경로라고 확신하고 있다.

우리 사회와 학교에서 다양성을 가치 있게 여기는 인식이 절실하다. 민족이나 인종의 다양성뿐만 아니라 우리가 세계를 어떻게 바라보며 그것이 안고 있는 문제의 다양성은 무엇인지, 그리고 해결책을 어떻게 강구하느냐에 대한 다양성을 말한다. 제라드 맨리 홉킨스(1877)가 지은 시 '다채로움의 아름다움'이 떠오른다. 이 시에서 홉킨스는 "다채로운 것들이여. … 상반되고, 독창적이고, 진귀하고, 기이한 모든 것들"이라고 찬양했다.[1] 홉

---

1) Gerard Manley Hopkins(1844~1889). 19세기 영국의 시인이다. 도약률(sprung rhythm)이라는 독창적 운율법을 사용했고, 특히 두운(頭韻)을 많이 사용하여 이미지와 숨은 비유가 복잡하게 구성되도록 시도한 문학가로 알려져 있다. 홉킨스가 다룬 주제는 주로 자연과 종교에 관한 것이었다. 본문에서 소개된 '다채로움의 아름다움'은 매우 흥미로운 시이기에 전문을 옮겨 본다.

Pied Beauty
다채로움의 아름다움

Glory be to God for dappled things-
다채로운 것들을 만드신 신에게 영광 있기를-
For the skies of couple-colour as a brinded cow;
얼룩무늬 소처럼 두 겹의 색조를 띤 하늘을
For rose-moles all in stipple upon trout that swim;
헤엄치는 송어에 점점이 박힌 장밋빛 반점을
Fresh-firecoal chestnut-falls; finches' wings;

킨스는 우리에게 이러한 별종을 품어서 키우라고 권유한다.

『차이: 다양성의 힘은 어떻게 가장 우수한 그룹, 회사, 학교, 사회를 만드는가』(2007)에서 스캇 페이지는 다양성을 포용함으로써 얻어지는 윤리적이고 실제적인 사례들을 제시한다. 그는 이 책에서 세상을 색다르게 바라보고 관여하는 개인들로 구축된 다채로운 작업 그룹을 의도적으로 창조하는 기업은 다양성을 통해 얻는 이익이 급증한다고 말했다. 이것이 하나의 근거인데, 리처드 플로리다(2005)와 에드워드 글레이저(2011)는 그들의 연구 수행 결과 경제적·문화적으로 매우 부유한 일부 도시들은 여러 형태의 다양성을 지원했고, 그 결과 번영했다는 사실을 발견했다.

그러므로 성공에 대한 단 하나의 정의만 강고하게 고수한다면 우리가 개인적으로나 집단적으로나 잘 사는 데 유해하거나 실제로는 위험하기까지 할 것 같다. 젊은 청소년들이 지닌 빼어난 '다채로움의 아름다움'을 우

갓 피운 석탄불에 구운 알밤, 방울새의 날개를
Landscape plotted and pieced-fold, fallow, and plough;
조화로운 들판 풍경, 목초지와 휴경지와 경작지를
And all trades, their gear and tackle and trim.
그리고 온갖 생업과 도구와 기구와 장비를

All things counter, original, spare, strange;
상반되고, 독창적이고, 진귀하고, 기이한 모든 것들이
Whatever is fickle, freckled (who knows how?)
변화무쌍하고 알록달록한 것이든 (어떻게 한 줄 누가 알까?)
With swift, slow; sweet, sour; adazzle, dim;
빠르고 느리고, 달콤하고 시고, 빛나고 흐린 것들
He fathers-forth whose beauty is past change:
영원히 변하지 않는 아름다움을 그분이 만드셨다네
Praise him.
신을 찬양할지라.

리가 끌어안는 데 실패했기 때문에 학교와 우리 사회에서는 학생들의 재능이 유실되고 있다.

켄 로빈슨(Ted.com 2006)은 질리안 린에 대한 이야기를 들려준다. 린은 수업 시간에 가만히 앉아 있지 않고 집중하지 못했기 때문에 여덟 살 때 심리학 치료실을 다녀야 했다. 그녀가 집중 못하고 '붕붕 떠다닌' 이유는 몸을 움직이는 행위와 무용을 정말로 좋아하기 때문이라는 사실이 밝혀졌다. 헌신적인 어머니와 세심히 관찰한 의사의 처방 덕분에 린은 학교에서 '그녀의 독특함'에 대해 칭찬을 받거나 보상을 받을 수 있었다. 나중에 린은 영국의 로열발레학교에서 공부를 계속했고, 세계적으로 유명한 발레리나이자 연극배우가 되었으며, 뮤지컬 〈캣츠〉와 〈오페라의 유령〉에서 안무를 담당하게 된다.

성공의 정의를 넓게 규정하고 그것을 어떻게 성취할지가 더욱 성공적인 학교를 창조하는 핵심 요구 사항이다. 또한 앞으로 우리가 논의해 나가겠지만, 학교 밖 세상에 풍부하게 널린 학습 기회와 학습 환경을 활용함으로써 학교는 모든 다채로운 아름다움을 잘 키워 나갈 수 있을 것이다.

5장 _ 성공을 위해 꼭 배워야 하는 것은 무엇인가

흥겹지 않으면 아무런 의미가 없지.

_ 듀크 엘링턴 & 어빙 밀스

다종다양한 차원의 성공을 거두려면 무엇을 배워야 하는지를 밝히면서 우리는 다음과 같은 몇 가지 주장을 하고자 한다.

- 오늘날 대부분의 학교는 위험할 정도로 적은, 몇 가지 안 되는 학습 기준을 갖고 있다.
- 대부분의 학교는 창조성이나 혁신적인 발상에 거의 또는 전혀 주의를 기울이지 않는다.
- 모든 학생이 모든 학습 기준을 똑같은 방식으로 받아들여야 한다는 학교의 주장은 비생산적이고 낭비적이다.
- 학교가 낮은 수준의 능력에 초점을 맞추면 장인정신에 기반한 높은 수준의 능력을 기를 수 있도록 도울 수 없다.

각자의 상황에 맞는 독특한 능력에 집중하기

공통교과과정 특별정책은 '핵심 능력'이 무엇인지를 밝히는 여러 가지 요목을 열거한다. 미국에서 고교 졸업장을 받으려면 거기에 적힌 능력을 반드시 다뤄야 하는데, 거의 모든 주에서 채택하는 교과과정 기준이다. 이는 대학 입학 후 2년차 강좌 정도를 수강할 만한 학업 능력을 갖추기 위해 모든 학생이 무엇을 배워야 하고, 언제 배워야 하는지를 정한다.[1]

앞서 살펴본 인터뷰에서 레이첼이 언급했던 능력은 학교에서 가르쳐야 할 목록에는 담겨 있지 않다. 한 세대 이전에 고용주들은 그녀가 묘사했던 디자인적 사고, 창조적 문제 해결, 테크놀로지 문해력 같은 능력의 가치를 인정하지 않았다. 하지만 우리 사회의 구석구석까지 변화가 일었고, 특히 직장에서는 이와 똑같은, 또는 유사한 능력을 요청한다. 새로 다가오는 사회와 경제 체제에서 성공하려면 학생들은 이전 세대에서는 필요하지 않았던 기술을 갖춰야 한다. 다음 세대는 컴퓨터가 약간은 할 수 있다 해도 결코 능숙하게 잘 풀어낼 수 없는, 대답이 명확하지 않은 문제들을 해결해야 한다.[2]

지금 고등학교에 입학하는 대부분의 학생들은 아직 존재하지도 않은 형태의 직업을 갖거나 이제 막 설립 초기, 혹은 아직 형성되지도 않은 산업 분야에서 일하게 될 것이다. 그렇기 때문에 우리 사회와 경제는 새로운

---

1) 공통교과과정 특별정책은 미국주지사협의회의 '업무처리 모범규준 센터'와 주교육감협의회가 주도했다. 자세한 정보는 www.corestandard.org 참고. _ 저자 주

2) 하지만 그렇다 해서 우리가 여기에 안주할 수는 없다. 에릭 브리뇰프슨과 앤드류 맥아피는 그들의 저서 『기계와의 경주』에서 인간이 가지고 있던, 컴퓨터보다 더 뛰어난 기술의 종류가 빠른 속도로 줄어든다고 보고했다. _ 저자 주

도전에 직면했을 때 그와 관련된 여러 차원을 규명하고, 핵심 정보를 발견하고, 주요 문제와 사안의 정체성을 밝혀내고, 핵심적 견해를 분석하고 이해하며, 연관을 짓고, 문제에 대한 해결책을 고안하고 적용할 수 있는 졸업생을 요구한다.

우리는 단일 학문이나 복합 학문 분야에서 요구되는 능력을 강력하게 옹호한다. 변호사, 실험실 기술자, 농부, 예술가, 목수, 건축가는 어떻게 사고하고, 배우고, 업무를 수행하는가? 사람들은 어떻게 직업을 구하고 새로운 지식과 기술을 사용하는가? 사람들이 직장이나 사회에서 인정받는 데 필수적인 기질은 무엇인가? 빅픽처러닝 학교에서 우리는 사회적 자본을 개발하는 것이 특별히 중요한 능력이라는 사실을 발견했다. 학생들은 어떻게 평생학습, 시민적 참여, 작업 기회를 제공하는 학습조직, 작업 공동체, 여러 종류의 사회관계망에 가입하고, 배우며, 기여하는가?

공통교과과정은 너무나 폭이 좁고, 성공을 거두기 위해 반드시 필요한 다양한 지식과 기술을 간과한다. 여기에는 창조성과 발명, 디자인 사고, 기업가 정신, 다층의 복합 학문 분야에 걸친 지식 통합하기, 탁월한 전문 기술을 갖추기 위해 학문적 영역으로 깊이 파고 들기가 망라된다.

교육계의 지도자들은 '더 높은 기대'를 떠들썩하게 옹호하면서도 그들이 가장 주의를 기울이는 영역은 쉽게 (잘이 아니라) 측정할 수 있는 것, 말하자면 대부분은 문해력과 수리력이다. 우리가 맞아들이는 세계, 다시 말해 우리가 이미 살아가는 이 세계는 하나의 비공통교과[3]를 요구하고 있

---

3) an uncommon core: 재치 있는 용어 사용이다. 국가에서 실시하는 공통교과과정(Common Core)과의 차별성을 부각시키기 위해 만든 표현일 텐데(common ↔ uncommon), 'un'이라는 접두어가 붙은 단어를 골라 씀으로써 정부의 용어를 살짝 비틀

다. 그러므로 성공을 위해서는 바로 앞 문단에서 열거한 능력들이 필수적으로 요청되는 이 시점에서 모든 학생들을 읽고 계산할 수 있게 만드는 것은 '더 높은 성취 수준'이 아닐 수밖에 없다. 보편적으로 숱한 학교들이 입을 모아 이른바 21세기에 적합한 능력이라는 교육적 가치를 칭송하고 있으나 정작 그런 능력을 체계적으로 가르치고 평가하는 학교는 거의 없는 실정이다.

원자 분열 실험의 공로를 인정받은 물리학자 어니스트 러더퍼드는 예전에 "물리학을 제외한 모든 과학은 우표 수집이다"(Birks 1962, 108)라고 교만스럽게 빈정거린 적이 있었다. 교육자들은 교육이란 모두 문해력, 수리력, 그리고 과학을 의미하고, 다른 모든 것들은 '우표 수집'일 뿐이라고 작심한 것 같다. 학생들이 지닌 수많은 양상의 지성을 무시하고, 모든 인간이 가지고 있는 예술가, 제작자, 수선공으로서의 소질을 간과하는 학교는 얼마나 잘못되었는가. (러더퍼드의 말 또한 오류였다. 그가 조금 더 장수했더라면 급격하게 발전하는 생물학의 부흥을 목격했을 테고, 초끈이론[4]에 대응하느라 정신없는 물리학계를 바라봤을 것이다.)

었다. 또한 저자들이 의도했는지는 모르지만, uncommon에는 '흔치 않은, 이상한, 독특한'이라는 뜻도 포함되므로 'an uncommon core'라고 이름 붙이면 학생들이 가져야 할 능력이 개별 상황에 맞는 독특한 능력이어야 한다는 의미를 중의적으로 드러내기도 한다.

4) superstring theory: 우주의 근본 구성 요소가 고유의 진동 패턴을 갖는 '끈'이라는 가정에서 출발한다. 거시 세계에서는 중력 현상을 설명하는 상대성 이론이 들어맞고, 미시 세계에서는 양자역학을 이용한 설명이 들어맞지만 두 세계를 통합적으로 설명하는 이론은 존재하지 않던 상황에서 양자론과 일반상대성이론을 통합하여 우주와 자연의 모든 원리를 설명하려고 시도했던 통일장 이론이다. (참고: 시사상식사전, 박문각)

창의성, 발명, 혁신을 연결하기

공통교과과정이 간과하는 한 가지 중요한 학습 기준은 그것을 창의성과 발명으로 연계시키는 것이다. 미스터 포테이토 헤드(Mr. Potato Head)[5] 장난감의 변천사는 학교에서 창의성과 발명이 펼쳐질 때 무엇이 일어났으며, 또 일어나고 있는지를 살펴볼 때 딱 들어맞는 은유이다.

미스터 포테이토 헤드는 브루클린 본토박이인 조지 러너가 만들어 세상에 내놓았다. 조지는 어린 소년 시절에 부모가 경작하던 텃밭에서 야채를 가져다가 어린 동생들에게 여러 가지 물건을 만들어 주었다. 러너의 텃밭은 상상할 수 있는 다양한 신체 부위를 공급해 주었다. 시금치, 당근, 후추, 브로콜리는 머리카락, 눈, 귀, 코로 바뀌었다. 1952년 하센필드 브라더스 (현 해즈브로) 회사로 판권이 넘어간 미스터 포테이토 헤드 장난감 세트는 이처럼 어린 시절에 놀이 삼아 하던 일에서 파생된 상품이었다. 최초의 세트는 30가지의 플라스틱 조각이었고, 50가지 조각을 원하는 사람에게는 추가로 주문을 받아 판매되었다. 이 조각을 진짜 감자에다 붙이거나 그렇지 않으면 동봉한 스티로폼 머리에 붙이는 방식이었다.

당연한 수순으로 감자가 썩는 문제를 비롯해 너무 쉽게 망가지는 등의 문제 때문에 미스터 포테이토 헤드는 딱딱한 플라스틱 껍질로 바뀌고 말았다. 진짜 감자는 더 이상 필요하지 않게 되면서 가지고 놀 때 아이들이 생각하며 도전해야 하는 측면이 변질됐다. 1970년대에는 미리 뚫린 구멍 대신 길쭉한 홈을 파 놓았는데, 이것은 다른 여러 부품이 그 방향으로 짜

---

5) 애니메이션 영화 〈토이 스토리〉에서 낡은 카우보이 인형 우디의 친구로도 나온다.

맞춰져야 한다는 신호와 같았다. 막 피어나는 피카소 같은 창의적인 아이에게는 실망스러웠겠지만 이제 아이들은 더 이상 눈을 조립해야 하는 곳에다 팔을 갖다 붙이는 따위의 실수는 하지 않는다(그래도 많이 즐거울까?). 미스터 포테이토 헤드는 광고 문구가 선전하듯이 이제 더 이상 "아이들이 만들 때마다 다르게 보이지"는 않게 되었다(Mopotatohead.net n.d., Walsh 2005).

처음 출시되었던 미스터 포테이토 헤드는 어린이들이 손, 마음, 가슴을 사용해서 조립 부속을 붙였다 떼고 다시 붙이는 작업을 상상력에 따라 제한 없이 실감 나게 할 수 있도록 되어 있었다. 허나 오늘날의 세트는 상상력과 실험 정신보다는 조립과 수집에 더 유용한 장난감이 되었다.

우리는 이 지점에 은유가 도사린다고 말했다. 우리의 세계 상황은 높은 수준의 문해력과 수리력, 또는 더 많은 기술 인력을 생산한다 해도 그것만 가지고서는 충분하지 않은 세상이다. 창조하고 발명하는 능력을 신장시켜야 미래가 보장된다. 기업 조직을 연구했던 유명 경영학자 피터 드러커(1995)가 충고했듯이, 오로지 창조성, 발명, 혁신만이 세상에서 더 높이 뛰어오르도록 만들고, 우리의 지역사회를 재생시킬 수 있다.

졸업생을 준비시키는 학교를 관찰하면서 우리는 창조적 문제 해결, 발명 같은 중요한 혁신 역량이, 음악과 무용을 포함한 예술 영역은 물론 지역사회와 직장에도 필요하다고 보았다. 하지만 이런 능력은 공통교과과정의 중점 항목에 들어가 있지 않다. 학교 교육과정은 미스터 포테이토 헤드가 걸었던 전철을 밟았다. 교육자들은 창조성과 혁신에 주의를 기울이지 않고, 그것을 흔적도 없이 걸러내 버렸다. 그들은 너저분한 것이나 땜질해야 하는 것들을 참을 수 없었나 보다.

이런 주의 부족에 대해 교육자들은 부적합한 교육자원을 탓하지만, 그 원인에 대한 설명은 더 깊숙한 곳에 존재한다. 학교는 모든 학습 상황에서 예술의 역할과 예술을 어떻게 가르쳐야 하는지에 대해 제한된 관점을 갖고 있다. 우리는 어쩌면 다른 형식의 지식들이 개인과 사회에 더욱 가치 있을 것이라고 설파한 엘리엇 아이즈너와 하워드 가드너의 통찰을 상기시키고자 한다. 켄 로빈슨(2001)은 지금의 인지-추상적 교육과정은 대학 교수를 만들어 내기 위해 설계되었다고 주장했다. 예술, 공예, 기술적 능력은 광범위하게 무시되었고, 어떤 경우에는 폄하되었다. 하지만 이런 중요한 능력은 레이첼이나 빅픽처러닝 학교에 재학 중인 다른 수백 명의 학생에게 그러했듯이 성공에 기여한다.

만약 여러분이 레이첼은 특별한 학교에 다니지 않았냐고 주장한다면 그 말이 맞다. 레이첼이 학습했던 만큼 도와줄 학교는 거의 없거니와 적극적으로 지원할 학교는 더욱 없다. 허나 그러한 대안적 모델은 미국이든 다른 나라든 실제로 존재한다. 미국에서 직업에 초점을 둔 일부 고등학교는 그런 프로그램을 제공한다. 예를 들어 빅픽처러닝 학교에서는 학생의 관심사에 초점을 맞춘 작업 현장에서 갖가지 프로젝트가 진행되고, 학생은 일주일에 이틀을 그곳에서 보낸다. 핀란드의 학교에서는 공연 예술과 응용 예술을 교육과정의 핵심에 가져다 놓았으며, 전반적인 교수 과정에서도 중요한 학습 기준으로 천명한다. 핀란드의 고도로 통합된 교육과정은 미국 학교에서 인문계와 실업계로 나누어 놓아야 한다고 생각해 왔던 과정을 하나의 학교 체제 아래 두고 있으며, 학생들의 관심사에 따라서 다양하게 공부할 수 있도록 기회를 준다. 핀란드의 학교에서는 물건을 제작하거나 이것저것 고쳐 보는 기회를 상당히 많이 제공한다.

배우기에 적당한 때

기초 핵심 능력은 모든 학생들에게 필수적일까? 성공한 학생이 되기 위해 모든 능력을 다 갖춰야 하나? 학생들이 중등학교 이후의 학습과 직업을 준비하기 이전에? 레이첼은 그녀의 능력, 일하고 싶어 하는 직장에 대한 헌신과 관련해 수학 점수가 중요하지 않다며 대수롭지 않게 여겼다. 여러분은 레이첼의 입장에 동의하는가? 레이첼을 인터뷰했던 심사위원들이 그런 입장에 동조했을 것이라 생각하는가?

우리는 심사위원들이 이렇게 말했을 것이라 믿는다.

"수학 점수는 잊으세요. 우리는 당신의 훌륭한 디자인 사고 능력을 필요로 합니다. 당신의 프로젝트 운영 관리 기술도, 그리고 협력 기술도 필요하죠. 직장생활을 하다가 나중에 어떤 일을 하는 데 수학을 배워야 할 필요가 생기면 배울 수 있는 길은 열려 있어요."

딱 맞는 학습자원이 즉시 활용 가능할 때 꼭 필요한 학습을 하게 되면 레이첼의 시간은 훨씬 더 가치 있게 쓰일 것이다. 교육은 한 번의 기회가 마지막인 그런 체제가 아니다. 생애 전체를 통해 학습 기회는 존재한다. 심지어 수학일지라도!

학교는 수학에서 일정한 등급을 받아야만 성공이라고 주장하는데, 그것은 레이첼의 개별성과 직업에 대한 그녀의 포부를 무심하게 외면하는 행위다. 수학은 레이첼이 더 중요한 학습을 위해 투입했어야 할 시간을 다른 일에 사용하도록 강요한다. 2010년 4월 『에듀케이션 위크』 기사에서 로버트 레먼과 아놀드 패커(2010)는 이렇게 진술한다. (레먼은 '어반 인스티튜트'의 선임연구원인 동시에 워싱턴의 '아메리칸 대학' 경제학과 교수이고, 패커는

1977~1980년에 미국 노동부 차관, 그리고 SCANS로 알려진 '미국 노동부 산하 필수 기술성취원' 원장을 맡았다.)

로그, 다항함수, 이차방정식을 학습하는 수학II를 생각해 보라. 많은 주에서 고등학교를 졸업할 때까지 이 영역의 학습을 요구하고 있지만 반드시 그렇게 해야 할 필요는 없는 것 같다. 노스이스턴 대학의 사회학자인 마이클 헨델은 직장인 가운데 오로지 9%만 이런 지식을 활용했고, 관리직, 전문직, 또는 기술직 직원 가운데 20% 미만이 수학II에서 배운 내용을 활용한다는 사실을 발견했다.

모든 분야에서 최대한의 능력을 발휘하는 학생은 거의 없는 것이 현실이다. 이런저런 상보적 관계가 이뤄질 것이다. 학생들은 저마다 레이첼이 그랬듯이 자신의 학습과 직업상의 성공에 어떤 능력이 중요한지를 발견하고, 그런 능력 갖추기를 자신의 생애 학습 계획에 포함시키며, 새로운 요구와 포부에 비추어 자신의 능력을 정기적으로 갱신할 것이다.

교육정책 기획자들은 과학, 테크놀로지, 기술공학, 수학(STEM)과 관련하여 고교 졸업생이 늘어나도록 하는 데 특별한 관심을 보이고 있다. 졸업생이 과학, 테크놀로지, 기술공학 분야에서 일할 수 있도록 준비된다면 무기력해진 경제에 지속적인 자극을 가져다 줄 노동력이 될 것이라 추론하기 때문이다. 이러한 근거에 기초하여 우수한 졸업자들을 늘리려는 목적으로 특별한 자원을 학교에 투입하도록 지시한다.

수학과 과학 프로그램을 개선하려는 움직임에 대해 우리는 다투려 하지 않는다. 다만 우리 사회의 경쟁력을 우려하면서 과학자와 기술공학자를 늘리기 위해 **모든** 학생에게 더 많이, 더 맹렬히(그들의 정의임) 수학과 과학 코스라는 단일 통로를 좇도록 강요하는 정책 기획자나 교육자에 대해 신중한 입장이다. 우리가 예측컨대 그렇게 하면 많은 학생이 학습에서 흥미를 잃거나 더 나아가 학교 중퇴에 이르게 될 것이다.

아마도 그들의 판단 근거는 가능하면 중학교 때라는 이른 시기에 모든 학생을 STEM이라는 파이프라인으로 들어가도록 하면, 해당 분야에서 일할 준비를 마친 고등학교 졸업자가 그 파이프의 다른 쪽 끝에서 똑똑 흘러나올 것이라 생각하기 때문이리라. 그것은 NBA 농구 스타의 수를 늘리기 위해 모든 학생에게 중고등학교에서 농구 팀에 가입해 경기를 하라고 강요하는 것과 마찬가지 꼴이다. 하지만 가령 예술, 법, 또는 사회봉사 같은 다른 직업 경로를 추구하는 학생에게 그것은 대체 무엇이란 말인가?

표준과 획일을 벗어난 성취 기준

모든 학생에게 모든 학습 성취 기준을 받아들이라고 요구하는 일에 더해 대개 학교는 그 성취 기준이 동일한 방식으로 받아들여져야 한다고 주장한다. 2005년에 『에듀케이션 위크』 기고 글에서 우리가 처음 언급한 사례이기도 한데, 성취 기준에 관한 사고방식을 드러내 주는 실화가 여기에 있다.

젊고 재능 있고 이름이 알려진 예술가이자 도예가인 치키는 런던에서 뉴욕의 소호 지역으로 이주해서 작품을 전시 판매하기 위한 도자기 가게를 열었다. 어느 날 한 손님이 화가 난 상태로 가게에 들어와서 며칠 전에 샀던 접시 세트를 반품하겠다고 말했다. 그 손님은 모든 접시와 컵이 똑같은 크기가 아니라는 이유로 환불을 요구했다. 치키는 자신의 귀를 의심했다. "보세요." 그녀는 말을 이었다. "그게 바로 요점이에요. 수제 도자기 접시는 정확히 똑같지 않거든요. 손으로 만들었으니까요. 접시 세트 전체가 똑같은 걸 원하시면 다른 상점에 가셔서 공장에서 만들어진 도기 제품을 사셨어야죠." 이 문제를 더 이상 이야기해 봐야 소용없다는 사실을 깨달은 치키는 그 손님의 돈을 환불해 주고, 도자기 세트를 되돌려 받았다.

이 이야기는 교육에서의 성취 기준에 관한 논쟁에 적용될 수 있다. 일부 교육자는 모든 접시가 정확하게 일치하는 것을 진정으로 원한다. 다른 교육자는 성취 기준이란 다른 방식으로, 즉 손으로 빚어 낼 때라야 가장 잘 도달할 수 있다고 느낀다. 양쪽 집단 모두 세상이 진정으로 가치를 부여하는 지식, 기술, 기질을 획득할 기회가 모든 학생에게 보장되도록 하는 가장 좋은 방법으로써 성취 기준을 바라본다.

우리는 성취 기준을 치키처럼 생각하길 선호한다. 표준화가 아니라 변화무쌍함이 실제 세계에서의 학습을 창출하며, 모든 학습자와 사회에 의미 있는 혜택을 제공한다. 마치 재즈계의 거장 듀크 엘링턴의 오래된 기준이 시사하듯, 기준을 취한 다음 신나게 흔들며 노는 것이다. 표준적 삶에 자신의 스타일을 가미하고, 자신의 서명을 달고, 자신만의 상표를 부여하는 것이다. 레이첼은 포트폴리오에 자신의 특별한 능력, 자기가 이미 성취했거나 시도하려고 하는 학습이나 작업에 대한 특정한 관점이 드러나도록 했다.

교육계에 만연한 관점은 같은 방식으로 동일한 성취 기준을 충족시키려고 모든 학생을 몰아가는 것이며, 그들의 능력을 똑같은 방식으로 시연해 보이도록 하는 것인데, 이렇게 함으로써 성취 기준을 나쁜 것이라 여기도록 만들어 버렸다. 그 대신 이제 학교는 어떤 것이 학습되어야 하는지에 대한 역동적인 관점을 가져야 한다. 학교는 교육 내용과 관련해서 단 하나의 기준만 있지 않다는 사실을 받아들여야 한다. 기준은 여러 가지 양상으로 존재한다. 반드시 알아야 할 영구불변의 지식 체계 하나로 포괄하기에는 너무나 광범위한 지식이 세상에 존재한다. 기준은 직업마다 따로 그때그때 창조되어야 하며, 새로운 지식과 기술을 수용하는 쪽으로 진화해 나가야 한다. 다양성을 허락하는 것은 학생을 생산적인 학습에 참여시키기 위한 필수 요청 사항이다.

장인정신에 기반한 탁월성에 다가가기

학교는 학생이 열망하는 성취 기준이 실제 세계에도 적용된다는 관점을 견지해야 한다. 삶의 모든 국면에서 그러한 기준은, 그것이 연계된 세계와 깊이 관계 맺음으로써 만들어진다. 만약 실제 세계가 그러한 기준과 연결되어 있지 않다면 전문가들이 세운 기준은 대개 대중의 현실과는 거의 또는 전혀 상관이 없게 된다.

어떤 구성 요소가 학생의 학습과 작업에서 높은 질을 담보하는가? 성취 기준은 시험 성적이나 문자로 매겨진 등급으로 포착된 것보다 분명히 더 많은 것을 말해 준다. 수월성秀越性은 고정적이지 않고 역동적이다. 그것은 종료 지점이라기보다는 어떤 열망 같은 것인데, 지금까지는 학습 과정에서, 그리고 결과적으로 수많은 학생의 작업에서 거의 빠져 있던 것이다.

수월성에는 몇 가지 중요한 측면이 있는데, 그것은 장인정신에 기반한 탁월성과 예술성이다(Washor and Mojkowski 2006-2007).

많은 학교에서는 성실성과 엄정함을 강조하지만 그들이 추구하는 엄정함이 무엇인지는 명확하지 않다. 대부분의 학교에서는 평균적으로 요구되는 것보다 수업시수를 늘이거나, 소설을 다섯 편에서 열 편으로 늘려 가르치거나, 전통적인 시험 또는 기타 평가에서 더 어려운 문제를 출제하는 식으로 이를 구현하려고 한다.

그런 기대는 학교 측이 보란 듯이 내세우려고 했던 우수한 학생의 수를 급감시킨다. 교육과정 개발자와 교사, 심지어 학생까지도 종종 성실성과 엄정함을 너무 좁게 해석해서 진정한 학업이나 직업에 초점을 둔 공부의 범위와 깊이를 폭넓게 끌어안지 못한다. 이런 오해로 인해 학교에서 교수학습을 촉진하기 위한 전략을 지나치게 억눌러 왔고, 교과와 범교과 지식 및 기술을 실제 세계의 맥락에 적용하는 것을 과소평가하게 만들었다.

우리가 성실성과 엄정함을 정의할 때에는 학생들의 공부에 초점을 둔다. 학생이 성실하게 자신의 과업을 수행할 때, 그리고 사고, 연습, 학습의 과정에서 빼어남을 추구할 때 그들이 보여주는 행동 신호는 무엇일까?

교과에서의 엄정함, 그리고 직업에 초점을 둔 학습에서의 엄정함은 깊은 몰입, 시간의 투입, 일터나 훌륭한 실험실에서 사용하는 복잡하고 정교한 도구나 사물, 언어, 그리고 전문가 같은 멘토들과의 공동 작업 등을 포함한다. 그런 학습 환경 안에서 학생은 자기 분야에서 성실한 학자, 예술가, 장인, 치료 전문가가 그러하듯 복잡한 문제에 부딪히지만, 그 문제를 해결하기 위한 도구와 과정은 대개 준비되어 있지 않거나 이용 가능하지 않다.

성실하고 엄정한 학습과 작업은 학생으로 하여금 특정한 행동 패턴을 따르도록 하는데, 스스로 의문을 품고, 주목하고, 관찰하고, 성찰적으로 사유하도록 한다. 학생은 무언가를 잘하는 것이 얼마나 힘든 일인지를 배우며, 그런 과정은 단지 해답만을 찾는 것이 아니라 스스로 질문을 설정하고, 답을 찾는 방법을 고안하는 것임을 배워 간다. 이런 질문들은 중요하다. 왜냐하면 학생은 해답을 모른 채 그들이 설정한 질문과 답변 모두를 내놓을 수 있기 때문이다. 진짜 프로젝트를 통해 학생은 자각 능력을 계발하고, 아이디어, 행동, 결과물을 자기 것으로 만든다. 학생은 애초의 가정에 대해 면밀히 조사하고 도전한다. 또 자기의 학습과 작업이 결코 끝나지 않으리란 사실을 안다. 그들의 경험은 자발적이고 성찰적이며, 예술가가 무엇인가를 추구할 때 경험하는 것과 동일하다. 또한 과학자가 세계와 그들의 작업에 대해 갖가지 방법으로 알게 되고 관여하게 되는 것과 같은 경험을 하게 된다.

능력에만 초점을 둔 엄정함은 충분하지 않을 수 있다. 가장 도전적인 과업은 여기에서 더 나아가 장인정신에 기반한 탁월성과 예술성을 요구한다. 사회과학자인 리처드 세넷(2008)은 장인정신이 연습 과정과 그 결과물을 통해 어떻게 스스로를 드러내는지 논의하고 있다. 그가 설명하기를 장인정신은 독특한 방식으로 기술, 헌신, 그리고 판단을 함께 끌어들인다고 말한다. 그것은 모든 형태의 작업에 존재할 수 있는데, 이를테면 작업 결과물에는 물론 작업 과정에도, 편집자에게 보내는 편지, 시뮬레이션, 춤, 또는 실험 보고서에도 존재한다. 장인정신은 마음은 물론 신체, 가슴, 손에도 관여되어 있으며, 그리하여 론 버거(2003)가 "아름다운 작업"이라고 부른 바와 같이 작업과 사고에서 장인정신에 기반한 탁월성을 구축하는 결과를 가져다준다.

그러자면 시간이 걸린다. 긴 시간 혼자서 작업해야 하고, 곁에서 돕는 멘토나 코치가 있어야 한다. 장인들은 다같이 아주 높은 기술 수준을 유지하지만 저마다 그 기준을 해석한 기반 위에 자신의 스타일과 특징을 가미한다. 그런 특징은 과정과 실행, 결과에 내재되고, 공들여 작업하는 분야에서 드러난다. 장인의 작업과 생산 방식은 변화무쌍하지만 같은 분야의 다른 전문가들과 고도의 일관성을 지닌다. 이런 스타일은 다른 사람과 공명하며, 그 장인과 그를 찾는 사람 모두에게 보상을 가져다준다.

탁월성에 이르는 여정은 학교에서 흔히 보이는 '우수한 학습'과는 상당히 다르며, 많은 것을 요구한다. 학교 밖 세계에서 탁월함을 만들어 내는 성실한 작업은 능력을 최대한 발휘했을 때 나타나며, 몇 년, 심지어 몇십 년이 걸리는 일이다. 말콤 글래드웰(2008)은 탁월성의 경지에 이르려면 일만 시간이 요구된다는 점을 우리에게 상기시켜 준다. 하지만 여기서 중요한 것은 숫자로 표시된 시간이 아니라, 탁월성이란 다른 장인들로부터 세심한 지도와 비평을 받아 가면서 홀로 또는 다른 동료와 함께 평생에 걸쳐 작업을 하면서 헌신해야만 이를 수 있다는 점을 이해하는 것이다.

힐러리 오스텐은『고삐 풀린 예술미: 일과 생활에서 큰 성취를 이루기 위한 안내』(2010)를 통해 성실한 학습의 궁극적 목적으로서 이러한 탁월성과 함께 예술성을 통찰했다. 그녀는 "어떻게 초심자의 희망 차고 삐걱거리던 노력이 물 흐르듯 자연스럽고 숙련된 예술성으로 변모되어 가는지" 우리의 이해를 돕는다. 오스텐은 학생들이 자기 능력을 넘어선 곳까지 밀어붙이도록 도전받으면 "우리가 예술성이라고 부르는 상태, 즉 잠정적으로 뽑아 놓은 음정이 강한 느낌을 불러일으키는 감탄할 만한 음악이 되는 상태, 늘 하던 대로 썰어 놓았던 양파가 평범한 가게를 군침 돌게 하는 향과 맛으로 가득 차게 하는 상태"로 변화한다고 주장했다.

로드아일랜드 디자인대학의 건축학부 학장인 키나 레스키(2012)는 창의력이란 지식 그 자체가 아니라 지식에 이르는 중층적 경로를 최대한 활용하는 상태라고 말했다. 발견과 발명은 기대했던 어딘가에 도착하는 것이 아니라 이미 알려진 상태 바깥으로 의식적으로 나가는 것이다. 예술성은 작업 과정이나 결과물 안에 바탕으로 깔려 있는 미학으로서 그것은 우아함, 단순미, 그윽한 기쁨을 선사한다.

이러한 예술성과 장인정신에 기반한 탁월성은 시간을 요구하며, 무엇인가를 잘한다는 것이 얼마나 어려운지 더 깊이 이해하게 한다. 학생들은 세상에 나가 자신의 길을 개척할 때 그런 기술과 자질을 지녀야 한다.

피터 센게(1990)가 묘사한 개인적 탁월성은 학교를 졸업하는 학생이 그렇게 되었으면 좋겠다는 우리의 바람을 이렇게 형상화한다.

개인적 탁월성은 저마다의 비전을 지속적으로 명징하게 만들고 깊이를 가지게 하며, 힘을 집중시키고 인내심을 기르며, 현실을 객관적으로 바라보게 하는 원리이다. … 그것은 능력과 기술에 바탕을 두지만 능력과 기술을 초월한다. 영적 성장을 요구하지만 영적 전개를 넘어선다. … 또한 그것은 능숙함의 수준이 특별하다는 것을 의미한다. … 높은 수준의 개인적 탁월성을 지닌 사람은 몇 가지 기본적인 특징을 공통으로 지닌다. 그들은 자신의 비전과 목표 이면에 놓인 특별한 목적의식을 보인다. 그런 인물에게 비전이란 단순히 좋은 아이디어에 그치는 것이 아니라 신이 부여한 소명이다.

높은 수준의 개인적 탁월성을 지닌 사람은 끊임없이 배우는 상태로 살아간다. '개인적 탁월성'이라는 용어가 그렇듯이 때때로 언어는 흑백 논리처럼 명확한 어떤 것을 가리키면서 오도된 느낌을 만들어 낸다. 하지만 개인적 탁월성은 사람들이 소유하고 있는 어떤 것이 아니다. 그것은 과정이며, 생애 전체를 관통하는 규율이다. 높은 수준의 개인적 탁월성을 지닌 사람은 자기 관심사와 능력의 한계, 자신이 성장한 영역을 예리하게 인지한다. 또한 그들은 묵직한 자신감을 갖고 있다. 서로 모순이지 않은가? 허나 '그 여정이 곧 보상'이라는 사실을 직시하지 않는 사람에게만 모순일 것이다.

만약 우리가 능력을 갖추는 것을 넘어서 성공을 이루는 것이 필요한 학생들을 제대로 돕고자 한다면 개인적 탁월성에 이르는 생애 경로를 따라 모든 학생에게 도움을 주는 것을 학교의 목표로 삼아야 한다. 학교가 학생을 향해 품는 '높은 기대'에는 이러한 탁월함에 대한 추구가 포함되어야 한다.

최근에 빅픽처러닝 학교 가운데 한 곳을 졸업한 한 학생의 이야기는 센게가 묘사한 여정을 잘 보여준다. 예전 학교에서 칼은 여러 가지 어려운 일로 고전했고, 그는 궁지에 빠졌다. 남은 선택지라곤 군대를 가거나 직업단[6]에 들어가는 것뿐이라는 조언을 들은 칼은 학교를 자퇴하고 빅픽처러닝 학교에 등록했다. 그의 담임은 칼의 삶을 바꿔 놓았다. 담임교사는 칼에게 네 자신의 교육을 설계할 수 있다면서, 네가 공부하고 싶은 것을 고

---

6) Job Corps: 학교 중퇴자에게 고용과 직업 기술을 제공하기 위한 경제기회법의 한 부분으로 1964년에 수립된 연방 프로그램이다. 16~21세의 실업 청소년들이 훈련원이나 보호수용소에서 일하고 공부한다. 미국에서 직업단은 노동부가 운영하며, 지방정부와 사설 기구가 계약하여 훈련원을 설립한다. (참고: 사회복지학사전, 이철수 외 공저, 2009)

르라고 말했다. 칼은 약학과 정치학에 관심이 있었기에 콜로라도 대학의 혈액암연구실험실에서 인턴십을 했다. 그 실험실에서는 악성세포의 성장을 막는 연구를 진행하고 있었다. 칼은 졸업할 때쯤 전국 어느 대학에도 입학할 수 있는 장학금을 받았다. 그는 사회과학을 주전공, 정치과학을 부전공으로 하여 최근에 대학을 졸업했으며, 그가 참여하는 간호사 강좌의 대표로도 활동해 왔다. 개발도상국의 공중보건 관련 일을 끝마치면 다시 미국으로 돌아와서 에이즈 환자를 치료, 교육, 지원하는 건강 돌봄 기구에서 일하기를 희망한다. 그는 여러분에게 질병 뒤에는 사회학적, 정치과학적 방책이 존재한다고 말할 것이다.

칼은 우리 학교 졸업생이 따랐으면 하는, 따라야 하는 기준을 보여준다. 그는 자칫 학교를 중퇴할 뻔했으나 관심사를 배울 수 있도록 도와준 학교와 프로그램을 발견했다. 그런 학습 공간에서 담임교사는 그의 주요 관심사를 넓히고, 탁월성에 이르도록 도전 의식을 키워 줄 수 있었다.

학교는 모든 학생이 성공하도록 돕기 위해 지금 같은 근시안적 초점을 넘어서 여러 가지 능력에 대해 더 넓은 관점을 갖겠다고 표방해야 한다. 그것은 학자, 사상가, 발명가, 직조공, 기업가, 시민과 같은 전인을 육성하며, 협소한 능력을 뛰어넘어 장인정신에 기반한 탁월성과 예술성에 이르겠다는 움직임까지 포괄해야 한다. 학교는 창조성 및 발명과 관련된 능력 키우기를 표방하고, 성취 기준과 방법에서 유연성을 허용해야, 아니, 매우 적극적으로 지원해야 한다. 모든 학생이 그런 폭과 깊이를 가지고 도전을 받아들이게 만들려면 우리는 무엇보다 그들로 하여금 학습에 깊이 몰입하도록 요청해야 할 것이다. 학생들이 학습에 몰입하도록 하려면 먼저 그들의 기대가 무엇인지에 관심을 기울여야 한다.

6장 _ 생산적 학습을 위해 학교는
학생을 어떻게 도와야 하나

많은 교육자들이 자신이 취미와 열정을 가진 분야에서,
스스로 어떻게 행동하는지를 잘 고찰하지 않는다.
요리, 정치학, 우표 수집처럼 무엇인가를 학습할 때
어떻게, 왜 그것을 즐기는지 자문해 보라.
그다음 비슷한 요소를 다른 사람들을 위한 학습 환경 속으로
끌어들일 수는 없는지 자문해 보라.
_ 니콜라스 네그로폰테

우리는 학생들이 생산적 학습에 참여하도록 만들고, 그 능력이 장인정
신에 기반한 탁월성, 예술성으로 전환되도록 도우려 한다. 이런 접근은
몇 가지 핵심 구성 요소를 가진다. 실제 세계의 맥락과 환경 속에서 프로
젝트 진행하기, 전문가와 함께 작업하기, 테크놀로지 도구를 실제로 적용
하기, 학생의 기술과 이해를 직접 보여주는 방식으로 평가하기가 그것들
이다. 이처럼 가르치는 방법을 둘러싼 접근법의 핵심에 도달하기 위해 빅
픽처러닝 학교들이 노력해 온 학습 과정의 종류가 무엇인지를 기술하고자
한다.

깔때기 속에서의 학습

　로저 마틴(2009)은 성공적인 사업이 상품이나 서비스를 어떻게 고객에게 제공했는지를 기술하기 위해 '지식 깔때기'라는 비유를 사용했다. 그가 관찰해 보니, 알려지지 않은 것이 많은 영역(미지의 영역)에서, 알려지지 않은 것과 도전적인 것을 이해하고 문제를 풀기 위한 전략과 전술(직관적 학습법)을 수립하고, 도전에 대하여 효과적이거나 규칙에 들어맞는 대응책(알고리즘)을 마련하여, 결국 대응책을 생산성과 효과성을 증진하는 자동화된 행동으로 전환시킬 때 사업(여기에는 모든 형태의 기업과 수선공까지 포함시키고자 한다)이 성공을 거두는 것으로 드러났다. 그들은 효율성을 높이고 문제를 풀기 위해 더 미지의 것을 탐색하고, 그런 순환과정을 반복하기 위해 알고리즘을 정교하게 다듬는다. 그들은 고객의 목소리에 귀 기울이

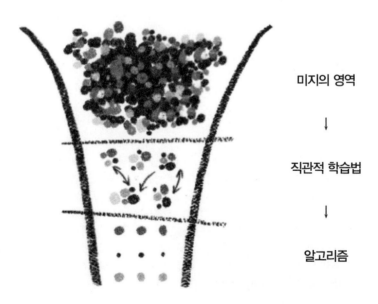

미지의 영역

↓

직관적 학습법

↓

알고리즘

며 미지의 것을 발견하고, 깔때기·가치 사슬을 따라 작업을 시작한다. 우리는 '학습 깔때기'가 학생들이 관여하는 학습 기회를 설계할 때 학교가 분명하게 채택해야 하는 모형이라고 생각한다(Washor and Mojkowski 2011a, 2011b).

공통교과과정에서든 비공통교과과정에서든 학생의 관심사에서 시작하는 것이 가장 중요하다. 깊이 있고 엄정한 학습은 앞뒤로 왔다 갔다 하며 진행되는데, 미지의 영역에서 특정 코드(디지털이거나 아니거나)에 이르는 알고리즘을 보여준다. 학습은 배우기를 염원하는 학습자가 무엇인가를 만날 때 시작된다. 우선 모르는 것이 너무나 많다. **그것은 어떻게 작동하지? 그걸 하려면 어떻게 배우지?**

피츠버그의 맨체스터 비드웰 코퍼레이션 창업자이자 회장이며, 맥아더 펠로우 수상자인 빌 스트릭랜드는 그가 어떻게 도예와 예술 분야로 이끌렸는지 증언한다.[1]

그 일은 1965년 피츠버그의 맨체스터 지역에 자리한 올리버 고등학교에서 시작됐어요. 나는 성적 불량으로 퇴학당하기 직전에 몰린 어린 학생이었는데, 어느 날 오후 도예실 앞을 우연히 지나게 되었죠. 안쪽을 잠깐 들여다보

---

1) Bill Strickland(1947~): 비영리단체인 맨체스터 비드웰 코퍼레이션을 이끄는 사회활동가이다. 이 단체는 직업훈련 센터이자 지역사회에 바탕을 둔 예술 프로그램의 중추로, 피츠버그의 흑인 밀집 지역에서 희망 없이 자라나던 빈민가의 젊은이들에게 교육과 취업의 기회를 열어 주었다. 이러한 활동에 힘입어 스트릭랜드는 2011년에 맥아더 펠로우 상을 수상했다. 이 상은 해마다 '창조적인 작업'을 해온 미국 시민 20~40명을 선정하여 시상하는데, 상금 총액이 6천억 원에 이른다(참고: en.wikipedia.org에 등재된 몇 가지 자료 종합). 스트릭랜드의 책 『불가능한 것을 가능하게 만들라』는 『피츠버그의 빈민가에 핀 꽃』이라는 제목으로 번역돼 2009년 한국에도 출간되었다.

앉을 때 어떤 남자가 도자기를 집어던지고 있었어요. 프랭크 로스였죠. 수요일 오후였고요. 여러분 가운데 얼마나 많은 사람들이 도예실의 물레가 돌아가는 장면을 보셨는지 모르겠네요. 만약 물레를 보셨다면 여러분은 그게 마술 같다는 사실을 아실 겁니다. 그때는 마치 보이지 않는 손이 나를 집어다가 그 물레 위에 옮겨 놓은 것 같았습니다. (Brant 2005)

스트릭랜드는 학습 깔때기 안 달콤한 지점에 자리했고, 기술은 물론 전략적인 것도 배우려는 열망을 가지고, 장인정신에 기반한 탁월성과 예술성에 이르는 섬세한 과정을 탐색하며 관찰하려고 했다. "선생님, 흙 반죽 기술을 제게 가르쳐 주실래요? 그런 특별한 모양을 빚기 위해 손을 어떻게 가눠야 하는지 보여 주실래요?"

학생들은 관심사 범위 안에서 작업하고, 거기에 담긴 미지의 것을 풀어보고자 한다. 또 미지의 영역을 어떻게 다뤄야 할지, 그 미지의 것이 던져주는 도전을 어떻게 풀 수 있을지 배우고 싶어 한다. 그러자면 학생들은 직관적 학습법을 발전시켜 적용해야 한다. 교사들은 이를 일컬어 사물을 이해하는 기본 도구로서의 문제 발견과 해결 전략이라고 부를 것이다.

학습자는 직관적 학습법을 발견, 창조, 채택해 나가면서 동시에 더 효과적이고 자동적으로 학습과 작업이 가능하도록 알고리즘을 만들어 낸다(벤저민 블룸[1986]은 이것을 '자동성'이라 지칭했다). 알고리즘은 학습자에게 일종의 내비게이션을 제공해서 더 많은 미지의 영역을 탐색할 충분한 시간을 갖게 한다.

학교 밖에서 학습하는 학생들은(원한다면 교사가 참관하지 않을 때), 수많은 방식으로 이러한 과정을 반복 수행한다. 예를 들어 디자인 회사가 상품에 대한 아이디어를 개발하자 처음에는 그 방법을 모방하다가 나중에는 자신만의 무엇인가를 발전시킨 레이첼의 경우를 떠올라 보라. 그녀가 도전적 과제를 공유하기 위해 젊은 디자이너들이 모인 인터넷 카페에 가입해서 여러 가지 직관적 학습의 장점에 대해 논의하고, 효과가 검증된 몇 가지 방법을 교환했다는 사실에 주목하라.

이것이 학생들에게 필요한 깔때기 학습으로, 배움의 길로 깊게 탐구해 들어가는 여행이며, 유치원에서 고교 졸업 때까지 여러 번 반복하면서 순례를 떠나야 하는 경험인 것이다. 학생들은 매번 미지의 것을 발견할 때 좀 더 정교해지며, 미지의 대상을 풀어내는 전략을 실험하게 되고, 알고리즘을 창조해 낸다. 알고리즘을 학습하고 적용하는 것 자체가 심도 깊은 학습을 구성하지는 않으나, 알고리즘을 창조하고 이해하는 것은 확실히 심도 깊은 학습을 구성한다.

보통 학교는 학생이 이해하지 못하는 알고리즘과 씨름하며 대부분의 시간을 보내게 하지만 애석하게도 학생들은 방향을 잃어버린다. 하지만 깔때기 속에서가 아니라 자신이 만들어 내지 않은 산더미 같은 사실, 공식, 규칙 속에서 방향을 잃는 것이다. 그 결과 혼란이 발생하고, 학교에 정나미가 떨어지게 된다.

학교 밖의 다양한 맥락과 환경에서 배움이 진행됨을 감안한다면 학습 깔때기는 유용한 도구이다. 누구라도 즉흥성이 필요하고, 반복되는 과정에서 발견해야 하는 작업을 진행 중이라면 이 같은 깔때기를 사용할 것이다. 직장이나 커뮤니티에서 높이 평가받는 고도로 창조적인 사람들에게 놀이, 즉흥성, 발견은 그들 작업의 일부이다. 이처럼 반복적으로 일어나는 과정 상당수와 알고리즘은 학습 전략이며, 한 학습자에게서 다른 학습자에게로 쉽사리 전이되지 않는다. 하지만 **빼어난** 교수 기술을 가진 교사들은 시연, 모델링, 코칭을 통해서 학습 전략을 전수한다. 그 교사들은 실제 세계에서 난관에 부딪혔을 때 어떻게 직관적 학습법을 채택하는지 시범을 보인다. 예를 들어 식재료 하나가 **빠졌다거나** 손님이 특정 재료에 알레르기 증상을 보여서 요리사가 조리법을 조정해야 할 때, 혹은 건축가가 새로운 디자인을 채택하거나 건축비가 줄어들었을 때와 같은 경우에 그러하다. 재즈 음악가만이 즉흥성을 발휘하는 법을 배워야 하는 것은 아니다. 놀이와 연습은 음양의 법칙처럼 모든 직업에서 핵심을 이루며 그렇기 때문에 깔때기 안에서의 학습과 작업에도 놀이와 연습이 필수적이다.

작가이자 의사인 리사 샌더스는 『모든 환자는 이야기를 들려준다: 진단의 예술과 의학적 신비』[2]에서 의사들이 미지의 영역에서 직관적 학습을 거쳐 알고리즘으로 이동하는 방식을 묘사하기 위해 이야기를 활용한다. 유명한 텔레비전 드라마 〈닥터 하우스〉 제작진은 이야기를 구성하기 위해 샌더스를 자문위원으로 고용했고, 이 드라마에서는 매주 학습 깔때기를 통해 의학적 치료 행위가 진전되는 모습을 보여주었다.

학습 깔때기 안에 자리한 학습자의 실제 이야기를 소개한다. 2010년이 저물던 어느 때 열세 살 난 에이단 드워어(2011)는 관련 업계를 뒤흔들 만한 개인적 과학 실험 결과를 보고했다. 태양광 집열판을 더 효과적으로 배열하는 방법을 '발견'한 그는 전국과학경진대회에서 대상을 받았으며 아이디어는 **빠르게** 확산되었다. 에이단이 명성을 얻자 과학자 커뮤니티에

---

2) 한국어 번역본의 제목은 『위대한, 그러나 위험한 진단』(2010)이다.

서는 추론과 계산을 면밀하게 조사했고, 에이단이 잘못 계측했으며 정확하지 않은 결과를 제출했다는 사실을 폭로했다. 수많은 과학 관련 인터넷 커뮤니티 안팎에서 그의 실수를 꼬집고 일부에서는 거칠게 비평했다. 진실된 학습자인 에이단은 실수가 비롯된 지점으로 돌아가 이해하기 위해 애썼고, 자신의 연구를 갱신했다. 우리가 글을 쓰는 이 시점에도 에이단은 몇 가지 직관적 학습법을 시도하는 중이며, 알고리즘을 조정하기 위해 깔때기 안에서의 연구를 지속한다. 에이단이 연구를 지속하는 한 전문가로부터 비평을 계속 받을 것이란 사실은 의심할 여지가 없다.

재즈계의 유명한 스승인 윈턴 마살리스(2008)는 과학에 대한 에이단의 접근을 기쁘게 받아들일 것이다. "최고의 음악가는 음악이 '학교처럼 되는 것'이 아니라는 사실을 잘 압니다"라고 마살리스는 관측했다. "음악가가 진리라고 파악한 것은 그 어떤 노력이 이뤄지는 모든 분야에서도 진리입니다. 저희 아버지가 이렇게 말씀하셨죠. 오로지 하나의 학교만 존재한단다. '너 연주할 수 있어?'라는 학교 말이다." 에이단은 연주할 수 있다.

우리는 에이단이 학교에 기반을 둔 학습의 일부분으로 연구를 수행했다고 보고하고 싶지만 학교가 많은 역할을 했다는 아무런 증거가 없다. 때로는 학생들이 학습 깔때기를 학교 밖에서 추구할 필요가 있다. 왜냐하면 학교는 프로젝트가 어떻게 짜이고 수행되었는지 학생에게 설명하라고 요청하는 것에서부터 질문의 답변이나 결과에 대해 어떻게 학점을 부여할지에 이르기까지 연구 과제의 거의 모든 측면을 통제하려 들기 때문이다. 만약 에이단이 규명하려는 문제의 정확한 해결 방법 찾기에 실패한다면, 전통적인 학교는 어떻게 평가를 내릴까? 학교는 그가 질문하고 통찰력 담긴 직관적 학습법을 활용한 것에 학점을 줄까, 아니면 그가 부정확한 알고리즘을 발견한 것에만 초점을 둘까?

영화 〈옥토버 스카이〉(조 존스톤, 1999)를 보면, 호머 히컴 주니어를 모티프로 한, 로켓에 대한 열정으로 가득 찬 로켓 소년이 나온다. 소년은 고등수학을 배웠으나 학교에서 수학 실력을 발휘하자 시험 부정행위를 저질렀다고 비난을 받는다. 그가 학교 밖에서 배운 것에 관해 학교는 아무런 주의를 기울이지 않았던 것이다.

생산적인 프로젝트

프로젝트는 크든 작든, 개인적이든 집단적이든 우리의 교수 설계에서 주요한 소재를 이룬다. 빅픽처러닝이 초점을 두는 개별화 학습을 생각해 본다면, 프로젝트 작업 대다수는 개인화되어 있지만 그 실행은 공동체 안에 둥지를 틀고 있다. 학습 깔때기는 생산적 학습을 지원하기 위해 어떻게 프로젝트를 설계할지 안내해 준다.

- 프로젝트는 학생이 관심을 갖는 실제 세계의 맥락과 환경 안에서, 복잡한 문제들이 미지의 영역으로 남아 있는 곳에서 시작된다. 상품 패키지처럼 이미 마련된 프로젝트는 그런 역할을 하지 못한다.
- 프로젝트 작업은 실제와 똑같은 맥락과 환경 안에서 일어난다.
- 시간은 유연해야 한다. 깊이 탐구하도록 허용하고, 심지어 문제 해결과 정반대 방향으로 가거나 필요한 경우 더 많은 미지의 영역, 혹은 관련된 문제들을 탐색할 수 있도록 허용해야 한다.

- 프로젝트는 다층의 전략, 즉 직관적 학습법을 사용하도록 기획된다.
- 프로젝트 작업은 결과물이나 실행 과정에 대해 해당 기업이나 커뮤니티에서 유사한 작업을 하는 어른들이 평가한다.
- 프로젝트는 알고리즘을 개발하기에 이르고, 미래의 학습을 기획할 때 그 알고리즘을 적용한다.
- 학생은 교사와 함께 프로젝트를 평가하고, 미래의 학습 계획을 짠다.

훌륭한 프로젝트는 학습 깔때기 디자인을 채택하며, 학생에게 미지의 영역이나 알려지지 않은 것을 발견해 도전하도록 부추기고, 신비를 풀어 내거나 이해하는 전략을 가다듬게 하고, 비슷한 문제를 해결하는 절차를 발전시켜 나간다. 이런 접근은 학생에게 창조, 발명, 발견하기와 문제해결을 위한 몰입의 법칙을 적용하는 경험을 가져다준다. 또한 꼭 필요한 학습 결과는 오로지 학습 깔때기 가운데 미지의 영역에서 출발했던 학생만이 성취하며, 그들이 작업 과정을 계속 진전시킬 때에 이런 접근법이 도움을 준다.

알고리즘에 초점을 두면 영어 철자를 학습할 때나 구구단을 익힐 때는 잘 통할지 모르지만, 복합적 사고가 요구되는 실제 세계에서 문제에 부딪히거나 프로젝트를 진행할 때는 별 도움이 되지 않는다. 단순히 알고리즘을 **적용만** 하는 능력은 삶의 문제를 협상할 때나 전문 직종을 구할 때에는 충분하지 않다. 우리가 장인정신에 기반한 탁월성을 구현하고 있다고 인정하는 직종은 도전적인 미지의 것을 해결할 능력을 요구한다. 알고리즘에만 기초한 직업은 전형적으로 낮은 임금을 받거나 자동화된, 또는 외주를 주는 종류의 직업이다.

훌륭한 교사는 학생의 프로젝트에 완성도를 높이기 위해 더욱 다양한 전략을 구사한다. 그들은 학생이 관심사에 집중하도록 만들고, 불확실성, 그리고 실제 세계의 복잡성과 만나도록 도와주며, 실제 세계가 얼마나 엄격함을 요구하는지 배우도록 돕는다. 학생은 어른이 치열하게 작업하는 모습을 지켜본다. 또한 심도 깊은 읽기를 통해 해당 학문의 안팎에 걸쳐 존재하는 지식과 기술을 연관 짓는다.

교사는 학생이 문제해결 전략을 개발하도록 돕기 위해 프로젝트를 활용한다. 예를 들어 교사는 완벽한 해결책 제시가 불가능한 실제 세계의 도전을 논의하기 위해 변화와 긴장, 혹은 전문가를 불러들인다. 학생은 재즈 음악가가 그러하듯이 예술미를 시연해 보이기 위해서만이 아니라 자신의 필요 때문에 즉흥성을 배우는 것이다.

교사는 자기 학생이 유사한 관심사와 프로젝트를 수행하는 어른이나 다른 학생을 만나고 소통하도록 돕는다. 학생은 작업과 연관된 진지한 대화를 나눌 때 어떻게 어른과 관계를 맺는지 배우고, 어른이 어떻게 작업하는지 관찰한다. 어른이 직면하는 문제는 무엇인가? 문제를 풀어내기 위해 그들은 어떻게 행동하는가? 비슷한 문제에 부딪힌 다른 사람들과는 어떻게 관계망을 만드는가?

교사는 또한 학생의 프로젝트와 다른 학문 분야 사이의 관계를 추구하고 이해하도록 돕는다. 나아가 학생이 프로젝트를 둘러싼 실행 커뮤니티를 만들도록 안내한다. 커뮤니티는 학교 안팎에 기반을 두는데 여기에는 학교 밖 온라인 커뮤니티도 포함된다.

훌륭한 교사는 학생이 채택한 과정과 기술을 포함해 엄정한 학습이 지닌 복합성을 모두 포괄하는 평가 기준과 과정을 채택한다. 학교와 작업

장에서 생산되는 실제적 수행 성과, 전시, 프로젝트 보고서, 담론적 평가
는 학생이 오랜 시간을 들여서 거둔 학습의 질, 깊이, 폭을 평가하는 주요
요소를 이룬다. 교사는 또한 프로젝트를 더 복잡하게, 과업을 더 도전적
으로 만들고, 결과물뿐만 아니라 과정과 기술 측면에서 더 정교한 작업을
수행하도록 요구 수준을 높이기도 한다. 그렇게 함으로써 학생이 자기 능
력을 극한 지점까지 밀어붙이고, 학습할 때 흔치 않은 폭과 깊이를 경험
하도록 유도한다. 스탠퍼드 대학 교수 넬 나딩스는 『학교에서의 배려라는
도전』[3](2005)에서 그러한 폭과 깊이를 경험시키려면 놀이와 연습이 가능
하도록 유연한 시간을 충분히 배정해야 한다는 사실을 우리에게 일깨워
준다.

　잘만 설계하고 수행한다면 프로젝트 기반 학습은 학습을 위해 반드시
거쳐야 하는 왕도가 된다. 프로젝트를 수행하면서 한 가지 주제, 관심사,
또는 도전적 과업에 오랫동안 깊이 관여하는 기회를 갖는 것이다. 프로젝
트 안에는 장인정신의 씨앗과 여러 분야에 걸친 전문적인 능력을 길러 내
려는 의도가 담겨 있다. 감각과 감수성을 활용하는 일 역시 여기에서 작
동한다.

　한 학생이 개발한 프로젝트 사례를 보면 우리가 앞의 목록에서 보여준
대로 빅픽처러닝 학교에서는 어떻게 프로젝트 설계 기준을 표방하는지 잘
알 수 있다.

　허버는 어린 시절부터 지도, 장소, 자기 동네에 관심이 많았다. 오클랜
드의 빅픽처러닝 학교에 다닐 때 칠레와 태국을 여행했고, 이 나라에서 일

---

3) 한국어 번역서 제목은 『배려교육론』.

어나는 변화를 관찰했다. 귀국하는 길에 허버는 자기 동네에서 모종의 변화를 일으키고 싶다고 결심했다. 시장 선거 캠프에서 인턴십을 한 그는 투표 행동과 주택 소유 여부가 연관성을 띤다는 사실에 주목했다. 즉 집을 소유하지 않은 사람은 투표하지 않을 확률이 더 높다는 것이었다. 허버가 추론하기에 이런 상황이 발생한 한 가지 이유는 무주택자의 정치적 요구가 잘 반영되지 않았기 때문이었다.

허버는 이 사안에 작업과 생각의 기반을 두면서 그가 규명한 문제를 해결하기 위해 졸업 학년 프로젝트를 발전시켰다. 그는 주택 구매와 관련된 세미나를 조직했는데, 오클랜드에 거주하는 교사들에게 프로젝트의 초점을 맞추었다. 왜냐하면 스스로 교사들에게 큰 도움을 받아왔다고 느꼈으며, 오클랜드의 높은 부동산 가격 때문에 교사들 역시 주택 구입은 꿈도 못 꿀 형편이었기 때문이다. 허버는 부동산 사무실에서 인턴십을 하면서 프로젝트를 시작했고 주택 시장, 특히 저소득층을 위한 주택 공급 프로그램에 중점을 두어 공부해 나갔다.

허버는 담임교사와 부동산 사무소의 멘토에게 도움을 받아 세미나를 조직하고 부동산 기업, 지역 시민활동 조직, 은행, 시청, 주정부 기구 소속 인사를 발표자로 초빙했다. 또 베이 지역에서 주택을 구입하는 데 성공한 두 명의 교사도 연사로 초청했다. 심포지엄은 성공을 거두었다. 교사 25명이 참석했으며 몇몇 교사는 적극적으로 주택 구매를 알아보기 시작했다.

졸업에 즈음하여 허버는 '빌앤멜린다게이츠재단', 그리고 '미국유색인종연합회'[4]에서 수여하는 장학금을 받고 UC버클리 대학에 입학했다. 그는

---

4) Rainbow PUSH Coalition: 미국에서 사회정의, 시민권, 정치적 행동주의를 표방하면서 설립된 비영리재단이다. 미국의 인권운동가 제시 잭슨 목사가 1971년부터 이끌던

자기가 사는 지역사회에 깊은 관심을 가진 상태로 대학에 진학했다.

저는 UC버클리 대학에서 정치학을 공부할 것입니다. 바라건대 지금부터 4
년 후 대학을 졸업한 다음에는 제가 우리 지역 공동체를 위해 어떻게 봉사할
지, 그 고민을 풀어내기 위해 더 많은 자원, 더 나은 배경, 더 나은 감각으로
준비를 갖춰서 돌아오려고 합니다. … 어떻게 하면 제가 자라난 지역사회를
도울 수 있을까? 바로 이것이 앞으로 4년간, 더 나아가 제 생애에 걸쳐 추구
하려는 여러 가지 질문 가운데 하나입니다.

테크놀로지의 적용은 프로젝트를 통한 생산적 학습이라는 관점에서 중
요한 역할을 한다. 여기서 우리의 관심은 기술 개발을 위한 온라인 학습
체제가 아니다. 물론 우리 학교들에서는 이런 체제를 적절하게 사용하고
자 노력을 기울이지만 말이다. 그 대신 우리는 학생의 관심 영역에서 활동
하는 실제 세계에서의 전문가들이 테크놀로지 도구를 사용하는 방법을
어떻게 하면 학생들이 배우겠는가에 초점을 둔다. 예를 들어 요리사, 건
축가, 농부, 그 밖의 모든 영역에서 장인들이 자기 일을 할 때 높은 수준
에 도달하기 위한 효과적이고 효율적 작업 방식으로 어떻게 테크놀로지를
사용하는가? 빅픽처러닝 학교들에서는 학생에게 그런 질문에 대한 해답
을 찾아보라고, 그 해답을 가지고 자신들의 테크놀로지를 적용하는 안내
자로 삼아 보라고 요구한다.

'Operation PUSH(People United to Save Humanity)' 조직이 1996년에 다른 조직과 통합되
면서 재정립된 단체이다. 인권 문제 이외에도 소수자들의 고용, 교육, 주택 문제 등을 광
범위하게 다루는 전국 조직이다. (참고: en.wikipedia.org)

많은 젊은이들이 테크놀로지 분야를 풍부하게 경험한다. 하지만 대개 그들의 기술과 이해는 페이스북이나 트위터 같은 도구에만 초점이 맞춰진다. 학생들이 추구하려는 직종에서 사용되는 테크놀로지 도구에 이르면 그들은 훨씬 더 익숙하지도 않고, 기술 측면에서는 더욱더 준비가 부족하다. 바로 이 지점에서 최고의 교사는 학생이 자기 프로젝트를 설계하고 이행할 때 테크놀로지 도구를 채택하도록 도움을 주는 교사이다.

무엇을 배웠는지 어떻게 아는가?

학습 기회와 환경에 관한 관점은 우리가 기술했던 학습을 학교가 어떻게 평가하는가 하는 의문을 불러일으킬 것이다. 몇 가지 핵심 사항을 강조해 본다.

첫째, 현재 학교에서 이뤄지는 평가의 초점은 좁은 범위의 능력에 대해 위험스러울 정도의 근시안적인 형태로 맞춰져 있다. 예술과 디자인, 창조성과 발명, 직업적 기술과 개인적 능력 등 학교 주변에서 이뤄지는 것들을 학교가 교수법과 평가의 중앙 무대로 끌고 들어와야 한다. 학교는 대개 교육과정이 무시하는 영역에서 학생이 할 수 있는 일을 자각하지 못한다. 하지만 그 영역들이야말로 학생의 성공을 위해 준비해야 할 가치 있는 영역이다.

둘째, 그동안 사용되어 온 평가 방식은 원칙적으로 지필고사 형식이다. 가장 흔히 채택해 온 평가 방식은 선다형 시험 형식이다(Darling-Hammond 2011, Fairtest.org 2007). 이런 시험은 평가를 위한 학습이 그렇듯 진정성이 없는 것이다. 우리는 이런 완벽한 짝맞춤을 두고 불만을 표시해야 할까? 그렇다! 나딩스(2005)는 다른 주의사항을 부가로 들려준다. 표준화 검사의 압력 때문에 관심 주제를 더욱 깊이 탐색해야 할 교사와 학생의 시간이 줄어든다는 것이다. 불만은 학생, 부모, 교사, 교장으로부터 터져 나온다.

학교는 실제 세계의 환경과 맥락에서 기술과 이해의 정도를 평가할 때 시연과 결과물 등 학업 성과를 활용하는 여러 평가 방식 가운데 하나로 지필고사를 바라보아야 한다. 더 나아가 학교는 시험 도중에도 배움을 얻도록 학생 스스로의 자기 평가 방식을 폭넓게 확대 실시해야 한다. 이런 책임성의 진수는 학생들이 스스로 노력과 성취를 기술한다는 것인데, 우선 자신을 위해, 또 다른 이를 위해 학습을 체계화시켜 나타내는 것이다. 가장 효과적인 책임성은 내면에서 솟아 나온다. 빅픽처러닝 학교들에서 담임교사는 정기적으로 학생과 협력하면서 학생의 자기 평가를 위해 이런 질문을 던진다. 네가 수행한 것에 대해 어떻게 생각하니? 다음에는 무엇을 배워야 하지? 이런 대화는 강력한 학습 경험이 된다. 타당성과 신뢰성 있는 판단이 중요하다 하더라도 외부에서 책임성을 묻는 방법과 측정 도구는 내적 책임성 및 능력을 구축하는 책임성과 균형을 찾지 않는 한 상당한 저항에 부딪힐 가능성이 높다.

마지막으로 학교는 학생의 작업을 보여주는 포트폴리오를 마련하도록 도움을 줘야 한다. 그것은 일반적 능력과 특별한 능력 모두를 담는 여러 가지 형태를 띤다. 또한 포트폴리오는 학생이 하고자 하는 일에 여러 가지 능력을 적용할 준비가 얼마나 되었는지를 드러내는 것이어야 한다. 레이첼은 자신이 일하고 싶은 분야에 얼마나 준비가 되었는지를 증명하기 위해 폭 넓고 심도 깊은 정보를 활용했다. 자신의 능력을 입증해 줄 자격증을 보여주고, 직접 만든 작품을 내고, 성취한 내용을 보여주는 비디오 기록물을 제출했다. 기술계 전문대 학위밖에 없는 레이첼이 전통적인 이력서에만 의존했다면 취업 인터뷰에서 공정한 대접을 받았을 것이라 생각하는가?

학교가 학교 안팎에서 발전시킨 기술과 이해를 시연하는 데 바탕을 둔, 새로운 학점 부여 체계를 고안한다면 어떻게 될까? 고용주가 진지한 태도를 가지고 고등학교 졸업장이나 대학 학위를 넘어서서 기술과 지식을 시연하는 실질적 성취 행위를 측정하는 데 더 관심을 기울인다면 어떨까?

새 술은 새 부대에

지금까지 학습에 관한 세 가지 중요한 질문에 답변했다. 생산적 학습이라는 우리의 관점을 압축해 설명하면서 핵심 원리, 전개 양상, 구성 요소에 대해 다시 한 번 명확히 밝힌다.

- 학교는 성공을 구성하는 것이 무엇인지 더 넓고 깊게 규정해야 한다. 성공은 학생이 몰입하고, 이해하고, 세상에서 자신의 길을 개척하는 많은 방법을 포용하는 것이다.
- 학교는 학생이 관심사를 통해 학습 기준을 정하도록 허용하고, 학습을 시연해 보이는 방식과 결과물을 다양하게 내놓도록 권장해야 한다.
- 학교는 교육과정 전체에서 창조성과 발명에 더욱 관심을 기울여야 한다.
- 학교는 학생에게 장인정신에 기반한 탁월성과 예술성을 요구하면서 능

력의 극한 지점까지 가 보도록 권고해야 한다.

- 학교는 학생이 실제 세계의 환경과 맥락 속에 둥지를 틀고, 쉽지 않은 해결책을 모색하면서 질문에 기반을 둔 복잡한 프로젝트를 수행하도록 도와줘야 한다.
- 학교는 무엇을 알고, 무엇을 할 수 있는지를 드러내 주는 수많은 방법과 기회를 학생에게 제공해야 한다.
- 학교는 학생이 테크놀로지 활용법을 배우도록 도와야 한다.

각각의 원리, 양상, 구성 요소는 하나하나가 의미심장하다. 그럼에도 이들이 잘 조합되면 대부분의 학교 현장에서 이뤄지는 교육 실천에 근본적으로 엄청난 도전으로 작용할 것이다. 하지만 그런 학습은 학교 밖에 넘쳐난다. 예를 들어 뉴욕 자연사박물관 웹사이트를 방문해서 젊은 학자들이 기록한 자료들을 읽어보라. 학교의 교수 학습 프로그램 범위 밖에서 작업을 해온 학생들은 자신만의 질문과 문제를 규명하고 탐색을 수행하며, 발견을 이뤄 내고 그들만의 보고서와 결과물을 만들어 낸다. 그 학생들의 작업은 어른들이 도움을 주긴 했으나 학교에서는 프로젝트를 해도 좋다는 서명을 해준 것과 표준 교육과정으로 수업을 진행한 것 외에 학습을 위해 별로 해준 것이 없다. 학생들이 진행했던 프로젝트는 학교 공부는 아니었지만 **학교 공부가 될 수도 있는 것이며** 이 학생들의 학습에서 가장 진정성이 있고 지속적인 부분일 것이다.

결론을 맺자면 아래에 소개하는 학습자의 이야기를 읽어 보고, 학교가 어떻게 전통에 얽매이지 않는 학습을 포용할지 생각해 보자는 것이다.

세계적으로 유명한 파도타기 선수 숀 콜린스는 2011년에 사망했다(Borte

and Surfline 2012). 그는 앞서 인용했던 익숙한 이름의 유명인 중퇴자 그룹에 속하지는 않았지만 그의 일화는 학교 밖에서 생산적 학습으로 성취하는 방법을 전해 준다. 콜린스의 이야기는 레이 찰스[5]의 통찰을 우리에게 상기시켜 준다. "저는 항상 훌륭한 사람이길 원했어요. 절대로 유명한 사람이 되길 원하지 않았죠."

콜린스는 남부 캘리포니아에서 성장했는데 아버지가 소유했던 요트에 타면서부터 바다와 사랑에 빠졌다. 처음에는 롱비치 주변을 탐색하기 시작했고 나중에는 멕시코, 하와이까지 경주를 펼치는 대회에 참여했다. 그는 여덟 살 때부터 파도타기를 시작했다. "저는 파도타기와 요트타기가 적힌 계획표를 항상 바라보았죠. 바다에 관한 예민한 감각도 발달시켰어요. 현재의 저로 살아가게 만든 핵심이었죠."

파도타기를 하느라 많은 수업을 빼먹었던 콜린스는 롱비치 윌슨 고등학교를 졸업한 뒤에 롱비치 시티 대학교에 입학했으나 2년 뒤에 중퇴했다. 그는 두어 종류의 기상학 강의 외에는 아무런 공식적 교육을 받지 않았다. 대신 파도타기, 파도를 추적하기, 밀물 때를 예측하기 위한 기상도 연구를 지속하려고 술집에서 웨이터와 바텐더로 일했다(우리에게 이 말은 직관적 학습법처럼 들린다). 라디오로 뉴질랜드에서 전해지는 기상 상황을 파악했던 그는 실 비치에 자리한 자기 집 뒤로 밀려드는 파도를 라디오로 일주일 전에 받아서 기록해 두었던 표와 비교했다. 그는 로스앤젤레스의 국립

---

5) Ray Charles(1930~2004): 미국의 블루스, 소울 가수. 일곱 살 때 녹내장으로 시력을 잃었으나 가스펠, 블루스, 재즈의 요소를 혼합한 곡들을 창작하여 1960년대 빌보드 차트를 석권했고 미국 최고 가수로 성장했다. 그의 전기 영화 〈레이〉가 2004년에 발표되기도 했다.

기상청 도서관을 문턱이 닳도록 드나들었고, 결국 밀물이 들어오는 때를 예측하는 그만의 공식을 고안했다(알고리즘이라 불러도 되지 않을까?). "많은 사람들이 저를 찾았어요." 그는 회상한다. "그들은 이렇게 말하곤 했죠. '나는 당신의 친구의 친구예요. 그런데 다음 주에 멕시코 지역 파고는 어떨 것 같다고 보시나요?'"

1984년에 콜린스는 오렌지카운티의 기업인들 몇 명이 시작한 전화 서비스 회사 서프라인Surfline에 파도타기 관련 소식과 기상 예측 서비스를 제공하기 시작했다. 2년 뒤에 그는 웨이브트랙Wavetrak을 창업했는데, 큰 성공을 거두어 1990년에 경쟁사 서프라인을 인수할 만큼 여유가 생겼다. 다른 상품과 서비스를 통해 성공은 계속 이어졌다. '웨이브팩스'는 가입 회원에게 정보를 제공하는 서비스이고, '서프라인닷컴'은 전국에 걸쳐 파도타기 관련 소식을 무료로 전하는 웹사이트이며, '서프캠'은 파도타기 이미지를 카메라에 담는 현재의 방식 이전에 사용하던 영상 기록 서비스였다.

콜린스는 학습을 위해 학교를 중퇴했다. 자신의 학습 계획을 발전시키고 실행하는 과정에서 학교는 아주 적은 역할만 맡았을 뿐이다. 여러 차례에 걸쳐 그는 자신의 작업에 중요한 능력이 무엇인지를 분명히 했고, 학습 깔때기를 통해 자신의 방식으로 작업했고, 장인정신에 기반한 탁월성에 이르는 직관적 학습법과 알고리즘을 창조해 냈다. 그가 다녔던 학교에서 넘나들며 배우기 프로그램이 실시되었더라면 이런 작업에 가치를 부여했을 것이다. '학교가 어떻게 하면 그럴 수 있을까'가 우리의 다음 번 주요 관심사이다.

3부 _ 넘나들며 배우기

우리는 학교가 자신의 학습을 도우려 하지 않았고, 도울 수도 없었기에 배움을 위해 학교를 떠난 수많은 사람들의 이야기를 공유했다. 학교가 어떻게 했더라면 생산적 학습을 추구하면서 레스 폴, 우피 골드버그, 제임스 카메론, 그리고 지금까지 이야기 해온 수많은 학생들을 교실에 붙잡아 두었겠는가? 우리는 동료이자 재즈 음악가인 존 앤터의 말을 빌려 답하겠다. "돌아오려면 나는 떠나야 한다네."

학교는 학생이 떠나도록 놓아두어야 한다. 즉 넘나들며 배우기이다. 학교는 학생이 학습과 성취를 이루어 돌아오게 하고, 그것을 학습 프로그램 가운데 일부로 만드는 길을 제시해야 한다. 그 후에 학생들이 저마다 모든 학교 경험에서 샴푸 용기에 적힌 사용법처럼 그것을 반복할 수 있어야 한다.

학생이 학교를 떠난다 해서 학습이 중단되는 것은 아니다. 직장에서, 개인적 공부로, 또는 취미 생활 도중에도 학습은 지속될 것이다. 넘나들며 배우기 프로그램은 기업, 지역사회 활동 조직, 정부, 비영리 기구, 여행 등 학교가 제공하지 못하는 환경과 맥락 안에서 학생들이 생산적인 학습을 추구하도록 한다. 넘나들며 배우기는 대개 학교에 기반을 둔 학습보다는 학생의 기대와 '심층 원인 네 가지'를 더 잘 포용한다.

이어지는 두 개의 장에서는 넘나들며 배우기라는 기회와 모든 학생들이 생산적 학습을 유지하기 위해 학교가 제공해야 하는 환경은 무엇인지 기술할 것이다. 또한 도로 교통 규칙 같은 몇 가지 상식적 내용을 포함하여 우리의 접근 방식에 관한 더욱 정합적인 설명과 실용주의적인 측면을 언급할 것이다.

이밖에 목적 진술, 계획, 조직, 멘토, 포트폴리오 등 학생이 학교를 떠나면서 가장 잘 활용하게 되는 몇 가지 기본 도구들이 있다. 학교는 되돌아온 학생들을 학습에 관여시키기 위해 이와 비슷한 도구를 사용할 수 있다. 학교를 떠났다가 다시 복학해서 자기가 떠났던 자리에서 새롭고 더 나은 방식으로 새 출발하려는 학생들을 이른다.

모든 학생들을 위해 넘나들며 배우기 프로그램을 기획하고 유지하는 것은 도전적인 일이다. 이런 과업을 가로막는 학교 측의 관점을 우리는 변화시켜만 한다. 생산적 학습을 지원하려면 지금처럼 구조화된 교육의 어떤 부분을 바꿔야 하는가? 교사나 멘토와 관련해 어떤 정책과 법률이 변화되어야 하는가? 우리는 이런저런 질문에 답변을 내놓았으나 개별 학교가 스스로 해답을 찾아야 한다는 사실도 인식하고 있다. 학교는 저마다 자신의 학습 깔때기 속에서 학습과 작업을 진행해야만 한다.

7장 _ 넘나들며 배우는 방법들

오로지 학교에서만 교육받은 아이는
교육을 받지 않은 것이나 마찬가지다.
_ 조지 산타야나

학교에 흥미를 느낄 수 없었던 캐롤은 1981년에 캘리포니아의 고등학교를 떠나서 상원의원 사무보조원으로 일했다. 업무 기간이 끝나고 그녀는 가족과 함께 플로리다로 이주했다. 플로리다의 새 학교도 예전 학교처럼 지루하긴 마찬가지였다. 그녀의 프로젝트 중 하나는 5개 대륙에서 뽑힌 25명의 학생대표단 자격으로 인도 여행을 가는 것이었다. 이 여행을 위해 휴학계를 냈으나 학교는 그 요청을 받아들이지 않았고, 캐롤은 그냥 학교를 그만두었다.

몇 달 후 그녀는 멕시코에 가서 스페인어를 배웠고, 국제사면위원회에서 일했다. 그녀는 1983년에 플로리다로 돌아와서 고등학교에 재입학했고, 예일 대학에 합격했다. 하지만 플로리다의 고등학교는 그녀에게 졸업장을 주려 하지 않았다. 정해진 학점을 다 이수하지 않았다는 이유에서였다. 그녀는 학교를 설득해서 직업훈련 졸업장을 받아 냈고, 그것을 가지고 가까스로 예일 대학에 입학할 수 있었다. 아마 예일 대학 역사상 직업훈련 졸업장으로 입학한 첫 사례였을 것이다. 2003년에 그녀는 자신이 다녔던 캘리포니아 고등학교에 초대받아서 학생들 앞에서 졸업식 기념 연설을 했고, 정식 졸업장[1]을 받을 수 있었다.

비록 캐롤이 전형적인 자퇴생도 아니고 좀 독특한 사례이긴 하지만, 이 일화가 머지 않은 미래에 대부분은 아닐지라도 수많은 학생들의 학습 경로와 비슷해지는 전조이기를 우리는 희망한다. 고등학교의 넘나들며 배우는 기회의 형태와 규모는 전형적인 현장 답사나 연사 초청 사례에서부터 심층적인 인턴십, 여행, 유급/무급의 작업, 대학 강의 수강이나 온라인 교육, 특별 프로젝트, 창업, 전환기 휴식 등에 이른다. 수행 강도나 기간, 그리고 학생과 학교 간에 형성된 '탯줄'의 길이에서 다양성이 존재한다.

일부 고등학교가 이미 이런 식으로 운영되지 않느냐고 생각한다면, 맞기도 하고 틀리기도 하다. 많은 학교에서 이런 학습 기회를 한두 가지쯤 제공하긴 하지만, 대개는 범위가 제한적이다. 대부분의 학교에서 제공하

---

1) 졸업장으로 표현한 디플로마(diploma)는 고등학교, 대학교, 대학원, 전문대학원 등의 교육기관에서 발행한 증명서 또는 증서를 뜻한다. 앞 문장에서 '직업훈련 졸업장'은 'vocational diploma'를 번역한 말인데, 미국의 고등학교에서는 한 학교 안에 인문 교과와 실업 교과가 모두 개설되어 있고, 학생들은 자신의 적성과 진로에 따라 두 가지 트랙 가운데 하나를 선택해 졸업 자격증 취득을 준비한다.
한편 미국 고등학교에서는 교과목을 세 가지로 분류한다. ①'정규 과목'이라고 부르는 CP(College Prep), ②CP보다 더 많은 과제와 학습량을 요구하는 Honors(우등반), ③우등반보다 더 많은 노력을 요구하지만 대학에서 학점으로 인정되는 AP(Advanced Placement)와 IB(International Baccalaureate) 프로그램이 있다.
본문에서 '정식 졸업장'이라 옮긴 것은 원문에 'a college prep diploma'라고 표기되어 있다. 즉 정규 과목을 이수한 학생에게 수여하는 졸업장이라는 뜻이다. 이를 정확하게 옮길 수 있는 번역어가 없기에 의역하여 옮겼다.

는 학습 프로그램은 아래에 제시한 기준을 준수하지 않는데, 이 기준은 수준 높은 넘나들며 배우기를 위해서 갖춰야 할 필수 요소들이다.

- 모든 학년의 모든 학생들에게 교육 기회를 제공해야 한다.
- 학습 경로는 학교 안팎의 학습을 유기적으로 연결해 구성해야 한다.
- 중요한 학습 기준에 부합해야 한다(학업 수준, 작업이나 학습 공간의 기준, 인적 기준).
- 학생이 학교에서는 얻을 수 없는 생산적인 학습을 제공함으로써, 학습을 보충하거나 보완할 수 있어야 한다.
- 학생들의 기대를 충족할 수 있어야 한다.
- 우리가 정의한 대로 효과적인 학습을 제공할 수 있어야 한다.
- 학점 부여와 졸업장 수여가 이뤄져야 한다.

첫 번째 기준은 아주 중요하다. 넘나들며 배우는 기회는 우등생에게만 주어지는 보상이 아니다. 이는 모든 학생들에게 필수적이고, 많은 학생들이 뛰어남을 보일 것이다. 이런 목적을 달성하고자 그들은 기존의 학교가 제대로, 또는 전혀 할 수 없는 방식으로 학생들의 기대를 충족시킨다.

학생들은 많은 기회를 통해 자신의 관심사를 공유하는 어른들과 가까워지고, 그 과정은 실질적이며 의미심장한 이점을 제공한다. 어린 학생들은 어른들과 어울리는 동안 부지불식간에 적절하게 행동하는 방법을 몸에 익힌다. 넘나들며 배우는 환경에서 미성숙하거나 무책임하게 행동한다면, 학생들은 외면당하거나 작업 공간을 떠나도록 요청받는다. 적절치 못한 행동에는 그에 대한 책임과 결과가 따르기 마련이다. 학생들도 이 점을 이해하며, 자신들이 배우고 싶어 하는 환경과 맥락 안에서 어른들이 하는 것처럼 행동하고 싶어 한다. 또한 학생들은 자기의 관심사를 공유하는 어른들과 친분을 쌓으며 사회적 자본을 형성하려고 한다. 그 어른들은 장차 학생들이 갖고자 하는 일자리를 주선할 관계망을 갖고 있기 때문이다.

넘나들며 배우기는 더 이상 피할 수 없는 과제가 되었다. 우리가 학교를 설계해서 학생들의 기대를 충족시키려 한다면, 특히 고등학교에서는 학교 밖 학습 기회가 필수 요소이다. 다양하게 마련된 넘나들며 배우기를 통해 모든 학생에게 기회를 제공할 수 있다.

넘나들며 배우는 기회들

학교 주재 전문가들

교사들과 함께 예술가, 과학자, 기업가, 연기자 같은 지역사회의 풍부한 인력 자원들은 학교 밖 세상을 교내의 프로젝트(단일 교과 또는 통합 교과)와 학습에 연계시킬 수 있다. 이때의 학습은 인력 자원들의 전문성과 연관된다. 학교는 전문가와 학생이 작업할 수 있는 장소를 제공하고, 학생들이 실제 세계의 단면을 관찰할 수 있도록 돕는다. 학교에 주재하는 전문가들은 자신의 작업 공간과 지역사회를 교실이나 방과후 학습의 마당으로 끌어들이면서 학생들과 함께 작업하는 것이다.

가장 많이 초청되는 학교 주재 전문가는 전문직 종사자 또는 지역사회의 예술가들이다. 로드아일랜드 주 프로비던스의 메트스쿨에서는 지역사회의 공연 예술가들이 다양한 프로젝트를 진행하면서 몇 명의 학생들과 함께 작업을 진행했고, 그 대신에 학교는 방과후나 주말에 소극장을 무상으로 제공했다. 메트스쿨의 공연예술 및 미디어 감독인 브라이언 밀스는 이 전형적인 관계를 다음과 같이 설명한다.

우리는 '모든 아이들의 극단'과 함께 작업했고, 그들이 메트스쿨 학생들을 가르치는 대신에 학교 공간은 그들의 주요 활동 무대가 되었죠. 극단의 예술감독과 제작자들은 메트스쿨 학생들이 자신들의 극단을 만들도록 도와주었죠. 이름하여 '다이내믹 극단'이 탄생한 겁니다. 학생들은 자신들이 쓴 희곡으로 연극을 만들었어요. 고전극을 연기하거나 영화대본을 연극으로 각색하기도 했고요. 학생들은 제작 기금을 모았고, 다음 시즌을 위해 필요한 재료들과 소도구들을 구매하기에 충분한 돈을 마련하면서 매번 시즌을 마무리합니다.

또한 전미농구협회 부회장이었던 빌 도허티는 '혁신과 창업 센터'를 메트스쿨에 설립했는데, 국내 최초로 고등학교 안에 세워진 센터였다. 도허티는 사업 전문가와 지역사회의 전문가를 데리고 와서 학생들이 기업을 디자인하고 사업체를 발족시켜서 지역사회로 진출하게끔 도와주었다.

학교 주재 전문가 제도를 통해 교내 공간에서 생겨난 흥미로운 변화 사례로는 '메이커스페이스makerspace'가 있다.

메이커스페이스는 '해커스페이스hackerspace[2]'를 모델로 만들어졌다. 이곳에서

---

2) 2006년에 오스트리아의 폴 뵘(Paul Bohm)이 비엔나에서 시작한 것이 효시다. 일종의 공동 작업 공간으로 지역사회에 거주하는 참여자가 자발적으로 자신의 지식과 기술을

학생들은 흥미 있는 분야를 탐색하거나 도구와 재료 사용법을 익히고, 창의적인 프로젝트를 개발할 수 있다. 기존 조직 안에 만들거나 독립적으로 설립할 수도 있다. 건물 내 방 하나에 만들 수도 있고, 옥외 창고 곁에도 가능하다. 요점은 메이커스페이스를 폭넓고 다양한 사용 목적에 맞게 도입할 수 있고, 학생들의 창의적인 목표는 물론 교육적인 목적을 위해 메이커스페이스를 만들 수도 있다는 점이다. (Makerspace 2012)

교내에 메이커스페이스를 만들어 놓으면 지역의 예술가, 디자이너, 공예가, 수리공을 불러 모을 수 있고, 이들이 멘토나 코치가 되어 학생들과 함께 작업한다. 이 공간은 주말에도 개방할 수 있으며, 지역 내 모든 장인에게 열린 공간으로 기능한다.

뉴저지 뉴어크의 빅픽처러닝 학교 학생인 앤서니는 산업디자인을 다음과 같이 정의한다. "당신이 뭔가를 관찰해서 개선점을 알게 되고 직접 그것을 제작하기 시작했다면 오로지 당신이 가진 상상력의 제한만 받게 됩니다." 앤서니는 지역 박물관에서 운영하는 실험적인 산업디자인 공방에 처음으로 지원했던 학생 가운데 한 명이었다. 그는 말한다.

저는 음악에서 영화, 예술에 이르기까지 무엇이든 만드는 걸 좋아해요. 저는 항상 뭔가를 실행하거나 짓거나 만들기를 고대합니다. 이 프로그램에 참여한 이래로 저는 계속 물건들을 만들어 왔어요. 정말 재미있어요. 뭔가 색다른 것을 하고 싶어서 이 프로그램에 참여했는데, 진짜로 근사한 프로그

가지고 들어와 협력을 통해 새로운 상품을 창안하는 개념의 작업장이다. 2012년 현재 세계적으로 약 1200여 개의 해커스페이스가 존재하는 것으로 알려져 있다.

램이란 걸 깨달았어요. 저는 메이커봇Makerbot[3]을 사용해서 비디오게임 조종판과 조이스틱을 만들었어요. 스크래치Scratch 프로그래밍 언어로는 비디오게임을 만들었죠. 비닐 자르는 전용 커터와 페인트로 티셔츠도 만들어 봤고요. 비닐 커터로 집도 만들었어요. 아두이노Arduino[4] 보드를 만들어 프로그래밍도 했어요. 아두이노 보드는 기계의 두뇌 같은 것으로 기계를 제어하는 것이죠. 제가 만든 것은 조종판으로 작동하면 반응을 하고, 전등을 점멸시키고, 비행기를 조종하기도 합니다.

뭔가 만들어 보는 경험에 더해서 앤서니는 공학과 산업디자인 분야의 전문가들을 알게 되었다. 앤서니는 장차 그들이 자신에게 도움을 줄 것이라 믿는다. 열심히 노력한 덕에 앤서니는 뉴욕 시에서 개최된 국제과학예술축제에서 발표를 했고, 지역 신문 기사의 주인공으로 등장했으며, 뉴어크의 코리 부커 시장이 그를 방문하기도 했다. 앤서니는 장래에 산업디자이너, 또는 멀티미디어 제작자가 되려는 포부를 갖고 있다.

탐방

탐방은 학생들이 지역사회나 일터에서 어떤 일들이 일어나는지를 관찰하는 훌륭한 방법이다. 학생들은 사람들을 인터뷰하거나, 인물들을 관찰하거나, 그렇지 않으면 사람, 장소, 사물과 교호 작용을 나눈다. 로드트립

---

3) 3D 프린터 회사의 이름인 동시에 그 회사에서 생산하는 제품의 이름이기도 하다.
4) 오픈소스를 기반으로 한 단일 보드 마이크로 컨트롤러이다. 전자 제품의 소형 기판처럼 생겼는데, 이 보드의 회로도는 이미 공개되어 있기 때문에 누구나 직접 보드를 만들고 수정할 수 있다.

네이션(www.roadtripnation.com)이라는 웹사이트는 학생들이 관심을 가지고 있는 분야에서 일하는 사람들을 만나도록 도와주고, 학생들이 도전적인 프로젝트에 참여해 학교 밖 현장에서 성취한 학습으로 학점을 취득하도록 커리큘럼을 개발하여 제공한다.

새크라멘토의 빅픽처러닝 학교에서 담임으로 근무하는 안토니아 스래글은 인생 탐험 프로그램의 일환으로 한 학년도 전체에 걸쳐 로드트립네이션RTN 교육과정을 이용한다. "일주일에 한 번씩 활동하는데, 최고 절정은 학생이 스스로 인터뷰를 수행해서 온라인 페이지에 올릴 때입니다." 스래글 선생이 맡은 학생들은 로드트립네이션 경험을 통해 학습함으로써 학점을 받는 동시에 자기가 원하는 직업이 실제 세계에서 어떤 것들을 요구받는지 직면하게 된다. 스래글 선생은 이렇게 지적한다. "유명 인사들이나 자기 영역에서 기반을 닦은 사람들과의 인터뷰를 보면서 학생들은 그 명성이 그냥 이뤄지지 않았다는 사실을 깨닫습니다. 엄청난 끈기로 성취한 것이죠. 또한 학생들은 자신들과 열정을 공유하려는 사람들을 어떻게 지역사회 내에서 찾아낼지 더 잘 이해할 수 있습니다."

방과후 프로그램

이 범주는 넓고 다양한 학습 기회를 포함한다. 체스나 사진 같은 동아리, 신문이나 연감 발행 같은 프로젝트, 수학이나 로봇공학 분야의 경연대회 참가 등이 그것이다. 이런 활동들은 학교 안팎에서, 그리고 학교의 각 교과 부서, 또는 학교가 아닌 지역사회 기반 조직을 중심으로 제공될 수 있다. 이미 많은 학교들이 방과후 프로그램을 제공하지만 공식적인 교내 교육과정과 잘 연계되거나 학점을 받을 수 있는 방식으로는 거의 이루어지지 않는다. 방과후 프로그램은 넘나들며 배우기 프로그램의 통합적 부분을 구성한다.

솔 콜렉티브(solcollective.wix.com/solcollective)는 예술, 교육 및 기술을 활용하여 지역사회를 변화시키고 힘을 주기 위해 만들어진 새크라멘토 지역 기반 협력 조직으로서, 학교의 학습을 도우려고 학생들과 함께 작업하고 있다. 새크라멘토의 메트스쿨 학생들은 일과 중에 콜렉티브에서 자급자족적인 환경보호 농업, 디지털 기술, 그래픽 디자인, 음악이나 영상 제작 같은 분야에서 인턴십이나 워크숍 등의 형식으로 참여하고 있다. 대부분의 학생들은 일과가 끝난 후에도 이곳에서 작업을 계속한다. 많은 학생들의 프로젝트는 지역사회의 개선과 맞물려 있고, 학점으로도 인정받는다.

예전에 새크라멘토 메트스쿨의 담임교사였으며 현재는 솔 콜렉티브의 설립자이자 대표인 에스텔라 산체스는 콜렉티브에서 펼쳐진 방과후 프로그램들이 어떻게 지역사회의 요구를 받아들이면서도 학생들의 학교 학습과 통합되었는지를 설명한다.

솔 콜렉티브에서 학생들은 기존 프로그램을 강화하거나 지역사회에서 발견한 요구에 기초해 프로젝트를 개발했습니다. 우리는 학생들이 프로젝트를 성공적으로 수행하도록 자원을 제공하고 조언해 주었죠. 학생들의 프로젝트 상당수가 현재 우리가 하는 일에 영향을 끼쳤거나 모태가 되었습니다.

루비는 저소득 계층 이웃들이 지속가능하게 생활하도록 돕는 일에 관심이 있었습니다. 이를 위해 솔 콜렉티브에서 다문화 청소년 모임을 조직했죠. 그녀는 여러 가지 주제를 조사하고, 모임 청소년을 대상으로 간단히 발표한 다음 동료 참석자들이 서로 대화를 나눌 기회를 마련했어요. 어느 날 저녁 자신들의 지역사회에서 건강한 채소를 접하기 어렵다는 주제로 열띤 토론이 벌어진 이후, 루비는 어떻게 하면 채소를 자급할 수 있을지 공부하기로 마음먹습니다. 그녀는 학생 모임과 지역사회 구성원들을 함께 이끌면서 자갈로 덮인 회랑에 뿌리 덮개 천을 이용해 작은 정원을 조성했죠. 여름이 됐을 무렵 그녀는 도시의 환경조정위원회 청소년 자문위원으로 위촉됐습니다. 그녀가 시작한 프로그램은 빈곤 때문에 영향을 받은 캘리포니아 내 10개의 도심지에서 건강한 공동체를 건설하기 위한 목적으로 여러 유관 기구나 기관들이 참여하는 10개년 프로젝트 가운데 일부로 채택되어 현재까지 진행되고 있습니다.

지역사회 활동 참여

많은 젊은이들이 지역사회 안에서 학습하며 작업하기를 열망한다. 오클랜드에서 집 갖기 운동을 펼쳤던 후버(6장 참고)를 상기해 보라. 그의 학교에 재직하던 교사들이 이 운동 때문에 오클랜드에서 가까운 곳에 집을 얻었다.

많은 학교들이 지역사회에서의 봉사를 졸업 필수 요건으로 요구한다. 이런 프로젝트들은 지역사회만큼이나 다양하다. 동네 청소 같은 일회성 행사부터 새 놀이터를 디자인하는 일, 그리고 지역 병원의 아동병동에서 자원봉사 하는 일에 이르기까지 봉사 기간과 업무 강도 역시 천차만별이다. 자원봉사 프로젝트들은 여러 교과목에 걸쳐 핵심적인 학습 표준을 설정하며, 학업, 직업 경로, 개인적 능력을 발달시키는 탁월한 기회이다.

예를 들어서 후버의 담임교사는 후버의 프로젝트가 캘리포니아의 교육 성취 기준뿐만 아니라 캘리포니아 대학의 독특한 'a-g'(교과 영역) 입학 요구 기준에도 맞도록 설계하게끔 도와주었다.[5] 후버의 과업처럼 복잡한 프로젝트는 언어예술, 사회과학, 수학적 능력을 필요로 했다. 또한 그와 동등하게 직업 생활과 전 생애를 통해 살아갈 때 도움이 되는 능력들, 즉 문제해결, 리더십, 창의적 사고, 끈기, 협력, 공감 같은 능력들이 중요했다.

오리건 비버튼의 테라노바 고등학교 담임 폴 허닥은 지역사회 봉사 프로그램을 학교와 지역사회의 결합이라는 부분으로 개발했다. 2008년에 허닥은 학교의 빈 운동장을 농장으로 전환시켜서 학생들에게 농장 운영을 가르쳤다. 학교는 경작지를 준비하고 지역사회가 지원하는 농업 프로그램을 추진하도록 지원금을 받았는데, 회비를 납부하는 사람에게는 제철 과일과 채소 한 박스를 매주 제공했다. 허닥은 학생들이 테라노바 지역사회 농장에서 인턴으로 일하면서 농업, 지속가능성 그리고 비즈니스를 배울 수 있도록 하루 종일 학생들을 가르쳤다. 그는 2011년에 성취를 공인받아 상을 받게 되었다(Frong 2012).[6]

지역사회 봉사활동은 학생들이 자신과 다르거나 종종 어려운 상황에 처한 사람들에게 공감할 수 있는 능력을 키워 준다. 진정한 공감 능력은 사회와의 깊고 폭넓고 지속적인 교호 작용을 통해서 길러진다. 이렇게 키

---

5) 캘리포니아 대학의 a-g 교과영역 요구 사항에 대해서는 www.ucop.edu/agguide를 참고. _ 저자 주

6) He was recognized for~. 원문에는 이렇게 짤막하게 표현되어서 더 검색해 보았는데, 지역신문 『The Oregonian』 2012년 3월 28일자로 보도가 되었다. 워싱턴 카운티의 '보건 및 휴먼 서비스부'가 수여하는 '공중 보건과 웰빙 공헌상'이었다. 원문의 2011년은 2012년의 오기로 보인다. 그런데 같은 신문의 2012년 12월 28일자 보도에 따르면 불행하게도 테라노바 고등학교는 학생 수 부족으로 폐교가 결정되었고, 지역사회 농장은 현장 학습과 인턴십 수행 장소로 계속 남겨 두었으나 폴 허닥 선생은 학교를 떠나 캘리포니아로 이주했다고 한다.

워진 공감 능력은 진실하고 정확한 정보를 갖게 되며, 지속가능하다. 또 추상성에 머물지 않고 더 확실한 구체성을 갖는다. 저녁 뉴스를 보거나 리얼리티 텔레비전 쇼를 보는 것으로는 부족하다. 소말리아 기아를 다룬 20초짜리 뉴스 속보는 시청자로 하여금 그 비극적 상황에서 이해해야 할 것을 충분히 이해했다고 믿도록 착각하게 만든다. 진정한 공감은 성공적인 기업가 정신을 위한 생명력이다.

학생들이 지역사회에서 봉사와 관련한 작업을 하며 진정한 공감능력을 키우길 바란다면, 먼저 학교는 학생의 기대를 충족시킴으로써 학생들에게 공감을 표현할 필요가 있다. 학생들은 교사가 자신들을 충분히 파악하고, 지식을 활용해서 학습을 도와주기를 원한다.

인턴십·도제 제도

인턴십은 넘나들며 배우는 기회를 제공하는 방식으로 갈수록 인기를 끌고 있다. 보통 업무 보조에서부터 한 학기 또는 일 년 동안 사업체나 지역사회에서 일하기까지 넓고 다양한 활동 범위를 포괄한다. 인턴십은 대개 무급이고, 어떤 경우에는 특정 기술에서 일정한 능력 기준을 성취했음을 인증하는 자격증을 받기도 한다. 또 다른 경우에는 급여를 받거나 정규직으로 채용되기도 한다.

그럼에도 대부분의 교육자들은 4년제 대학에 진학하지 않고 직장을 얻으려는 직업 교육과정 학생들에게만 인턴십이 적합하다고 생각한다. 하지만 우리가 보기에 인턴십은 모든 학생들에게 핵심적인 학습경험이다. 모든 학습에는 응용의 측면과 직접 경험하는 측면이 있어야 하듯이, '경력'과 '기술적' 측면이 분명히 있어야 한다. 어떤 고등학교 학생이 건축가, 디자이너, 의사, 법률가가 되기를 꿈꾸는데, 그 직업을 가지거나 배우기 위해 직접 또는 시작해 봐야 할 일을 원하지 않는 학생이 어디에 있을까?

로드아일랜드 뉴포트에 있는 빅픽처러닝 학교 학생 제이크는 인턴 과정을 이렇게 회고한다. "실행하면서 배우고, 독서하면서 배우는 것, 그것이 저에게는 두 가지 주요한 일이었어요. 저와 선생님들이 전반적으로 높은 만족감을 얻었던 것도 이 때문이었죠. 왜냐하면 저는 거의 무엇이든지 스스로 학습할 수 있을 것 같은 느낌을 얻었기 때문이에요." 제이크는 인턴십 과정을 통해 저인망 어망을 설계하고 제작했다. 담임교사는 인턴십 과정에서 제이크에게 필요한 학문적 지식, 직업상의 기술, 삶의 기술을 익힐 수 있도록 지원해 주었다. 제이크는 기술을 갈고 닦아 지금은 알래스카에서 대구류 수산업에 종사하는 전문직 어부가 되었다.

마이크 로즈가 상기시켜 준 것처럼, 일을 하다 보면 모진 어려움에 처하기 마련이며, 인턴십 과정도 예외가 아니다. 『일터에서의 마음가짐: 미국 노동자의 지성을 평가함』(2004)이라는 저서에서 그는 이렇게 말한다.

우리는 엄정함을 편협함으로 잘못 이해하나 실제로 엄정함이 부족하다. 우리의 집단적 역량을 인정한다는 것은 가변성의 개념을 진지하게 받아들인다는 것이다. 집단적 역량이 발휘되는 일터는 숱한 과정과 지식 영역이 상호작용하는 풍성하고 다층적인 장이다. 이러한 모델은 가르치고, 일을 조직하고, 사회정책을 개발하는 우리 같은 사람들에게 더 많은 노력을 요구한다. 이러한 개념을 긍정한다는 것은 회의실에서뿐만 아니라 상점, 연구실, 교실, 정비소, 정신없이 바쁜 식당, 욕망과 전략적인 움직임으로 인한 떨림 안에서 작동하는 지성을 관찰한다는 것이다. (216)

대학 강좌

많은 고등학교에서 학생들에게 대학 강좌를 한 과목 이상 수강할 수 있는 기회를 부여한다.[7] 강좌 대부분은 고등학교에 개설되는데, 때로는 고등학생이 대학 캠퍼스로 직접 가서 대학생들과 함께 강의를 듣기도 한다. 이것은 더 풍부한 경험을 가져다준다.

거의 모든 빅픽처러닝 학교에서는 이런 선택지를 제공하는데, 프로비던스의 메트스쿨에서는 1995년에 시작했다. 많은 학생들은 고등학교를 졸업하기 전에 최대 2년 동안 대학 강의를 들을 수 있다. 우리 학생들이 교수와 상호작용을 하지 않으면서도 한 시간 길이의 대학 강의를 꼼짝도 않고 앉아 열성적으로 수강하는 모습을 보고 놀라기도 했다. 하지만 우리는 학생들이 자신들의 선택으로 강의를 듣고 있으며, 그들이 대학에 진학했을 때 들어야 하는 강의 수를 고등학생 때인 지금 줄이고 있다는 점을 알고 있다. 또한 이 과정은 학생들이 대학이라는 환경 속에서 대학 수준의 강의를 소화할 수 있다는 사실을 보여준다. 그리고 자기 가족 구성원 중에서 처음으로 대학에 진학하려고 계획하는 학생이라면 이 경험은 결코 작은 성취가 아니다.

새크라멘토 메트스쿨의 한 학생은 지역 전문대학과의 제휴 관계(펜더 파이프라인)를 활용해 치과위생사가 되고자 하는 자신의 꿈을 이루었다. 학교는 그녀가 치과병원에서 인턴으로 일할 기회를 주선했고, 어떻게 하면 더 나은 학생이 될지 알려주는 강의에 등록시켰으며, 이용 가능한 프로그램에 대해 상담해 주었다. 이 학생은 현재 '공공 건강 직업 개론'을 수강

---

7) 164쪽 각주의 두 번째 문단을 참고.

중이며, 가을 학기부터는 새크라멘토 지역 전문대학에서 정규 학생으로 학업을 시작할 예정이다.

조쉬는 오클랜드의 메트웨스트 고등학교 학생이다. 이 사례는 고등학교가 어떻게 중등 이후의 교육기관과 훌륭하게 제휴해서 개별 학생의 (때로는 극히 예외적인) 관심사와 재능을 위해 봉사했는지를 보여준다. 조쉬와 그의 부모는 조쉬에게 필요한 것을 제공해 준다는 메트웨스트의 독특한 교육 프로그램을 보고 이 학교를 선택했다. 소규모인데다 안전하고, 지역 사회를 가꾸려는 이 학교는 조쉬처럼 자폐성 아스퍼거증후군을 가진 학생들에게 지역 전문대학과의 파트너십을 통해서 사회적 기술을 발달시킬 수 있도록 지원하고 호응할 수 있었다.

조쉬는 전문대학에서 고급 과정 강의를 듣기도 하고, 메트웨스트의 인턴십을 통해 자신의 관심 분야가 실제로 어른들의 사회에서 어떻게 활용되는지 배워 나갔다. 부끄러움을 탔던 9학년 학생 조쉬는, 고등학생들에게 군 입대의 위험 요인과 이점을 가르치는 데 힘쓰는, 사회정의를 위한 비영리 사회단체에서 인턴십을 가졌다. 조쉬가 9학년 동급생들에게 발표한 전시회는 내용이 구체적이고 많은 정보를 담고 있지만, 발표 내내 그의 목소리는 너무 작았고 머리는 치켜든 채로 말해서 청중들과 눈을 마주치는 경우도 거의 없었다. 조쉬가 상급생이 되었을 때는 고급 문학 세미나 강좌를 수강했고, 급우들과 친교를 나누기 시작했으며, 다른 두 명의 급우와 함께 훈련한 다음 로스앤젤레스 마라톤에 참가했다. 항상 자세가 어색하고 몸으로 하는 활동이나 단체 활동을 기피하기만 했던 조쉬에게 이런 변화는 정말 획기적인 경험이었다.

조쉬 역시 11학년 때 캘리포니아 과학 아카데미에서 인턴십을 시작했다. 졸업하기 2년 전부터 일주일에 이틀을 일했는데, 주로 연체동물을 관찰, 학습, 분류하고 라벨을 붙여 정리하는 일로 시간을 보냈다. 조쉬와 그의 멘토는 아카데미에서 함께 작업했고, 이따금 연체류와 해양 생물에 관한 주제, 그리고 정치에 대해 대화를 나누곤 했다. 조쉬는 어떨 때는 하루종일 아무와도 이야기하지 않고 홀로 연체동물과 시간을 보냈다. 조쉬는 연체동물로 둘러싸인 창문 없는 작은 방에서 희열과 만족감을 발견했는데, 그것은 침묵 가운데에서의 행복이었다!

조쉬의 꿈은 옥스퍼드 대학에 다니는 것이었다. 2년 이상의 대학 학점을 이미 획득했고 미국에서도 손꼽히는 기관에서 실제 업무에 종사했으며, 사회적 기술을 갖추었고 새로운 도시와 대학 시스템 탐험에 자신감도 얻었기에 조쉬는 졸업 후 두 달간 옥스퍼드를 방문했다. 조쉬는 지금 옥스퍼드 대학에서의 첫해를 마친 상태인데, 자신감과 연계 능력은 계속해서 발전하고 있다.

넘나들며 배우기 프로그램을 탄탄하게 만들면, 모든 학생에게 대학 수준의 경험을 제공할 수 있을 뿐만 아니라, 학생의 흥미와 재능에 호응해 대학 경험을 맞보게 할 수 있다. 그 결과는 몇 과목에서 대학 학점을 먼저 취득한다거나, 그리고 그보다 더 중요한 것은 학습에 대한 깊이 있는 참여라 하겠다.

일

많은 학생들이 가족을 돕거나 용돈을 벌기 위해서 일을 해야 한다. 어떤 학생들은 학교 밖에서 창업을 하기도 한다. 대부분의 학교에서는 학생들이 학습과 연계해 직업을 발견하는 것이 드문 일이라고 생각하겠지만, 우리는 대부분의 직업, 더 나아가 아주 다양한 직업(가업 돕기, 판매영업, 기술지원, 기술이 필요한 노동, 아이 돌보기, 식사 시중들기)들이 학문적 능력이나 진로, 개인적 능력과 잘 맞아떨어질 수 있다고 확신한다. 하워드 가드너, 미하이 칙센트미하이, 윌리엄 데이먼(2001)이 같은 이름의 책에서 설명한 것처럼 '좋은 일'이란 사회적 역량과 지적 역량을 키우는 데 필수적이다.

일은 다양한 형태를 띨 수 있는데, 이것이 학생들의 학습에 일부분이 될 수 있다고 생각하는 학교는 많지 않다. 하지만 교사나 학교 행정가들이 제대로 들여다보려고만 한다면 일을 하는 학생들이 학교에서 가르치거나 평가하기 어려운, 귀중한 직업적·개인적 역량을 발전시키고 있다는 사실을 발견할 것이다. 메트스쿨 학생 마이클은 기술 회사에서 인턴을 하며 습득한 지식을 활용해 세계적으로 잘 알려진 컴퓨터 회사에서 시간제 일자리를 구했다. 마이클은 그 일을 하면서 자신이 성공할 수 있도록 도와줄 멘토들의 지원 네트워크를 구축할 수 있었다. 마이클은 자신이 쌓은 사회적 자본을 통해서 정규직을 구했고, 기술자격증도 취득했으며, 지역 대학의 학부에서 계속 공부하고 있다. 진로에 필요한 역량을 계발할 수 있는 곳이 일자리 말고 또 어디에 있겠는가!

조쉬라는 또 다른 학생은 몇 가지 인턴 과정을 전전하다가 끝내는 지역 무용극단에 자리를 잡았는데, 여기서 자신의 천직이 힙합과 브레이크 댄스임을 깨닫는다. 조쉬는 춤 기술을 전문적인 수준까지 연마하다가 무술에도 익숙해졌고, 운동과 휴식, 채식주의 식단을 채택하는 건강한 생활습관도 가지게 되었다. 또한 조쉬는 자신이 사업가 기질을 타고났다는 사실을 깨달았고, 대학에서 '재무와 전국 순회 무용공연 흥행'

분야에서 학위[8]를 받음으로써 두 가지 관심사를 통합하기로 결정을 내렸다. 졸업 후에 조쉬는 전 세계를 돌아다니며 수천 회의 공연을 했고, 라스베이거스의 무용수들에게 안무를 짜 주기도 하고, 공연 비즈니스의 거의 모든 측면을 경험했다. 조쉬는 그 후에도 자신의 전문 분야 안팎에서 배움을 지속한다. 최근에는 미국연방항공청에서 수여하는 항공정비사자격증을 취득했다. 조쉬는 성공에 이르는 독특한 경로의 첫발을 인턴십을 통해 내디딘 것이다.

독립적 연구

이 범주는 한두 가지의 학문 분야에 초점을 맞춘 개인 프로젝트를 포함하는데 정규 교과과정 밖에서 수행된다. 독립적 연구는 개인 지도자나 코치와 함께 작업하거나, 때로는 여행, 혹은 강도 높고 확대된 형태의 인턴십 과정과 연계되기도 한다. 예를 들어 한 학생은 문화와 언어를 배우기 위해 일본으로 여행을 떠났다. 또 다른 학생은 주지사위원회에서 일 년 넘게 인턴으로 일했다. 담임과 교사는 각각의 경우에 대해 독립적 연구 프로젝트를 중심으로 맞춤식 교육과정을 작성해 학문, 진로, 삶의 역량을 배양하도록 했다.

우리가 생각하는 독립적 연구는 구글이나 쓰리엠 같은 기업이 운영하는 방식이다. 구글은 '휴식 시간Time Off 프로그램'을 통해 기술공학자들

---

8) 원문에는 'a postsecondary degree'로 표기되어서 이것이 어떤 종류의 학위인지는 명확하지 않다. 'postsecondary'라 하면 중등 의무교육 이후에 이어지는 고등교육을 총칭하는 광의의 개념으로 지역사회 대학, 전문대학, 대학, 대학원, 직업기술학교 등을 모두 포함한다.

이 근무 시간의 20%를 내어서 자기 관심사가 담긴 프로젝트를 수행하도록 독려한다(Mediratta and Bick 2007). 구글이 시행하는 새로운 서비스인 지메일, 구글 뉴스, 그리고 애드센스 등이 바로 이 '휴식시간 프로그램'으로 개발되었다. 쓰리엠은 이미 1948년에 '15% 프로그램'을 선진적으로 도입했는데, 참여하는 직원에게는 동료와 함께 책에 나오지 않은 프로젝트를 기획해서 공동으로 수행할 것을 요구했다. 쓰리엠의 포스트잇이라는 상품은 이런 투자를 통해 얻은 가장 유명한 결실일 것이다(Goetz 2011). 이처럼 학교에서도 시간을 허락해 준다면 학생들은 과연 무엇을 만들어 낼까?

여행

물론 이 여행은 전통적으로 최고 학년 학생들이 큰 도시로 떠나는 수학여행이나 친지를 방문하는 가족 여행이 아니라 학습이 발생하도록 의도적으로 기획된 여행을 이른다. 그것은 학생들의 학습 계획안에서 특정한 학습 목표를 충족시키기 위한 최상의 혹은 유일한 방법이다.

여행은 재정적 여유가 없는 학생들에게는 어려운 선택지이지만 학교 측과 학생들은 필요한 자금을 모으는 여러 가지 방도를 찾을 수 있다. 빅픽처러닝 학교들은 여행이 학생들에게 매우 중요한 통합 교과라고 생각하기 때문에 비용을 충당하기 위해 적극적으로 기금을 모은다.

크리스나는 고교 상급생 시절에 오클랜드의 메트웨스트로 전학을 왔다. 개인에게 맞춤한 환경과 돌봄이 있는 환경 속에서 자신의 관심사가 고교 교육의 일부로 편입되기를 원했기 때문이다. 크리스나는 다른 1세대 캄보디아계 미국인들과 마찬가지로 가족들이 미국으로 이민을 오기 전 크메르루주 시절에 겪은 가정사의 소상한 내막에 대해서는 별로 아는 게 없었다. 고교 11학년과 12학년 사이에 크리스나는 처음으로 캄보디아를 방문해서 자기의 과거를 탐색했다. 이 여행은 담임교사와 연계해 학점으로 인정받는 프로젝트로 기획되었다. 여행을 마치고 돌아온 크리스나의 세계관은 확장되었고, 캄보디아와 미국이라는 두 문화권과 자신과의 연계성도 더욱 깊어졌다. 여행 기간 중에 크리스나는 멘토의 도움을 받아 다큐멘터리를 제작하려는 의도로 영상 촬영을 했다. 멘토는 크리스나가 인턴십을 하고 있는 '뉴 아메리칸 미디어' 소속 캄보디아계 미국인 영화 제작자였다. 크리스나는 게이츠 밀레니엄 장학재단의 후원으로 UC버클리 대학에서 공부하게 되었다(이제 크리스나는 꽤 알려진 음유시인이기도 한데, HBO의 〈과감한 새 목소리〉라는 프로그램에 등장하기도 했다. 영상은 다음에서 볼 수 있다. http://goo.gl/xtwdbQ, http://goo.gl/Oa02cY, http://goo.gl/86eeIw).

여행은 중요한 학습을 위한 이상적인 환경을 제공하고 필요한 동기를 부여하기도 한다. 예멜은 열두 살 나이에 어머니와 어린 동생들은 남겨둔 채 아버지, 큰형과 함께 페루에서 미국으로 이민을 왔다. 열여덟 살이 되었을 때 예멜은 홀로 남았다. 고교 시절 내내 예멜은 열렬히 자퇴하고 싶어 했다. 빅픽처러닝 학교에서 근무하던 예멜의 담임교사는 그가 학교에 남기를 희망했고, 학교에 흥미를 붙이도록 애를 썼다. 예멜이 고교에서 최상급생이 되었을 때 7년 만에 처음으로 페루로 돌아가 어머니와 동생들을 만나고, 어린 시절부터 꿈이었던 마추픽추, 쿠스코, 나스카 라인을 보고 싶어 했다. 그는 자신의 차를 팔고, 동네 식당에서 일주일에 30시간씩 일을 해서 여행 경비를 마련했다.

담임교사는 예멜이 여행 일정을 짜고, 경로를 정하고, 여행을 통해 무엇을 얻기 원하는지 기획하도록 도와주었다. 예멜은 영문학과 역사 분야에서 학점을 취득하기 위해 고대 잉카 문명과 현대 페루에 대해 연구했다. 여행 중에도 예멜은 자료를 읽고 연구하고 글을 써서 매주 담임교사에게 이메일로 보냈다. 여행에서 돌아와 페루에 대한 전시회를 기획하여 발표했고, 이를 통해 학점을 취득했다. 이 여행은 예멜의 인생을 바꾸는 경험이 되었다. 주변을 맴돌던 고뇌는 줄어들었고, 그는 좀 더 평안을 얻은 듯했다. 예멜은 대학을 졸업했고, 지금은 설계 회사에서 제도사로 일한다. 또한 페루에서 벤처 회사를 창업할 기회를 엿보고 있다.

전환기 휴식

전환기 휴식은 보통 고등학교와 대학 시절 사이에 갖는다. 하지만 고등학교 재학 중에 한 학기나 일 년을 휴학하고 확대된 인턴십 혹은 여행 같은 형식의 대안적 학습을 하는 것도 가능하다. 그래함의 예에서 학생들이 졸업한 후에도 학교와 지역사회가 어떻게 학습을 지원하는지 살펴보자.

그래함은 고등학교 시기 첫 3년간 홈스쿨링을 선택했다. 마지막 학년에 상급생이 되어서 빅픽처러닝 학교에 입학했는데 이미 매우 열정적으로 추구하는 몇 가지 분야가 있었다. 연기, 축구, 대안 에너지, 사진, 문학, 프랑스어 공부 등이었다. 그래함은 주변 친구들처럼 사교적이지는 않았지만 시간이 지나면서 열정과 흥미를 드러내며 자신을 표현하기 시작했다.

그래함은 디지털 사진 전문가인 멘토와 강도 높게 작업했다. 그는 더 훌륭한 사진작가가 되기 위해서 자신의 새 디지털 카메라의 기능을 아주 깊이 연구했다. 분기별 전시회에서 자신이 찍은 흥미로운 사진을 보여주고

사진 속에 숨어 있는 이야기들을 열정을 다해 관람자들과 나누었다.

그래함의 가족들은 전력 회사의 '전기 분배망에서 벗어나' 태양과 바람을 이용해 스스로 전기를 생산했다. 그래함은 대안 에너지 프로젝트에 참여하는 지역사회 주민을 대상으로 일 년 내내 사진을 찍고, 인터뷰도 진행했다. 이를 테면 그는 뒤뜰에서 진행되는 수소 연료전지 프로젝트라든가 풍력 터빈, 태양광 패널에 대해 이야기를 나눈다. 또 졸업반 학생들이 진행하는 프로젝트의 밤 행사 때 지역사회 주민들 앞에서 자신의 프로젝트를 발표했고 큰 찬사를 받았다.

그래함은 프랑스어 회화 실력도 키우고 싶어 했는데, 낮 시간대에는 공부 시간이 충분하지 않아 지역 대학에서 제공하는 대학 수준의 프랑스어 강의에 등록할 수 없었다. 그는 졸업 후 대학에 입학하기 전까지 일 년간 휴식을 갖기로 결정하고 그중 얼마간은 프랑스에서 지내면서 프랑스어를 공부하기 원했다. 예전에 가족들이 프랑스에 산 적이 있어서 지인들이 몇 사람 있었다. 그래함은 친구 한 명과 유럽 여행을 떠났다. 프랑스에 체류하는 동안에는 지인이 운영하는 포도농장에서 일했고, 지역 축구 클럽에 가서 축구를 즐겼다. 그래함은 여행 중에 베이츠 대학교에 합격했다는 소식을 들었다. 홈스쿨링, 학교 수업, 대학 수준의 강의 수강, 인턴십, 그리고 전환기 휴식을 골고루 조합했기에 그래함은 고교 이후 고등교육 기관에서 학습을 수행할 능력을 갖추게 되었다.

창업

빈약한 직업 시장에서 갈수록 일자리가 줄어드는 현실에 직면하여 많은 젊은이들이 스스로 일자리를 창출하는 기업가적 능력을 키우고 싶어 한다. 여기에는 일반 기업, 사회적 기업, 수익형 기업과 비수익형 기업 등 다양한 기회가 있다.

빅픽처러닝 학교의 몇몇 학생들은 유기농 '빅픽처 소다'를 만들어 홀 푸즈 마켓Whole Foods Market[9]을 포함한 몇몇 동네 소매점에서 판매했다. 지역사회의 경영자들은 학생들의 사업과 마케팅 계획의 수립을 도와주었다. 하지만 상품 생산, 포장, 배치, 가격 책정, 유통을 결정하고, 지역 상점을 대상으로 한 판매 영업 활동은 모두 학생들이 맡아서 했다. 담임교사들은 이런 사업 활동이 학문적이고, 진로와 유관하며, 삶의 역량이 배양되는지 점검했다. 이런 활동에는 이미 엄청난 동기가 담겨져 있으므로 굳이 학생들에게 작문이나 수학적 능력을 다듬으라고 설득할 필요가 없다.

로스앤젤레스의 빅픽처영화연극예술차터스쿨(www.bigppicturela.org)에서는 학생들이 팀을 짜서 어반 리볼트 레코드Urban Revolt Records라는 회사를 만들었는데, 이 회사는 더블린에서 열린 '블래스트비트 월드 파이널스'[10] 대회의 '음악과 멀티미디어 회사' 부문에서 상을 받았다. 소속 학생들은 직접 사업 계획을 짜고, 지역의 재능 있는 음악가들을 발굴 채용하고, 이들이 출연하는 공연을 홍보하며 무대에 올리고, 자신들의 활동을 모두 기록으로 남겼으며, 전 세계의 모든 블래스트비트 커뮤니티가 볼 수 있도록

---

9) 유기농 농산물과 식품을 파는 것으로 유명한 프리미엄 유통 체인이다.

10) 2003년에 아일랜드 더블린에서 설립된 사회적 기업이다. 전 세계의 중등학교 학생들을 대상으로 사업가적 기술 교육, 젊은 음악가와 밴드의 육성을 위해 활동한다. 블래스트비트는 음악가나 음악을 좋아하는 젊은이들이 온라인, 오프라인에서 모일 수 있도록 공간을 만들고 빼어난 활동가들을 위해 수상 대회를 개최한다. 매년 5월 대륙별로 블래스트비트 파이널스를 개최하고, 이 대회의 우승자들이 12월 더블린에 다시 모여 월드 파이널스를 개최한다. 참고: www.thefullwiki.org/Blastbeat_(company)

프로젝트를 블로그에 공개했다. 할리우드의 뮤지션스 인스티튜트Musicians' Institute[11]에서 작품을 공식 발표하기도 했다. 다음 학년도에는 UCLA의 앤더슨 경영대학 대학원생들이 어반 리볼트 레코드 소속 학생들의 멘토로 참가해 사업 모델과 기획을 다듬고 보충하는 일을 도와줄 예정이다.

앞서 언급했듯이 '공감 능력'은 지역사회에서 봉사활동을 펼쳐 나갈 때 핵심 역량인데 이것은 사업가들에게도 똑같이 중요하다. 디자인 회사인 아이데오IDEO[12]가 디자인적 사고를 옹호하고, 스탠포드 대학의 하소 플래트너 디자인 연구소로도 알려진 디스쿨d.school[13]이 '공감 능력'을 주요한 구성 요인에 포함시키는 것은 우연이 아니다. 성공한 사업가들은 대개 고객이 원하는 바를 따르기 위해 그들의 마음을 읽음으로써 커다란 성공을 거두었다.

시애틀 근처 하이라인 학교구에 있는 빅픽처러닝 학교 졸업생 에이드리언은 북미 원주민의 후예이다. 그는 사회적 기업가로서 성공한 이유가 학생들의 필요에 공감했기 때문이라 말한다. 에이드리언은 북미원주민학생연합Native Student Alliance: NSA과 함께 일했으며, 빅픽처러닝 소속 '북미원주민복지팀'의 일원이기도 하다. 그는 전시 준비 같은 학생들의 학습활동을 돕

---

11) 1977년에 설립된 사립 교육기관으로 미국 최고의 실용음악학교로 정평이 나 있다.
12) 1978년 당시 스물일곱 살 청년 데이비드 켈리가 창업한 디자인 전문 회사. 천여 개의 특허를 갖고 있으며, 구글이나 애플에 이어 '가장 혁신적인 기업' 5위에 꼽히기도 한다. 폴라로이드 즉석카메라 같은 제품이 바로 이 회사의 작품이다.
13) 스탠포드 대학 내 디자인학교로 스탠포드 학생이라면 누구나 등록할 수 있다. 소속 학생들의 출신 배경은 물리학 박사과정 학생에서부터 생물학과 재학생, MBA 과정 학생 등 매우 다양하다. 학생들의 토론을 위해 마련한 책상 하나에서부터 학교의 역사가 시작됐다. 이들의 단 한 가지 관심사는 '어떻게 혁신을 일궈 낼까'라고 한다.

고, 주간 NSA 미팅을 공동으로 진행하거나 학생들을 현장 답사 장소에 데리고 가기도 한다. 자서전 쓰기 강좌를 이끌고, 북미 원주민들의 전통 게임 과목을 다른 교사와 함께 가르치기도 한다.

플라비오는 중학교 시절 몇 번 정학되기도 했고, 사립 고등학교에서 퇴학당한 후에 로드아일랜드 프로비던스의 메트스쿨에 입학했다. 메트스쿨에서 플라비오는 페루의 맛을 세상에 소개하겠다는 목표를 세웠다. 플라비오는 식당을 운영하는 가정에서 자랐는데 할머니는 페루에, 어머니는 프로비던스에 식당을 소유하고 있다. 플라비오는 중남미계 미국인들의 소비 시장을 조사했고, 잘 팔릴 만한 메뉴 몇 가지를 선정했다. 그는 MBA 학생이나 학사 학위 소지자들이 많이 수강하는 보스턴 대학의 주말 창업학교에도 참가했다. 80명의 수강생 가운데 23세 이하 참가자는 플라비오와 16세의 동급생뿐이었는데, 두 학생은 동업자로서 참석했다. 두 학생은 사업 개념과 기획 분야에서 3등을 차지했다. 또 나중에 프로비던스 대학의 주말 창업 프로그램에도 동업자로 참석해 역시 3등을 수상했다.

온라인 학습

온라인 학습 세계는 강의 수강, 멘토의 지원, 시뮬레이션 그리고 온라인 동아리 가입 활동으로 이뤄진다. 세계인이 참여하는 커뮤니티에서는 가장 독특한 관심사까지 포괄한다. 온라인 학습은 학교 안팎의 학습과 연계해 언제 어디서나 이뤄진다. 학생들은 디지털 학습 환경에서 지식을 소비할 뿐 아니라 생산할 수도 있다.

온라인 학교 '애크미ACME 애니메이션' 창업자이자 총감독인 데이브 마스터는 온라인 학습의 위력을 보여주는 전형적인 사례이다. 세계적 수준의 교육자이자 워너브라더스 애니메이션의 '예술가 개발' 담당 감독으로 일한 적이 있던 마스터는 온라인 학교를 설립하여, 학생들이 만든 그래픽 작품을 만화영화 제작 전문가들로부터 평가받도록 했다. 이 온라인 네트워크는 가상공간의 '학교 주재 전문가' 프로그램으로 이 분야에 관심을 가진 모든 학생들에게 공개된다. 결과적으로 많은 학생들이 만화영화 제작 산업의 전문 직종에 채용되었다.

하지만 애크미 애니메이션은 미래의 만화영화 제작 전문가가 연습 경기 정도나 벌이는 수준의 교육기관을 넘어선다. 마스터의 발언을 빌려 보자.

애니메이션으로 중학교 신입생 무렵부터 예술에 관심을 갖게 할 수 있습니다. 대부분의 애크미 학생들은 환경이 좋지 않은 지역에 거주하는 중학생이나 고등학생이죠. 많은 사람들이 우리 학교를 대학교의 애니메이션 프로그램으로 오해하는데, 이유는 아마도 온라인상에서 전문 예술가 멘토 역할을 맡기 때문일 겁니다. 애크미는 '도움 돌려주기' 방식으로 운영되는데, 전문가가 온라인으로 대학생을 후견하고, 대학생은 전국에 걸쳐 십수 명의 중고교 학생을 지도함으로써 전문적 피드백을 받게 되어 있습니다.

그 결과 우리는 대학 수준의 만화영화 제작자 학생들을 일종의 평화봉사단처럼 확보하게 되었죠. 전문가의 피드백이 전국의 교실로 전파되어서 정말로 격려와 지도가 필요한 학생에게 전달되도록 한 것입니다. 경쟁이 벌어지는 경기장을 평평하게 만들어 주는 거죠. 물론 우리가 가르치는 모든 학생들이 전문적인 만화영화 제작자가 되진 못할 겁니다. 하지만 많은 친구들이 대학의 관련 학과에 진학하고, 대부분의 친구들은 어쩌면 평생 동안 전혀 경험하지 못했을 법한, 예술을 통한 자기표현 작업에 참여하는 기회를 누립

니다. 모든 아이들은 적어도 한 번은 시도해 볼 기회를 가지게 될 것입니다. (Sito 2008)

새크라멘토의 메트스쿨에서는 학생들이 웹 2.0 도구를 사용해서 협업하거나 역동적인 가상 학습 공간을 창조한다. 킴벌리는 어머니가 샌프란시스코에서 항암 치료를 받는 중인데, 인터넷으로 과학 강의를 수강한다. 그녀는 과제도 제출하고, 시험을 보거나 퀴즈도 풀고, 과학 교사와 담소도 나눈다. 모든 활동이 학교에서 몇백 마일이나 떨어진 친척집에서 지내며 이뤄진다. 아마 이런 도구들이 없었다면 킴벌리는 가족 구성원의 변고로 인해 고교 11학년 과정 수업에서 한참 뒤쳐졌을 것이다.

공부를 꽤 잘하는 또 다른 11학년 학생은 일반적인 교실에 들어올 일이 별로 없다. 낮 시간은 주로 2년 계획으로 제작 중인 영화 프로젝트에 참가하고, 대학에 가서 강의를 듣고, 수강 관리 소프트웨어인 스쿨로지^{Schoology}나 구글 도큐먼트로 들어가 학교 측에서 전달하는 규정이나 공지 사항을 확인한다. 그는 학교 캠퍼스의 교실에 와서 공식적인 강의를 들을 필요 없이 11학년 때 발표하는 논문 프로젝트, 자서전 쓰기, 그리고 졸업생 대표가 작성해야 하는 연설문을 완성할 수 있을 것이다.

되돌아오기 프로그램

넘나들며 배우기 프로그램이라는 선택지는 학교를 떠났던 학생이 다시 돌아오고 싶을 때 도움을 준다. (많은 경우 학교에 남았던 학생보다 떠나 있었던 학생이 배움에 대한 열정이 더 높다.) 지역 교육청에서는 학교로 돌아온 아이들을 위해 GED[14] 제도를 마련해 두었지만 통상적인 학교에서는 그들을 수용할 여력이 거의 또는 전혀 없다. 만일 학교에서 이들에게 생산적인 학습 환경을 제공하려 한다면 더 많은 기회가 주어져야 한다. 학교는 랄프 캐플란(2008)이 '학습으로의 귀환 프로그램'이라 부르는 것을 창조해야 한다.

역사상 가장 성공적인 농구 코치로 알려진 존 우든이 유창한 웅변조로 말한 것처럼 "마지막 점수가 진짜 최종 결과는 아니다"(우든과 제이미슨 1997, 106). 농구 코트에서의 마지막 점수 혹은 표준화된 시험 결과는 최종 결과도 아니고, 학교를 떠난 청소년들이 흔히 머무는 일시적 환경을 의미하지도 않는다. 진정한 최종 결과는 시간을 두고 거듭해 일궈 내는 성공이다.

빅픽처러닝 학교 학생 가운데 한 아이가 보여주는 학습의 궤적은 최종 결과에 대한 우리의 생각을 입증한다. 앤드류는 필라델피아의 가난한 동네에서 성장했다. 독서를 좋아했지만, 그저 그런 공립 고등학교를 다니면서 열의 없는 수업에 참여하다가 자연스럽게 학교를 그만두었다. 나중에 '청년 성장' 프로그램(나이는 많고 졸업 학점은 다 이수하지 못한 젊은이들을 위한 고교 프로그램)에 참여해서 인생의 전환점을 만들어 냈고, 젊은이들의 목소리를 대변하는 조직을 결성했다. 앤드류는 읽기를 계속했고 대학에 진학했는데, 학비는 아메리콥스AmeriCorps를 통해 지역사회에서 봉사한 대가로 받은 급료로 지불했다. 그는 전국 규모 대회에서 몇 차례나 기조연설

---

14) 12쪽 각주 참고.

을 맡았고, 패널로도 참가해 발언했다. 앤드류는 2012년에 햄프셔 대학을 졸업했다.

'제대군인원호법'은 우리의 귀환 프로그램에 영감을 더해 준다. 어떤 이들은 미국인권법과 함께 20세기 교육정책에 가장 큰 영향을 끼친 것이 '제대군인원호법'이라고 주장한다. 이 법은 미국의 성인교육과 지역사회 전문대학이 발전하는 데 많은 기여를 했으며, 대학 졸업자의 비율을 극적으로 향상시켰다. 오늘날 전장에서 돌아온 예비역들도 이 법이 제공하는 몇 가지 혜택을 누리고 있다.

이 법의 몇 가지 특성과 요소들은 교육에 관한 학생들의 기대와 잘 맞아떨어진다. 귀향 참전용사들은 많은 경험을 가지고 있었고, 교과나 학습 프로그램을 개발할 때 그들의 경험을 학교가 인정해 주리라 기대했다. 그들은 실용적인 설명과 직접 체험하는 실습을 원했고 연구와 실습을 병행하는 실험실을 요구했다. 참전용사들은 교육비를 지불할 수 있는 상품권이 있었기 때문에 대학에서는 이들의 요구를 적극적으로 받아들였고(심층 요인 네 가지 가운데 방치와 어긋남을 생각해 보라), 그런 바람이 담긴 다채로운 프로그램과 강좌가 마련되었다. 때로는 참전용사들이 프로그램을 만들고 발전시키는 데 기여했다.

우리는 제대군인원호법과 우리 자신들의 경험으로부터 다음 사실을 배웠다. 전통적인 학교와 완전히 다른 학습 환경을 만들지 못하거나, 고등학교 졸업장, 자격증, 직업과 진로에 대한 전망 등 성공에 대한 약속이 없으면, 자퇴한 학생들을 배움터로 되돌아오게 하기가 어렵다는 사실을 깨달았다. 되돌아오기 프로그램의 중요 특성과 요소는 빅픽처러닝 학교들의 그것과 별반 다르지 않다.

- 학생들의 관심사 및 요구, 선택에 기반을 두고 강력한 책무성과 자기평가를 동반한 개별화된 학습 계획.
- 참가자들이 생산적인 학습과 작업에 지속적으로 몰입하는 데 필요한 지원 서비스를 한 장소에서 다 받을 수 있는 접근성.
- 젊은이들이 필요한 시점에 바로 학습할 수 있는 장소: 온라인 학습, 강의, 직업과 서비스 관련 자격증.
- 멘토가 있는 유급 인턴 과정. 여기서 멘토는 참가자들의 학문적, 기술적 숙련도를 높여 주며, 생산적 작업과 특정 직업에 필요한 자격증을 취득하도록 돕는 사람.
- 지역 전문대학과 직업학교를 포함한 고교 졸업 이후의 교육 선택지.

자퇴는 결코 선택지가 되어서는 안 된다. 하지만 훌륭한 넘나들며 배우는 기회는 추구해야 하고, 모든 학생들이 거치는 학습 경로의 한 부분으로서 학교는 이러한 선택과 관여를 열성을 다해 지원해야 한다. 학교는 이런 방식으로 학생을 학교에, 학교를 학생에 맞출 수 있다.

넘나들며 배우기 프로그램을 구현하려면 다년간 큰 규모로 실행해야 한다. 하지만 학교와 지역사회, 정부는 프로그램을 완벽하게 개발하지 않은 상태라 해도 학생들의 기대를 충족시키기 위한 첫걸음을 조심스레 떼어 봄으로써 그 혜택을 대폭 늘려 갈 수 있다.

8장 _ 넘나들며 배우기를 지원하기

만일 아이가 날 때부터 지닌 경이로움에 대한 감각을 계속 유지하려면,
아이는 적어도 한 명의 어른과 친교가 필요하다.
아이는 어른과 함께 우리가 살아가는 세계의
기쁨, 흥분, 그리고 신비로움을 재발견하고 공유할 수 있다.
_ 레이첼 카슨, 경이감

넘나들며 배우기 학습이 지닌 잠재성을 자각하여 프로그램을 개발하려 한다면 면밀한 계획과 실행이 필요하다. 중요한 사전 작업 없이 학교 밖에서 학습하라고 학생을 내보낸다면, 성공 가능성이 가장 높은 학교 밖 학습자원이 있다 할지라도 헛되이 소모될 것이다.

기본적인 도구들

학교가 넘나들며 배우기 학습을 지원하려면 무엇이 필요한가? 여기엔 다섯 가지 요소가 있다.

1. **계획:** ① 학생의 교과 학습, 진로, 개인 역량에 걸맞은 종합적인 학습 계획, ② 성취해야 할 구체적 과제, ③ 학습 내용을 문서로 만들고 발표할 계획. 이들 계획은 새로 등장하는 학습 기회와 새로 갱신되는 학습 표준을 반영해 정기적으로 조정되어야 한다. 미국의 여러 주는 학교가 학생 개개인을 위해 개별화된 학습 계획을 작성하라고 요구한다.

2. **실행 규약:** 학생들의 안전, 사생활 보호, 이동 동선, 통학 방법, 의사소통 방식, 평가 방법, 학점 부여 등에 대해 학교와 학생이 합의할 수 있는 규약. 이 규약은 학생들의 진로와 개인 역량을 늘 따라다니며 개별 작업장으로 나간 학생들의 행동과 기대가 무엇인지를 지시해 준다.

3. **인력:** 전문가, 더불어 배울 수 있는 또래. 학생과 작업을 함께할 모든 어른은 신원조회를 받아야 한다. 대개 이 일은 해당 지방의 사법기관에서 이뤄진다. 또한 학교는 멘토나 인턴십 담당자에게 오리엔테이션 프로그램을 제공해야 한다.

4. **장소:** 넘나들며 배우기가 발생하는 특정 단체나 맥락. 여기에는 지역의 단체, 기업체, 대학, 박물관, 온라인 플랫폼 등이 포함된다. 경험에 따르면 생산적으로 넘나들며 배우기를 수행할 수 있는 적합한 장소, 학생을 자발적으로 도우려 하고 그럴 능력을 가진 어른은 무궁무진하다.

5. **포트폴리오:** 학생들의 학습과 성취를 발표·전시하는 것. 학생들은 성취한 특정 능력을 입증할 수 있어야 한다. 입증 방식은 예술 작품, 인증서, 자격증, 일지, 기록장, 웹페이지, 공연 내용을 기록한 오디오나 비디오(아날로그, 디지털) 등이다. 교사들은 이러한 학습 결과와 생산물을 검토하고 인증해야 한다.

공통교과과정[1]이 제시하는 학습 표준을 충족시키는지 점검하고, 학생이 수행한 학습의 질을 판단하기 위해 점점 더 많은 학교에서는 학생들의 포트폴리오와 문서를 검토한다.

심화 도구들

학교는 문화, 구조, 그리고 넘나들며 배우기를 지원하고 학생들의 기대를 충족시키기 위한 체계를 구축해야 한다. 학교는 테크놀로지를 통해 5가지 구성 요소 모두를 의문의 여지없이 활용해야 한다. 나아가 학교는 기존의 교육자원도 최대한 활용해야 한다. 학생에게 배정된 교육지원청 예산이라든가 학교에서 조성한 기금 등을 학생의 교통비, 여행경비, 방과후 프로그램 지원 경비에 충당한다. 넘나들며 배우기를 효과적으로 지원하기 위해 사용되는 중요한 방법들은 다음과 같다.

장기 실행 계획 개발
넘나들며 배우기 프로그램의 드넓은 범위나 복잡성을 고려할 때, 학

---

1) Common Core로 많이 쓰지만 정식 명칭은 Common Core State Standard(CCSS)이다. 5장의 각주에서(123쪽 참고) 저자들이 간략히 언급했듯이 전미 주지사협의회와 주교육감협의회가 주도해 개발했고, 미국의 45개 주에서 도입해 실시하는 교육과정으로 2010년부터 실시되어 왔다. 21세기에 요구되는 의사소통, 협동, 창의력, 비판적 사고력 등의 요소를 강조하여 영어와 수학 교과목을 중심으로 반영했다. 영어의 경우 문학작품 위주에서 벗어나 역사나 과학 관련 읽기 자료를 50% 이상 배치해야 한다. 평가의 초점도 단순한 기억이나 이해 수준을 벗어나 분석, 창조, 적용하는 능력을 더 많이 강조한다.

교는 이 프로그램을 단계별로 실행하고, 쉬운 것부터 천천히 시작해서 교육 기회를 점점 확장해 나가야 한다. 초기 단계에는 가능하면 **모든** 학생들이 다양한 기회를 접하게 하는 일에 최우선 순위를 부여해야 한다. 그러한 경험으로 얻은 성취 결과를 교내 학습과 연계시키고, 교과목 학점과 졸업 학점을 부여하는 것 역시 중요하다.

교사의 준비를 지원하기

교사들은 새로운 역할을 선택할 수 있어야 한다. 이 역할은 프로그램이 진전됨에 따라 진화한다. 교사는 학생들의 학교 밖 자원을 중계하는 중개인이 되는데, 이를테면 여행사의 직원이나 여행 안내원, 재능 계발자, 코치, 또는 훈련 교관이 되기도 한다. 새로운 역할은 교육, 훈련, 지원을 요구한다. 대부분의 빅픽처러닝 학교들은 전문가를 고용해서 그들로 하여금 넘나들며 배우는 기회를 발굴하고, 초기 단계에서 접촉을 시도해 멘토, 코치와 관계를 구축해 나간다.

네덜란드 로테르담의 빅픽처러닝 학교에서 근무하는 교사들이 두 학생을 위한 넘나들며 배우기를 주선하기에 아주 적절한 기회를 잡은 적이 있었다. 하나는 공항, 또 다른 하나는 호텔이었다. 두 여학생은 야심만만한 꿈을 품고 있었지만, 지난날 그들이 겪은 학교생활과 인생 역정은 너무나 힘겨운 것이었다. 이 친구들이 처음에 일을 나가기 시작했을 때는 상당한 지원이 필요했다. 하지만 인턴십은 새로운 활기를 불어넣었고, 학습하려는 그들의 욕구는 맹렬히 불타올랐다. 이런 경우에는 학교 밖 학습 기회에 대해 어느 쪽이 더 신나 하는지 모를 지경이 된다. 학생 측인지 아니면 교사 측인지.

넘나들며 배우기를 위해 사람과 장소 조직하기

학교는 다양한 전문가 네트워크, 학생이 어울리며 배울 수 있는 동료 집단과 연결되어야 한다. 풍부한 학습자원과 기회가 널려 있지만 구슬이 서 말이라도 꿰어야 보배이듯 교사들이 기회와 자원을 효율적으로 조직하고 사용할 수 있어야 생산적인 학습으로 나아갈 수 있다. 그러려면 단순히 지역사회와 주고받는 관계만 구축해선 안 되며, 관계를 더 적극적으로 확대시켜야 한다. 대다수 빅픽처러닝 학교들은 넘나들며 배우기를 지원하는 사람과 장소를 관리하는 데이터베이스를 구축해 놓았고, 지속적으로 업데이트하고 있다.

학생을 준비시키기

학교는 학생들이 자신의 학습 계획과 포트폴리오를 스스로 관리하도록 가르치고, 학생들의 안전과 전반적인 복지를 확인한 상태에서, 다양한 학교 밖 학습 기회를 제공해야 한다. 넘나들며 배우기 프로그램이 처음인 학생들은 초기에 느리게 시작하다가도 일반적인 교실 밖에서 이뤄지는 학습 요구 사항을 간파하고 재빨리 적응해 나간다. 대개 빅픽처러닝 학교들은 새 학년도 시작 전인 여름철에 '신병 훈련소boot camp'라고 이름 붙인 행사에서 9학년 고교 신입생들에게 새로운 종류의 학습에 대해 사전 안내 교육을 실시한다.

학교를 어떻게 변화시킬지 설계하기

워렌 베니스와 로버트 토마스(2002)는 변화된 개인을 구태의연한 조직으로 돌려보낼 수 없다고 역설했다. 만약 교사와 학생이 배우고 작업하는 구조와 문화를 창출하지 않은 채 학교가 새로운 역할을 맡게 될 교사를 지원하려고 전문가 자원을 활용한다면 이것은 말도 안 되는 낭비이다. 성공적으로 넘나들며 배우기 프로그램을 시작하려면 학교는 일반적으로 실행해 왔던 운영 방식 가운데 몇 가지를 변화시켜야 한다. 시작 단계에 필요한 작업은 다음과 같다.

- 지금보다 더 장기적이고 유연한 학습 기간
- 지금보다 더 긴 수업 일수와 수업 연한
- 각 교과목을 대안적인 것으로 바꾸기
- 교과목 안과 밖에서 이루어지는 개인별 혹은 모둠별 프로젝트
- 교사와 교직원의 다양한 역할
- 교사와 함께 일하는 외부의 전문가들

학생의 기대를 충족시키는 생산적 학습 환경을 제공하기 위해서는 인내심과 열정을 가지고, 지금의 실천 방식 외에 다른 대안적 방법은 없는지 끊임없이 관찰하고, 과연 지금의 방법이 적합하고 충분한지 질문을 던져야 한다. 이런 과정은 마치 학교가 학생들에게 엄정함과 장인정신을 요구하는 것에 비견된다.

학교 프로그램과 교육과정을 다시 설계하기

빅픽처러닝 학교들은 개별 학생들의 흥미와 진로 목표에 맞게 전체 교과과정을 만들어 나간다. 학생들은 보통 일주일 중 이틀을 학교 밖 학습 현장에서 보낸다. 이를테면 사업체, 회사, 지역사회 기관이나 단체 혹은

대학 같은 고등 교육기관 등이다. 교육과정 재설계의 핵심 요소를 보자.

- 개별화한 교과과정. 개별 학생들에게 맞춰 설계된 학습 프로그램과 경로 (핵심은 직업에 대한 소개와 이해)가 핵심적인 학습 표준을 충족시키도록 한다. 빅픽처러닝 학교는 규모가 작고, 담임교사는 대개 고등학교 4년 내내 동일한 학생들과 함께 학습을 진행한다.
- 학생들이 학교 밖의 관심 분야, 특히 자신이 원하는 진로 분야에서 일하고 학습하면서 부딪치는 실제 상황의 문제를 이해하고, 교과 학문적 기술을 응용할 수 있도록 도전하는 학습. 학생들의 흥미에 초점을 맞춘 프로젝트 기반 학습은 교과 학습, 일터 그리고 개인의 역량을 종합하여 통합적 학습으로 이끄는 맥락과 구조를 제공한다.
- 학생이 열망하는 직종에서 일하는 어른과 함께할 수 있는 기회.
- 문해력과 수리력에 큰 비중을 두어 통합한 학문적 교과(예술과 디자인을 포함). 학생들은 필요하다면 강의, 소규모 모둠 수업, 일대일 지도, 온라인 프로그램을 통해 직접 교육을 받는다.
- 전통적인 학업 성취 평가와 종합적이며 성과에 기반을 둔 평가. 학생들은 3개월마다 자신이 참가했던 개인적 혹은 모둠별 프로젝트, 봉사를 통한 학습, 대학 수업 수강, 그리고 지역사회에서의 인턴십 등을 성공적으로 마쳤다는 사실과 작업 결과를 전시함으로써 자신이 습득한 기술과 이해를 시연해 보이도록 한다.
- 학부모 참여. 학기별로 학생의 학습 계획에 대해 의견을 나누고, 작업을 검토하고, 학생이 마련한 전시회에 참석한다.
- 학생들의 고등 교육과정 진학 또는 취업 이후를 지속적으로 지원함.

새로 떠오르는 신기술을 채택하기

효율적인 넘나들며 배우기는 학생의 성공을 위한 소통, 협업, 조율 과정에서 새로운 테크놀로지를 어떻게 활용하는가에 그 성패가 달려 있다. 온라인 학습 관리 프로그램을 통해서 교사와 학생은 학교 안과 밖의 학습을 통합적이며 일관된 이수 단위로 조정할 수 있다. 이수 단위는 학생들의 중요한 역량을 문서화하며, 졸업장뿐만 아니라 자격증 취득에도 도움을 준다. 테크놀로지 도구는 교사와 학생으로 하여금 넘나들며 배우기를 지원하는 다섯 가지 구성 요소를 관리하도록 해준다. 계획, 실행 규약, 인력, 장소, 포트폴리오.

학습공동체

학교는 학생이 사회적 자본과 지적 자본을 계발하도록 도와야 한다. 고도로 개별화된 학습에서는 동일 주제 관심 그룹이 중요한 역할을 한다. 개별화 학습은 학생이 교내의 학습공동체에 참여하는 것뿐만 아니라 관심 분야를 중심으로 형성된 학교 밖 공동체와 사회적 네트워크에 참여하는 것을 필요로 한다. 학교 밖 세계의 멘토, 코치와 튼튼한 관계를 맺는 것은 학생으로 하여금 귀중한 사회적 자본을 구축하는 데 도움을 준다.

대안적 학습 환경을 창조하기

랄프 캐플란이 제안했듯이 효율적인 학습 환경을 조성해야 할 책임이 학교에 있다면, 학교 밖 자원을 최대한 활용하더라도 여전히 학교 내부를 들여다보는 방법도 변화시켜야 한다. 비록 빅픽처러닝 학교들이 기존의 학교와는 달라 보이지만 그래도 우리는 더 큰 변화를 이끌어 내는 장소와 공간을 지속적으로 발견하려 한다.

이런 영감의 원천에 대한 한 사례는 '애플 전시 판매장'이다. 이곳은 전 세계의 수많은 대도시에서 변화와 혁신의 상징처럼 되어 버린 장소다. 2001년 첫 개장 이래 우리는 미국 전역의 여러 매장에서 때로는 고객으로, 때로는 아마추어 인류학자로서 수많은 시간을 그곳에서 보내며 관찰했다. (우리는 이 주제에 관해 로란 뉴섬과 공동으로 논문을 집필하여 2009년 10월 『카판Kappan』 학술지에 게재했다.) 우리는 애플 매장에서 일어나는 현상을 통해 학교를 포함한 21세기의 다양한 장소에서 학습과 일, 놀이가 어떻게 선구적으로 통합될 수 있는지를 확인했다.

어떤 이들은 상품 매장을 학습이나 공동체의 공간으로 파악하는 태도에 거부감을 느낄 수도 있다. 혹은 테크놀로지 도구의 사용법 익히기를 지적 자본으로 인정하지 않을 수도 있다. 하지만 물리적 공간으로서, 그리고 가상공간으로의 연결로서 기능하는 애플 매장을 일종의 원형原型 학습 환경으로 이해할 충분한 이유가 있다. 그런 환경에서라면 재능이 넘치는 교사들이 모여 만든, 기업가 정신이 살아 있는 팀 하나가 물리적 공간이나 아이클라우드iCloud 가상공간에서 통합적이며 도전적인 학습 프로그램을 개발하여 실행할 수도 있을 것이다.

애플 매장은 판매를 위한 영역이지만 학습을 위한 공간이기도 하다. 애플의 문화, 지식과 가치는 학습과 학습자를 포용한다. 매장의 절반 이상이 학습과 놀이를 위해 할애되어 있다. 정말로 입구에 자리한 놀이 공간은 전형적인 유치원 교실과 많은 면에서 공통성을 지닌다. 애플 스튜디오^{Studio}는 대학원생들의 세미나실 같고, 지니어스 바^{Genius Bar}는 도제徒弟를 위한 실험실 같다. 애플은 예술적 감수성이 풍부하게 설계된 매장 공간 내에서 독특한 경험을 제공하는 서비스를 상품과 결합시켜 놓았다. 그 공간 안에서 고객은 가치 있는 기능을 익히는 학습자로서 스스로를 인식한다. 애플은 이러한 장치를 개발해 사람들이 공통의 이야기를 나누는 물리적이면서 동시에 가상적인 공동체를 창조해 냈다.

경험이 많은 학습자라면 학습 환경이 학습 기회 그 자체만큼이나 중요하다는 사실을 알고 있다. 여기서 말하는 학습 환경은 물리적, 심리적, 문화적, 사회적, 기술적, 조직적 요소를 포괄한다. 애플 매장을 설계한 사람들은 이러한 신념 아래 학습 환경의 요소를 모두 포함하는 공간을 창조했다. 학교나 박물관 혹은 도서관 이상으로 애플 매장의 공간과 경험은 이곳에 들어오는 사람들이 자기가 무엇을 필요로 하는지 파악하게 하는 동시에, 의도적으로 혹은 우연히 중요한 것을 발견하게 하는 식으로 둘러보고 끄집어내어 배우도록 한다.

애플 매장의 설계자들은 매장과 그곳에서의 경험을 어떻게 디자인해야 고객들이 계속 다시 찾아오고, 제품을 구매하고 또 구매할지, 그 하나의 질문을 분명히 던졌을 것이다. 그런 정신을 이어받아 우리는 어떻게 학교가 학습자의 경험을 디자인해서 모든 학생들이 깊이 있고 지속적인 학습에 빠져들고, 평생토록 그러한 종류의 학습을 선택하도록 만들지 질문할 수 있지 않을까?

예를 들어 학교가 학습 기회와 환경을 심사숙고 설계하여 깊은 몰입과 동기화를 부여하고, 그리하여 학생들이 다양한 관심 영역 안에서 치열하게 공부하도록 실질적인 도움을 준다면 어떨까? 학교에서 가장 고동치는 학습 공간이 길고 침침한 복도로 이어진 교실이 아니라 예술가의 작업장이라든가 커피숍, 창고, 공방 같은 제조인들의 공동 작업장, 기계공구 상가일 수는 없을까? 이런 대안적 장소와 공간이 전통적인 교실보다 갈수록 더 중요해져서 학습자의 기술과 이해를 계발하도록 도와준다면 어떨까?

테크놀로지는 애플 매장처럼 학교를 학교 밖 학습 환경과 이어주고, 학교 내부의 학습 환경까지 바꿔 낼 수 있는 뛰어난 도구이다. 사회적 교류나 전문가를 위한 컴퓨터 네트워크, 그리고 '위키' 같은 집단지성 역량이 학습을 지원할 수 있다. 어떻게how-to를 가르쳐 주는 수많은 인터넷 사이트를 참고하면 누구든지 어떤 것이든 학습하고 연습할 수 있다.

이런 수많은 자원을 잘 활용하려면 틀framework이 꼭 필요하다. 개별 학습자가 자원을 이해하고, 개인적 학습 계획에 통합시키도록 돕는 체제가 곧 틀이다. 테크놀로지는 우리를 도와줄 수도 있지만 방해할 수도 있다. 테크놀로지는 학교가 극복해야 할 도전이거나 장애물이 될 수 있는데, 학교가 단지 효율이나 효과만을 요구하며 지금처럼 자동화된 형태로 학교를 디자인하면 그렇게 된다. 새롭게 떠오르는 테크놀로지가 전하는 말에 귀를 기울이는 교육자들은 근원적이면서도 동시에 고도로 파괴적인 변화의 메시지를 경청하게 될 것이다.

애플 매장 같은 학습 환경은 오늘날 주변에서 쉽게 찾아볼 수 있다. 개인의 흥미와 취미 생활에 초점을 맞춘 테마 크루즈 여행선, 매장 앞쪽에 설치된 창의적 글쓰기 센터, 손수 제작하기DIY 이용자를 위한 작은 디지털 공방 등이 좋은 예다. 빅픽처러닝 학교들은 이러한 모든 형태의 공동체와 작업장에서 훌륭한 학습 환경을 찾아냈다(물론 이런 일을 자주 하려면 창의성과 천재성이 필요하다).

학교는 학생들에게 매력을 느끼게 하고 생산적인 학습 환경으로 끌어들이는 학교 밖 학습 장소를 발견하고 연계해야 한다. 이는 레이 올덴버그(1989)가 '제3의 장소'라고 불렀던 공간들이다(가정과 일터가 각각 제1, 제2의 장소에 해당한다). 이런 장소에서 사람들이 모여서 회합을 가지고, 다목적 공동체를 형성한다. 학교는 제3의 장소에 학습 기회를 가득 채워야 한다. 그곳에 학생들이 모여들고, 학습이 언제 어디에서 일어나든 학점을 부여하고, 학생과 더불어 작업하는 교사들에게 전문적 작업자를 합류시키도록 한다. 학교는 어떤 교육 환경 아래서 발전되었든 기술과 이해를 바탕으로 이뤄진 학습 상태를 제시한다면 그것에 학점을 부여하는 새로운 방법을 제안할 필요가 있다.

기존의 학교 체제에서 학업을 포기했던 청소년에게 넘나들며 배우기 프로그램은 학교로 돌아와 자신의 삶을 생산적으로 발전시키는 강력하고 매력적인 계기로 작용할 수 있다. 하지만 이런 비관적인 생각을 하는 사람들도 있겠다. 넘나들며 배우기는 훌륭한 생각이긴 하지만 내가 우리 학교에서 그런 변화를 일으키기란 불가능해. 충분히 이해한다. 넘나들며 배우기는 심장이 뛰지 않는 사람들에게는 적합하지 않다. 넘나들며 배우기 프로그램을 수년간 점진적으로 진행할 수 있겠지만, 첫걸음을 떼려는 시작 단계라 해도 기본적인 조직 구조가 먼저 마련되어야 한다. 만일 이런 변화를 추진할 준비가 갖춰지지 않는다면, 다른 접근 방법으로 학교를 혁신시키는 일이 나을 것이다.

4부 _ 학생들이 정말로 배운 것

유명했거나 유명세를 타는 중이거나 아직 이름이 알려지지 않은 중퇴자 이야기는 우리 작업에 정보를 제공하고 영감을 불어넣어 주었다. 하지만 중퇴자에게 관심을 표명해 오면서, 비록 문제의 초점을 잘못 맞춘 것은 아니었지만, 아직 학교가 직면하는 문제를 폭넓고 심도 깊게 다루지는 않았다.

로켓이 행성의 중력을 벗어날 때와 같은 가속도만큼은 아니겠지만, 위험스러울 정도로 많은 학생들이 생산적 학습에서 멀리 떨어져 나오고 있다. 그러므로 우리의 도전은 단순히 학교 중퇴자의 숫자를 줄이려는 게 아니라, 모든 학생이 학업 중단에 빠지지 않고 학습에 더욱 몰입하도록 어떻게 학교를 만들어 갈 것인가에 있다.

넘나들며 배우기 프로그램은 학교가 그러한 도전을 끌어안도록 도움을 주지만, 이 프로그램을 유지하고 실행에 옮기려면 학교도 스스로 조직을 재구성해야 한다. 새로운 교육 실천을 지원하려면 새로운 학교 정책, 구조, 문화가 필요하다. 앞선 장에서는 학교를 새롭게 디자인하고 그것을 실행으로 옮기기 위해 지원해야 할 세부 항목들이 무엇인지에 초점을 맞추었다.

하지만 대부분의 학교 개혁이 그렇듯 이런 작업은 단지 학교만을 위한 것이 아니다. 학교의 개혁을 지원하려면 '마을 전체가 필요'할 것이다. 9장에서는 필요한 지원이 무엇인지, 누가 어떻게 도움을 주어야 하는지에 관해 기술한다. 마지막 장에서 우리는 약간의 전망, 말하자면 우리가 향하는 세계가 어떤 성격을 가지는지 조망하고, 학교 개혁을 위한 몇 가지 거시적 고려 사항을 제안할 것이다.

9장 _ 우리는 무엇을 배웠나

> 이탈리아에서 보르자[1] 치하 30년 동안
> 전쟁, 테러, 살인, 학살이 자행되었으나
> 동시에 미켈란젤로, 레오나르도 다빈치, 그리고 르네상스를 만들어 냈다.
> 스위스에서는 500년 동안 민주주의와 평화를 유지했고,
> 형제애를 나눴으나 무엇을 만들어 냈는가?
> 뻐꾸기시계를 만들었지.
> _ 오손 웰스, 영화 〈제3의 사나이〉 가운데 해리 라임의 대사

이 책을 이끌어 왔던 질문을 다시 상기해 본다.

● 학생들이 학교에 바라는 것은 무엇인가?

● 넘나들며 배우기 프로그램은 학교를 졸업할 때까지 생산적 학습에 깊이
  관여하는 학생의 수를 어떻게 의미 있게 증가시키는가?

● 넘나들며 배우기 프로그램의 핵심 설계 양상과 구성 요인은 무엇인가?

---

1) 체사레 보르자(Cesare Borgia, 1475~1507), 마키아벨리가 『군주론』에서 이상적 모델로
삼았던 르네상스 시대 이탈리아의 전제군주이자 교황군 총사령관.

● 넘나들며 배우기 프로그램을 지원하기 위해 교육자들은 자기 학교 안에서 어떤 변화를 만들어 내야 하는가?

'왜 학생들이 중퇴하는가'라는 문제는 연구가 잘 되어 있다(43쪽의 도표 참고). 학업 실패, 문제 행동, 삶의 변고, 관심 상실 같은 표층 요인 네 가지는 숱한 보도를 통해 여러 가지 형태로 인용되어 왔다. 하지만 앞서 말한 학업 중단 원인은 생각보다 더 깊은 곳에 존재한다. 빅픽처러닝의 학교, 그리고 다른 학교에서 경험한 바에 따르면 심층 요인 네 가지가 학교에 대한 관심을 끊게 만들고 급기야 중퇴에 이르게 한다. 방치, 어긋남, 재능과 흥미의 간과, 지나친 규제가 그것이다. 이 '심층 요인 네 가지'는 광범위하게 퍼진 학교 중퇴 사유에 관한 통찰을 제공할 뿐만 아니라 어떻게하면 학교가 중간에 개입해서 학업 중단율을 줄이고 모든 학생들이 생산적 학습을 할 수 있도록 만들지 방법을 제시한다.

기존 연구자들은 학교 중퇴가 사회에 미치는 비용을 계산해 왔다. 하지만 학교를 졸업하더라도 평생 동안 학습할 준비가 부족하거나, 학업에 관심을 끊은 학생으로 인해 발생하는 엄청난 비용은 계산에서 놓쳤다. 대개 이 학생들이 보유한 능력은 인지적·추상적 교육과정에 초점을 맞춘 기존의 교과목 바깥에 놓였기 때문에, 애석하게도 그 재능과 잠재성이 무시당해 왔다.

'심층 요인 네 가지'를 활용해서 우리는 학생들이 지닌 일련의 기대(70쪽 도표 참고)를 명료화했고, 그런 기대를 포용하지 못하면 생산적 학습에서 이탈하는 학생이 엄청나게 늘어나는 결과를 가져올 것이라고 주장했다. 바로 이것이 학교 중퇴 문제가 존재하는 광범위한 맥락이다. 학교는 학생들의 기대를, 학습 기회와 환경을 새로 설계하는 데 필요한 안내자로 삼아야 한다.

'공통교과과정'의 학습 기준을 규명하기 위해 교육 당국이 기울이는 노력에 우리도 갈채를 보낸다. 하지만 성공을 구성하는 것과 그것을 이루는 방법 및 평가에 관한 협소한 정의가 문제다. 우리는 '비공통교과과정'이라는 기준을 선호하며 학교가 고려하는 '높은 기대'가 사실상 매우 낮은 기대라고 믿는다. 더 나아가 만약 학교가 그런 기대를 충족시켰다 하더라도 학생 자신이나 사회를 위해 그다지 큰 차이를 만들어 내지는 않을 것이다. 읽기, 수학, 과학 시험에서의 합격 점수처럼 지금 추구하는 성공은 세계경제 체제에서 보자면 단지 투전판에 거는 내기 돈 같은 것이다. 다른 여러 나라의 고등학교와 대학 졸업생들은 미국 학생들과 동등하게 좋은 시험 성적을 거두었으며, 미국 교육비의 일부만 사용하면서도 더 생산적으로 공부한다.

그러므로 학교는 기존과 다르면서 더욱 높은 수준의 기대를 표명해야 한다. 학교는 졸업을 앞둔 학생들에게 관심을 기울여서 그들이 긍정적으로 학습을 바라보도록 하고, 남은 생애에도 계속 학습하도록 준비를 갖춰주어야 한다. 그런 학습은 창조성, 혁신, 초심자를 위한 기업가 정신 등 필수적이지만 지금까지 완전히 무시되어 왔던 능력들을 포괄해야 한다. 또한 그런 학습은 전문성을 높이는 장인정신에 기반한 탁월성, 감수성과 영감을 북돋우는 예술성을 자극해야 한다. 이것이 학생들과 사회·경제의 발전에 도움이 될 진정한 부가가치이다. 학교에서 이런 학습을 경험하는 학생은 거의 없다.

넘나들며 배우기라는 학습 기회는 어떤 형태나 규모로도 가능하다. 전국의 몇몇 혁신적인 학교에서는 이런 기회의 일부를 채택하지만 빅픽처러 닝이 제안한 기준을 충족시키는 학교는 거의 없다. 그 기준이란 모든 학생에게 넘나들며 배우기 학습 기회가 열려야 하고, 중요한 교과와 직업 체험 기준을 표방해야 하고, 학교 밖에서 이룬 학업 성취에 학점을 부여해야 한다는 것이다.

넘나들며 배우기 프로그램을 개발, 이행, 유지하려면 학교는 상당한 노력을 기울여야 하고, 교사에겐 새롭고 확장된 역할이 요구되며, 학교 밖 세계와 통합적으로 연계된 유동적이며 유연한 조직 구조와 문화가 요청된다. 만약 학교가 다음 세대의 학습 조직으로서 그 유통기한을 유지하려 한다면, 학교 밖 세계를 향해 활짝 열린 개방성이 중요하다.

문제를 바라보는 우리의 모든 관점, 또는 제안한 모든 해결책에 동의하지 않을지 모르지만 이 문제만큼은 동의해야 한다. 학교는 심각한 위기에 직면했으며, 그 위기는 위험스러우리만치 높은 중퇴율보다 더욱 넓고 깊게 만연해 있다는 점이다. 나날이 심각성을 더해 가는 학생들의 이탈 현상이 학교를 훨씬 취약하게 만들며 위협한다. 21세기에 나라를 이끌어 갈 다음 세대의 시민과 노동자를 양성해야 할 이 중차대한 시기에 말이다.

넘나들며 배우기는 수상쩍은 약도 아니고 만병통치약도 아니지만, 그것을 온전하게 끌어안아야만 모든 학생의 학습 기회가 크게 확장된다. 배우러 떠났던 학생이 학교 밖에서 신체적·심리적으로 성장한 다음 학교로 돌아오게 만드는 것이다. 그 목적은 이러하다. 생산적 학습에 관여하는 학생의 수준을 괄목할 만하게 높이고, 그 부산물로 중퇴율을 크게 줄인다. 우리가 규정한 대로 넘나들며 배우기 프로그램은 중등학교에 재학 중인 학생들에게 새롭고 흥미진진한 학습 기회와 환경을 제공하며, 구조를 재설계하려는 학교 측에는 참신하고 과감한 전략을 제시한다. 서문에서 언급했던 게리 하멜의 관찰을 상기해 보라. "전략은 혁명이다. 그 외의 모든 것들은 전술이고"(1996). 전술적 변화만으로는 (타이타닉호 위에 놓인 안락의자를 떠올려 보라) 우리가 요구하는 결과를 가져오지 못할 것이다.

그래서?

넘나들며 배우기 프로그램이 작동하게 될 학교 체제와 그보다 더 광범위한 사회·경제적 체제는 무엇을 지원해야 하는가? 처음 시작할 때에는 중요한 원리, 정책, 실행을 먼저 챙겨야 한다.

원리 _ 학교는:
- 전인을 기른다. 단지 능력을 갖춘 일꾼만이 아니라 평생학습자, 가족을 이끄는 지도자, 사회에 참여하는 시민, 정신과 마음과 몸이 건강한 사람을 기른다.
- 자기의 교육에 대해 선택하고 주장할 줄 아는 학생을 만든다.
- 학생의 관심사와 재능을 발견하여 계발하도록 돕는다.
- 학생이 무엇을 알 수 있고 할 수 있는지 다양한 길을 제시해 준다.
- 부모나 가족이 학생의 교육과 학교 공동체에 관여하도록 돕는다.
- 학교 주변 지역사회로 나아가 학생의 학습과 성장을 진전시키기 위한 관계망을 구축하고, 지역사회에 봉사할 기회를 적극적으로 찾아 나선다.
- 산업계와 중등학교 이후의 교육기관들과 강력하고 지속적인 협력 체계

를 구축한다.

- 변화하는 환경 속에서 역동성과 개방성을 유지한다. 직업 세계, 사회, 특히 학생의 삶에 무슨 일이 일어나는지 민첩하고 신속하게 대응한다.

정책 _ 이런 원리에 입각하여 학교는 반드시:

- 성공을 폭넓게 다층적으로 규정하도록 한다. 다른 결과, 더 나은 결과를 위해 모든 교과를 아우르도록 능력에 관한 정의를 더 넓게 표방하라.

- 능력에 초점을 두라. 교실에서 공부한 시간으로 평가를 내리던 방식에서 벗어나 기술, 이해, 기질을 시연해 보이는 실제 세계의 수행 성과와 맥락을 평가하도록 하라.

- 모든 학생에게 자신의 관심사와 재능을 포용하여 맞춤식으로 설계한 개별화된 학습 프로그램을 제공하라.

- 학생이 어떤 직업 경로를 선택하는지와 상관없이 학습 계획을 추구하도록 개별 학생을 돕는 중등학교 체제를 창조하라.

- 전문가들이 학교로 들어와서 교사와 함께 협업하도록 허용하라.

- 학생의 흥미와 맞아떨어지는 관심사를 가진 은퇴자들을 활용하라. 이를 통해 기예 분야에서 어른들이 보유한 지혜와 지식이 학생의 활력, 열정과 만나 통합되게 하라.

- 교사를 학교 밖으로 나가도록 하여 역할을 확장시켜라. 여기에는 학생이 표명한 관심 영역 안에서 그들을 돕는 전문가를 이끌어 가고 촉진하는 역할을 포함한다.

- 개별 학생의 학습 계획을 발전시킬 때는 모든 학생을 위한 넘나들며 배우기 기회와 연계해 학교 밖 학습을 적극적으로 추진하라.

- 기초 기술을 넘어서서 필수적인 교과, 직업, 개인적 능력에 이르기까지 평가 영역을 확장하라.
- 학교 밖에서 발전시킨 능력에 학점을 부여하라.
- 고등학교 졸업장이 없는 청소년을 찾아 나서서 이 중퇴자들이 학교로 돌아오도록 도우라. 또 그 청소년이 관심을 보이거나 현재 하는 일을 중심으로 스스로 공식적 학습 프로그램을 창조할 기회를 제공하라.

위에서 제시한 원리나 정책 가운데 현재 국가가 정책 우선권을 두는 항목은 하나도 없다. 여러분도 주목했겠지만 정부나 지방자치단체 역시 여기에 정책의 우선순위를 두지 않는다. 하지만 만연해 있는 실패한 학교 설계를 추적하다 보면 앞서 제시한 원리들을 한두 가지씩 위배한다는 사실을 발견하게 된다. 더 나아가 당면 문제는 몇 가지 비루한 정책 때문에 빚어진 것이 아니다. 진짜 문제는 학교가 보여주는 세계관이다. 그 세계관은 학습자나 학습에 대한 연구 결과와 직관적 경험이 우리에게 전해 주는 바에 비추어 볼 때 앞뒤가 맞지 않는다.

사려 깊은 정책 권고가 담긴 보고서를 보면 국가 또는 정부 차원의 리더십을 바라지는 않는다. 예를 들어 뉴욕 시 방과후협회[2]가 발간한 최근 보고서 '어느 때든 어느 곳에서든 학습하라: 학교 수업을 넘어서 어떻게 학생들이 학습할지 다시 생각하기'에는 학교 밖에서 이뤄진 학습 결과에

---

2) The After-School Corporation(TASC): 열린사회재단의 재정적 후원으로 미국의 도심 지역 중심의 방과후 학교 프로그램을 지원하기 위해 1998년에 설립된 비영리재단이다. 2014년 현재 미국 내 564개의 공립학교에서 69만여 명의 학생들에게 방과후 프로그램을 실시하고 있다. (참고: http://www.tascorp.org)

학점을 부여하자는 탁월한 식견이 담겨 있다.

실행

이런 정책, 또는 유사한 정책 도입에 더하여 교육청은 넘나들며 배우기 프로그램을 방해하는 제도나 관행이 무엇인지 조사해야 한다. 우리는 이 책 전체를 통해 몇 가지 사례를 인용했다. 학습을 인증하는 수단으로서의 '카네기 학점' 제도, 고지식한 교육과정의 범위와 진도 나가기, 교과목 수업만을 기반으로 하는 학교 조직 구조, 배움에 제한을 가하는 시간표, 학교 밖에서 성취한 학습을 인정하지 않는 제도 등이 그것이다. 가장 심각한 방해물은 지역사회를 학습 공간으로 받아들이지 못하는 태도이다. 청소년은 지역사회에서 자신과 유사한 관심사를 가진 멘토와 만나서 관계를 맺고, 사회적 자본을 형성하며, 가치를 부가한다.

초기 빅픽처러닝의 첫 번째 학교였던, 로드아일랜드 프로비던스의 메트 스쿨에서 학생들 전체가 매주 이틀 동안 학교 밖에서 공부하는 것으로 정했을 때, 주변에서 우려가 많았던 사실을 우리는 기억한다. 당시 공동 교장이던 데니스 릿키는 학교라는 고정된 장소가 꼭 필요하지는 않다는 점을 강조하고 싶어서, 작은 널빤지에 '메트'라고 글자를 쓰고는 학생들이 학교 밖으로 배우러 나갈 때 그 널빤지를 들고 가라고 했고, 그렇게 하는 것만으로도 학생들은 '학교에' 있는 셈이 될 거라고 말했다. 이런 농담은 생산적 학습이 일어나는 곳이라면 그곳이 어디든지 학교라는 사실을 보여준다.

학교는 학생이 내비치는 학교 이탈의 징후를 관찰하도록 재편성되어야 한다. 예를 들어 학교가 학생의 기대에 얼마나 잘 부응하는지를 평가하기 위해 학생과 부모를 대상으로 정기적으로 의견을 조사할 때 그것의 기초로 학생들의 기대를 활용하는 것이다. 학교가 학생의 기대를 얼마나 잘 충족시켰는가와 관련한 실시간 자료를 얻기 위해 학교 측에서는 '아프가-유형'의 평가 방법(마취과 의사였던 버지니아 아프가 박사가 신생아의 건강 상태를 평가하기 위해 1952년에 고안한 체계)을 사용한다. 심지어 학교는 잠재적이며 실질적인 이탈 평가를 받은 잠재적 중퇴자를 위해 조기경보 체제를 바꿀 수도 있다.

학교는 교사의 역할을 재규정하고 재구성해야 한다. 많은 교사들이 이처럼 새롭게 부여되는 역할과 책임을 환영할 것이다. 하지만 학교가 교사의 재능과 활력을 최대한 발휘하도록 조직 구조와 문화를 바꾸지 않으면 의심할 바 없이 교사들은 좌절하게 될 것이다. 단적으로 말해 학교는 학생의 기대는 물론 교사의 기대도 충족시켜 줘야 한다!

이렇게 하려면 모든 일이 복잡다단해진다. 또한 학교와 교사는 학습, 학습자, 학교, 공교육이란 과연 무엇인지 이해하려고 이를 붙들고 씨름하느라 우리가 6장에서 기술한 학습 깔때기를 사용할 것이다.

이 책은 학교를 운영하기는 하나 그중 상당수가 제대로 작동하지 않는 알고리즘과 코드를 재창조하기 위해 무엇인가를 고안하려는 전략이나 일종의 직관적 학습법을 담은 책으로 여겨질지 모르겠다. 학교에, 특히 가난하면서 유색인종 학생들이 살아가는 대도시의 학교에 고통을 안겨 준 낮은 수준의 지시와 시험이라는 광기 속에서 교육 당국이 시행해 온 중요한 사업들은 무시당해 왔다. 이른바 독창적 사고out-of-the-box thinking로 학교와 학습 설계를 바꿔 보고자 했던 시도는 그 수명이 다했다. 이제 우리 사회는 틀 밖에서 사고하기 위한 새로운 틀을 창조해야만 한다.

누가 도울 수 있나?

넘나들며 배우기 프로그램을 개발하고 유지할 책임의 상당 부분을 학교가 떠맡아야 하지만 마을에 존재하는 다른 주체들도 학교를 도울 수 있다. 학교가 온라인 커뮤니티를 포함해 지역 공동체를 감싸 안으면 조력자의 수는 더 늘어날 것이다.

정치 지도자와 정책 수립가

교육정책을 수립하는 담당자들은 우리가 규명한 원리와 정책을 받아들이고, 현행 정책과 조례를 바꾸어야 한다. 지금의 정책과 제도는 학생의 기대에 부응하는 역동적이고 민첩한 교육기관으로서 모든 학생에게 생산적 학습을 제공하고자 하는 학교의 발전을 가로막고 있다.

부모

부모는 자녀의 재능을 가장 처음 확인하는 관찰자, 코치, 여행 길잡이, 멘토이다. 학교는 부모가 이러한 역할을 수행하도록 힘을 북돋운다. 부모는 학교가 학생의 기대를 어떻게 수용하는지 살펴보며, 자녀가 학교와 맺어 가는 관계를 관찰한다. 부모는 교사와 함께 자녀의 관심사와 재능에 관해 의견을 교환하며, 학습 계획을 발전시켜 나가는 데 공헌한다. 부모는 교사와 협력해 학생이 학교에서 이탈하려는 징후를 포착하고, 개입 전략을 수립하기도 한다.

고용주

고용주는 학생이 직업적 관심을 가지고 누군가와 연계를 맺고 싶어 할 때 전문가를 파견하거나 학습 환경을 제공하며 넘나들며 배우기 프로그램을 지원한다. 고용주는 교사와 협조하면서 멘토와 코치를 지원하기도 하는 풍부한 원천이며, 학교 안팎의 학습을 섞어 가며 조화롭게 배치하기도 한다.

작업장은 스튜디오, 제조업 공장, 병원 응급실, 공항, 농장, 사회복지 기관 등 광범위한 환경을 포괄한다. 학교는 학생을 이런 작업장에 되도록 이른 시기에, 그리고 자주 보낼 수 있게 고용주와 협력해야 한다. 교육자와 고용주는 사회관계망의 힘과 진정성 있는 상황 학습의 힘을 활용한다. 이것이 학생에게는 자연스럽게 다가온다. 학생은 자신이 원하는 일에 필요한 기술을 가진 사람들로부터 배우고 싶어 한다. 학생들은 장래에 또 다른 세대에게 혜택이 돌아가도록 새로운 작업 방식을 꿈꾸며, 수선하고, 발견하고, 발명하는 사람이 되고 싶어 한다. 작가 닐 포스트먼(1982)이 언젠가 관찰했던 것처럼 이 젊은이들은 "우리들이 목격하지 못할 미래로 파견할 살아 있는 메시지이다."

10장 _ 우리가 맞이할 세계

항상 너무 멀리 갔다 싶게 가라.
왜냐하면 그곳에서 당신은 진실을 발견할 테니까.
_ 알베르 카뮈

아무리 잘 설계하고 실행한다 하더라도 넘나들며 배우기 프로그램은 학교 개혁 전략의 한 가지 구성 요소일 뿐이다. 교육 당국이 진실로 교육 개혁을 고려한다면 생산적 학습, 학습자가 요구하는 학습 기회와 환경을 제공하기 위한 조치를 시행해야 한다. 빅픽처러닝의 권고 사항을 여기에 제시해 본다.

학생의 기대에 부응하여 심층 원인 네 가지에 대응하기

만약 우리가 앞서 논증한 대로 심층 원인 네 가지가 수많은 학생을 중퇴하도록 만들고 더 많은 학생이 학업을 중단하도록 만든다면, 학교는 이런 원인에 초점을 맞춰 새로운 조기경보 체제를 마련해야 한다. 학교는 학습 기회와 환경을 재설계할 때 학생의 기대를 안내자로 삼아야 한다. 교사가 관심을 갖고 지켜보고 있으며, 학교생활에 맞추라고 학생에게 요구하면서 마찬가지로 학교도 맞추려 노력한다는 사실을 학생이 느끼도록 해야 한다. 학생은 자신의 재능을 발견, 계발, 활용할 때 학교 측으로부터 도움받기를 바란다.

생산적 학습에 초점 맞추기

생산적 학습을 정의할 때 도움받았던 시모어 사라손(2004)을 떠올리면서, 생성적 기능의 중요성을 강조했던 사실과 학생을 몰입하게 만들었던 생산적 학습의 힘을 생각해 보라. 그 역할이 없었더라면 장인정신에 기반한 탁월성과 예술성이 너무나 절실한 바로 그때, 학교는 단지 기능 갖추기만으로 만족했을 것이다. 빅픽처러닝 학교는 능력 갖추기에서 멈추기를 거부한다. 왜냐하면 학생들이 보유한 재능과 잠재력이 얼마나 큰지 알기 때문이다. 우리는 그런 재능과 잠재력을 발견하고 계발하기로 마음먹었다. 학교와 교육 당국이 핵심 지침으로 생산적 학습을 채택하지 않는다면 그어떤 형태의 개혁이라 할지라도 큰 변화를 가져오지 못할 것이다.

새로운 책무를 맡기

학교는 재설계의 요청 사항으로, 새로운 '몰입 법칙', 학생과 가족에게 제공하는 새로운 가치로서 학생의 기대를 포함시켜야 한다. 우마이르 하크는 저서 『더 나음』(2011)에서 전통적 접근으로 전략을 가다듬고 전술을 개발하는 일이 더 이상 유용하지 않다고 제안한다. 대신 하크는 그가 "책무imperative"라 부르는, 디자인 원리에 기반한 담대하고 새로운 조치initiatives를 생각해 보라고 조언한다. 하크는 애플을 예로 들었는데, 그 회사의 전략은, 시장 점유율이나 이윤(교육자에겐 시험 성적과 상응하겠다)이 아무리 중요하다 하더라도 그것을 강조하기보다는 제품과 서비스를 이용하게 될 고객의 경험에 더 깊은 관심을 기울이는 것이었다. 하크의 통찰은 랄프 캐플란(2005)이 말했듯이 학교가 학습을 위해 올바른 환경을 제공할 책임을 진다는 관찰과 유사하다.

우리는 이러한 학습 환경이 학생의 기대, 더 나아가 학교의 책무에 따라 설계되어야 한다는 것에 동의하고 이를 제안한다. 이런 책무를 받아들인 학교는 학생을 위해 생산적 학습의 원천이 되어 성공을 거둘 것이다. 이런 책무를 완수하는 일은 학생과 사회를 위한 학교의 책임성을 새롭게 규정하는 일이 될 것이다. 학교에 재미를 붙이는 학생들이 눈에 띄게 늘 것이고, 중퇴율 역시 현저하게 낮아질 것이다. 학생들은 우리가 묘사했던 유형의 성공을 경험하게 될 것이다.

학교의 책무로 학생의 기대를 다시 진술하기

- 학교는 학생의 관심, 재능, 포부를 파악할 것이다.
- 학교는 개별 학생의 관심, 재능, 포부, 요구를 중심으로 공부 프로그램을 짜고 그것으로 마무리할 것이다.
- 학교는 학교 안팎에서 학생들이 의미와 가치를 실현하는 학습과 작업에

몰입하도록 만들 것이다.

- 학교는 실제 세계라는 환경과 맥락 안에서 학생들의 학습을 적용할 기회를 제공할 것이다.
- 학교는 학생들에게 학습을 어떻게 설계하며 수업 성과를 어떻게 평가할지에 대한 선택권을 제공할 것이다.
- 학교는 학생들이 과업을 실행할 때 장인정신에 기반한 탁월성과 예술성에 이르는 수준을 성취하도록 도전 의식을 심어 줄 것이다.
- 학교는 학생의 관심사 안에서 실험하고 발견할 기회를 제공할 것이다.
- 학교는 학생이 깊고 지속적으로 학습하도록 기회를 제공할 것이다.
- 학교는 맞춤식 학습 계획을 마련할 것이다.
- 학교는 학생이 학습활동의 순서를 결정할 기회를 부여할 것이다.

연구와 개발을 수행하기

앞서 우리는 기존의 교육 실천에서 벗어나 진정으로 대안적 실천 방식을 고민하는 연구가 부족하다는 사실을 개탄했다. 넘나들며 배우기와 관련하여 다음에 제시한 질문에 해답을 내놓는 연구는 실천가와 정책 입안자에게 귀중한 답변을 제공할 것이다.

- 실제 상황에서 넘나들며 배우기는 어떤 모습을 띠는가?
- 전통적 학자들은 넘나들며 배우기를 어떻게 언급하는가?
- 질적으로 높은 수준의 넘나들며 배우기 프로그램을 실행할 때 이를 촉진

하는 요인과 방해 요인은 무엇인가?

- 학생과 교사는 그러한 프로그램에 관해 어떻게 말하는가?
- 학교 밖 학습 경험이 학생의 학습에 끼치는 영향은 무엇인가?
- 넘나들며 배우기로 특별히 발달되는 능력은 무엇인가? 예를 들어 학교 밖에서 많이 학습한 학생은 사회적 자본을 획득하고 사용하는 능력이 더 뛰어나게 발달하는가?
- 고용주는 넘나들며 배우기를 경험한 신입사원을 일터에서 학습하기에 더 잘 준비된 사람으로 평가하는가?
- 넘나들며 배우기 프로그램에 참여한 학생은 중등학교 이후의 학습을 더 잘 수행하는가?

새로운 도전을 받아들이기

청소년에게 매력적인 대안 학습 조직은 자신에게 부여된 책무를 창조적으로, 때로는 다른 요소들과 부딪히면서 이행할 것이다. 대안적 교수 방식의 상당수는 테크놀로지를 활용해 수행될 것이다. 일부는 학교 안으로 스며들며, 다른 것들은 전통적 학교 체제 밖에서 꽃 피울 것이다. 여러 가지 도전들이 급증할 것이다.

예를 들어 페이팔의 공동 창업자이자 전 회장이었던 기업인 피터 티엘이 '티엘 펠로우십'을 만들어 21세 이하 청소년에게 제공하는 기회를 잡아 보라. 그는 이렇게 제안한다. "잘 팔릴 만한 제품이나 서비스, 성공할 수밖에 없는 사업 모델을 창조해 오라. 그러면 여러분이 사업을 시작할 수 있도록 초기 비용을 대겠다." 이러한 제안이 불러일으키는 학습의 종류는 무엇일까? 이 제안에 참여하려는 지원자의 이력서와 포트폴리오는 어떠해야 할까? 이 같은 학습 기회가 고등학교와 대학 교과과정 주변에 널렸는데 그것은 어떻게, 그리고 언제 진정한 클레이튼 크리스텐슨(『The Innovator's Dilemma』, 1997) 모형 속의 주류로 편입될 것인가?[1]

이 책 전체에서 자주, 의도적으로 최고의 교사가 어떻게 학생의 기대를 충족시키는지 언급했다. 무엇보다 우리는 뛰어난 교사와 교장을 많이 안다. 그들 가운데 상당수가 빅픽처러닝 학교에서 근무하며, 학생의 기대에 부응하고자 매일같이 애쓴다. 최근 여론조사에 따르면 미국 교사의 사기가 역사상 가장 낮게 기록되었다고 한다. 그것은 교사가 학교에 걸고 있는 기대를 충족시키지 못한 학교의 실패가 아니었을까?

사회학자이자 심리학자인 셰리 터클(2005)이 관찰한 대로 우리는 '문지방에' 즉, 오래된 것과 새로운 것 사이에 서 있다. 담요를 세탁기에 넣었을 때의 라이너스[2]처럼, 또는 단단한 껍질이 사라진 가재처럼 우리는 다소 불안하다. 그래서 현명하게 위기를 감내하는 시기에 질서가 깃들 때 망설이거나 의기소침해지기 마련이다. 물론 젊은이를 위해 우리는 그런 위기를 감당할 준비를 갖췄다. 영화감독이자 시나리오 작가이며 여배우이기도 한 일레인 메이는 이렇게 관찰한다. "유일하게 안전한 일은 기회

---

1) 하버드대 경영대학원의 크리스텐슨 교수는 『혁신기업의 딜레마』에서 혁신을 통해 시장을 지배하던 기업이 점진적 개선에만 안주하다가 새롭게 떠오르는 시장에서 도태되는 현상에 주목한다. 여기서는 학교 밖에 산재한 학습 기회가 새로운 혁신이며, 곧 교육 체제에서의 주류로 떠오르리란 예견을 간접적으로 하는 셈이다.

2) Linus. 라이너스 반 펠트는 유명 만화가 찰스 슐츠의 연재만화 〈피너츠〉에 등장하는 남자 캐릭터이다. 이 아이는 안정감을 주는 담요를 늘 가지고 다닌다.

를 잡는 일이에요." 또 프랑스인이라면 이렇게 말할 것 같다. "봉 샹스(*Bon chance*)"[3](Lahr 2005).

학교는 점진적 개선을 뛰어넘어 기회를 잡아야 한다. 최근 포드 자동차 광고 문구가 전하듯이 학교는 '과감하게 움직일' 필요가 있다. 하지만 현재 정치적, 교육적, 경제적 상황은 그런 움직임을 조성하기 어려운 형편이다. 그 대신 혁신을 향해 늘 소심하게 접근하는 모습을 지켜보았다. 학교 체제는 생산적 학습을 제공하기보다는 교장과 교사만의 창조성, 시험 점수를 올리는 데 필요한 재주, 규칙에 부합하는지 여부에만 초점을 둔다. 학교는 학생뿐만 아니라 교육 전문직 종사자의 재능마저도 허비한다.

『뉴요커』의 작가이며 언론인이기도 한 자넷 말콤은 "잘 정비된 어떤 사고 체제에서든 생산적 과업이란 그 체제의 경계 지점에서 발생한다. 경계 지점에서는 체제의 설명력이 가장 뒤떨어지며, 외부의 공격으로부터 쉽게 손상을 입어 생채기가 남는다"(1997)고 했다. 우리 사회에서 창조성과 발명이 쇠퇴했다는 한탄이 들려오는 시점에 이르면, 학교는 학교라는 상자 밖을 사고하면서 스스로를 위해 의미 깊은 대안을 내놓아야 할 책무가 더 무거워질 것이다. 이때 대안적 방법으로 모든 학생이 수학 시험을 통과하는 게 필요한지, 아니면 고교 졸업 후 4년제 대학에 다녀야 하는지를 물을 수도 있다. 또 다른 대안으로 학교의 하루 일과를 교과목보다는 프로젝트, 워크숍, 강의, 수선하기, 전시 등과 같이 학생의 작업 유형에 중점을 두는 방식으로 완전히 다른 구조를 채택할 수도 있다. 교사와 교장은 그런 재설계 업무를 주도해야 한다.

---

3) 행운을 빈다는 뜻이다. 운, 또는 행운을 뜻하는 chance에는 가능성, 또는 기회라는 뜻도 담겨 있다.

새로운 관계를 구축하기

하나의 사회로서, 학생과 학교 사이에 맺어진 관계를 회복하지 않고서는 우리 모두가 가족, 지역사회, 직장에서 맺은 관계의 개선을 기대하기란 불가능하다. 학교는 이 행성에서 가장 귀중한 원천인 청소년과 관련해서 에너지 낭비가 하나도 없는 '제로 에너지' 상태가 되어야 한다. 허비되는 재능이 하나도 없도록 말이다! 그들의 재능만큼은 친환경으로 가자. 적극적으로 재능을 찾고 계발시키자. 학교가 학생을 위해 최적화되지 않았는데 학생에게 잠재력을 최대한 실현해 내라고 말하기는 어렵다.

책무와 생산적 학습에 기초해 학생과 학교 사이에 새로운 관계를 맺어 보라는 요청과 마찬가지로 우리는 학교와 광범위한 지역사회 간에 새로운 관계 설정을 요청한다. 지역사회 그 자체가 기회와 자원이 충만한 학습환경이다. 마을은 학생들이 성공적인 예술가, 장인, 지도자, 상인, 과학자, 그밖에 그들이 되고 싶은 시민으로 자라는 데 필요한 도전과 지원을 발견할 기회를 제공한다. 학교는 학생이 담장 안팎에서 경험한 학습에 어떻게 학점을 부여할지, 관련 정책과 체제를 마련해야만 한다.

혁신을 위한 새로운 길 찾기

학교는 학생의 학습에 혜택을 주기 위해 지속적이고 전위적으로 끊임없이 혁신하는 데 헌신하면서 기술적 경험을 쌓아 온 교수진을 지원하고 창조해야 한다. 혁신을 위한 문화와 조직 구조는 현상태의 대안을 끊임없이 탐색하기 위해 관용을 요구한다. 그런 문화를 가진 학교를 두고 우리는 벨크로Velcro[4] 조직이라고 부른다. 왜냐면 교수와 학습에서 혁신을 쉽게 끌어들이고 평가하기 때문이다.

차터스쿨이 태동될 때는 벨크로 조직을 상상하게 만들었지만, 상당수는 모범학교를 의미하거나 기껏해야 조금 더 나은 미래 전망을 보여주는 실패한 공립학교일 뿐이었다. 무엇을 가르쳐야 하고, 어떻게 평가해야 하는지에 대해 의미심장하면서도 광범위한 변용이 결여되었다는 사실은 그것이 곧 문제가 되리라는 표식이다. 벨크로는 이삿짐용 박스테이프가 되어 버린다. 아마도 우리는 책무와 관련지어 생각해 보면서 차터스쿨이 원래 의도했던 지점과 설계 부분으로 되돌아가야 할 것이다.

우리의 경험에 따르면 기존 체제를 넘어서는 의미 깊은 대안은 학생의 성공에 대한 협소한 정의, 어떻게 학습 결과를 성취할지에 대한 규정과 의례로부터 벗어나는 일에서 시작한다. 재능이 출중한 교사와 교장이 기존의 환경 속에서 혁신하려고 애쓰는 모습을 우리는 안타까운 마음으로 지켜봐 왔다. 마을에서 가게를 운영하던 한 주인은 우리에게 이렇게 불평했다. "만약 내가 고분고분했더라면 이 장사 못했을 거예요." 시대에 뒤떨어진 정책과 규제를 고분고분 따르다 보면 학교는 혁신이라는 사업에서 도태된다.

특히 저소득층 출신을 포함해 모든 학생의 학습을 개선하는 일은 학교 안에서 실행되는 것만큼 밖에서도 이뤄져야 한다. 학교 지도자는 개혁의 전망을 확대해야 하는데, 모든 아이를 위해 학습을 활기차게 만들고, 지

---

4) 운동화나 가방의 뚜껑 또는 앞깃을 여미는 '찍찍이' 접착 부속을 벨크로라고 한다.

역사회의 경제적·문화적 발전에도 공헌해야 한다.

실패를 겪는 현행 공교육 체제와는 확연히 다른 대안적 방식을 활용할 수 있음에도 교육자들이 (그리고 교육자가 아닌 이들 역시) 그것을 수용하지 않으려 한다는 사실에 우리는 그다지 놀라지 않는다. 우리는 이런 저항을, 의료 전문가들이 '토마토 효과'[5](Segen 의학 사전, 2012)라고 부르는 개념을 빌려 설명한다. 이런 별칭은 북아메리카로 들어온 토마토의 역사에서 비롯됐다. 비록 토마토는 1500년대 중반부터 유럽인이 즐겨 먹던 농산물이었지만, 식민지 미국으로 처음 도입되었을 때부터 1800년대에 이르기까지는 독이 든 식재료로 간주되었다. 유럽에서 오랫동안 아무 문제없이 토마토를 먹어 왔다는 사실만으로는 북아메리카에 살던 유럽인의 마음을 돌려놓기에 충분하지 않았다(Goodwin and Goodwin 1984). 미국 의학사에는 의료진도 어쩔 도리 없이, 환자들이 치료를 거부했던 사례로 충만하다. 왜냐하면 당대 사람들에게 만연했던 믿음 체계와 치료 방식이 서로 상응하지 않았기 때문이다. 우리는 믿지 않는 것을 보려 하지 않는다. 뒤집어 말하자면 우리는 믿는 것들만 본다.

이보다 더욱 치명적인 현상을 일컬어 프랭크 윌슨 박사(2011)는 '썩은 토마토 효과'라고 불렀다. 어떤 약품이 원래 의도했던 효과 이외에 분명히 부작용이 나타남에도 사람들은 계속해서 그 약을 복용한다는 것이다. 적어도 의학계에서는 부작용이 측정되기라도 하지만 교육에서 부작용은 별로 언급되지도 않고, 조사하는 경우도 거의 없다.

---

5) '토마토 효과'는 비논리적 이유로 효과적 치료를 거부하는 행위를 이른다. 예전에 아스피린을 두고 그랬던 것처럼 약은 아무런 치료적 가치가 없다거나 오히려 독소라고 하는 전통적인 논리를 무비판적으로 따를 때 이런 일이 발생한다. _ 저자 주

현행 공교육 체제는 우리 사회나 청소년에게 제대로 작동하지 않는 패러다임을 고수한다. 또 현상 유지만 하면서 재능 있는 현 세대와 미래 세대를 잃어버리는 위기 상황을 그대로 방치한다. 우리는 학교의 책무를 기꺼이 떠맡으면서, 엄청나게 폭발적인 잠재력을 보유한 채 다양한 분야의 최전선에 선 학생들에게 교육 기회를 제공하는 것이 가능하다. 이 일은 해볼 만한 가치가 있다.

매년 수백 명의 교육자, 정책 수립자, 재단 관계자 등이 크게 성공한 빅픽처러닝 학교들을 방문했으며, 학생들이 이뤄 놓은 작업을 보며 경탄했다. 그들은 학습을 지원하는 학교 설계, 즉 조직 구조와 문화가 지닌 미덕을 칭송한다. 하지만 대부분의 방문자는 자신의 학교를 그렇게 완전히 다른 조직 구조나 문화가 확립된 현장으로 변모시키려 하지 않거나 그럴 수 없다는 마음을 품은 채 학교 문을 나서는 것 같다. 대신 그들은 이미 가진 것을 조금 더 나은 버전으로 개발시키려고 타협하며, 이를 통해 괄목할 만한 다른 결과를 불러일으키지 못하면 낙담한다. 정책 수립가나 재단 관계자 대부분은 빅픽처러닝 학교의 학습 구조 설계, 또는 넘나들며 배우기 프로그램이 지닌 '규모^{scaling}'라는 도전을 목격하면서 비탄에 잠긴 채 학교 문을 나선다.[6] 그들은 변화가 요구하는 장인과 같은 기술이 과연 어떤 것인지, 얼마나 많은 가정과 신념 체계가 의도적으로 도전받으며 변모해 가는지를 제대로 바라보는 데 실패한다.

우리는 찰스 리드비터(Ted.com 2010)가 만든, 규모와 확산 사이의 구분을

---

6) 정책 수립가나 재단 관계자는 빅픽처러닝 학교에서 이뤄지는 혁신 교육이 아주 적은 학생들을 대상으로 이뤄지는 장면을 목격했다. 그래서 기존의 대규모 학교를 빅픽처러닝 학교 방식으로 어떻게 바꿔 나가야 할지 난감해했을 것이다.

좋아한다. 규모란 맥도널드처럼 공식에 따라 이뤄진 복제 프랜차이즈 매장을 가리키고, 확산은 중국 식당을 연상해 보면 된다.[7] 빅픽처러닝의 목표는 원본 학교를 모방해서 다른 학교를 설립하라는 것이 아니다. 그보다는 빅픽처러닝의 핵심에 기반한 설계 원리를 확산하고, 개별 학교가 수준 높은 맞춤식 교수 설계를 창조할 수 있도록 지원하자는 것이다. 이에 필요한 학교의 책무 활용은, 변화에 이르는 경로이자 이런 관점을 확산시키는 일과도 잘 맞아떨어진다. 빅픽처러닝의 의도는 학교의 책무가 장인의 손길이 닿은 듯 유기적 방식으로 입소문을 타고 퍼져 나가는 것이다.

마크 트웨인은 사람들을 즐겁게도 해줬지만 그런 만큼 불손했고 타인을 당황스럽게 만들기도 했다. 그의 유머는 그가 변화시키고자 한 사회에 날리는 강편치를 부드럽게 순화시켜 주었다. 우리는 일부 사람들을 약간 불손하게 대하고 당황스럽게 만드는 자들이라고 스스로를 바라본다. 대부분의 사람들이 여기에 당할 테고 어떨 땐 우리 자신도 당하는 사람들 그룹에 포함되기도 한다. 하지만 트웨인이 그랬듯이 우리는 영원한 낙관주의자들이다. 그래서 우리는 학생의 삶을 바꿔 놓는 학교의 잠재력에 관해서는 엄청난 낙관주의를 고수한다.

1986년으로 돌아가 보자. 스티브 잡스는 자기 자본 55억 원을 들여 루카스필름의 컴퓨터 사업부로부터 픽사 주식의 70%를 매입했다. 당시 픽

---

7) 찰스 리드비터가 강연한 TED 영상에는 강의 말미에 맥도널드 모델과 중국 식당 모델을 비교하는 대목이 나온다. 중국 식당은 프랜차이즈가 아니라 각 개인이 점포를 내지만 메뉴, 간판의 모양, 영업 스타일이 비슷하다. 즉 방법이나 환경이 제각기 달라도 운영 원리는 지켜 가는 것이다. 저자들은 빅픽처러닝 학교도 맥도널드처럼 거대한 규모로 똑같이 증식하는 것이 아니라 중국 식당 방식으로, 즉 개별 학교의 특성을 잃지 않으면서도 자신들이 내세운 교육혁신의 원리는 지켜지는 형태로 확산돼 나가기를 희망한다.

사는 만들어 낸 상품을 내다 팔 시장조차 없는 비틀거리는 공룡처럼 보였다. 잡스는 회사를 유지하는 과정에서 또 55억 원을 투자했다. 이후 9년 동안 픽사는 단 한 분기도 흑자를 낸 적이 없었으나 잡스는 440억 원을 더 투자했고, 온 힘을 쏟아 회사가 앞으로 나가도록 독려했다. 잡스는 픽사를 결코 포기하지 않았고, 마침내 그의 미래 전망은 1995년에 『토이 스토리』(우리의 친구로 등장했던 미스터 포테이토 헤드가 나오는!)로 보답을 받았다. 이후에 수많은 블록버스터들이 뒤따랐다. 2006년에 잡스는 픽사를 디즈니에 약 8조 1400억 원에 매각했다(Isaacson 2011).

잡스는 테크놀로지 시장에서 최고의 디자인과 최상의 품질을 위한 지칠 줄 모르는 추진력으로 유명했다(또는 악명 높았다). 그 추진력은 부분적으로는 그의 엄청난 조바심에서 나왔다. 그것은 주로 크게 성공한 사람들 상당수가 지닌 특성이기도 한데, 이 때문에 성취도가 낮고 일의 질이 나빠지기도 한다. 하지만 픽사의 성공담은 잡스가 가진 개성의 또 다른 일면을 드러낸다. 그는 인내와 미래 전망을 가지고 9년을 기다렸다. 잡스는 애니메이션의 잠재력을 이해했고, 그 미래에 지속적으로 관심을 유지했으며, 자기 판단이 옳았음을 세상이 인식할 때까지 기다렸다.

우리는 학생들이 유산으로 물려받을 세상을 향해 깨어 있으려 노력한다. 그 세상이 성공한 학생들에게 무엇을 가져다줄 수 있을지 창조적으로 사고하려고 노력한다. 우리는 빅픽처러닝 학교들을 계속 정비하고 확장시켜 나갈 것이며, 학습 설계의 핵심과 구성 요소들을 채택하려는 사람들과 함께 작업해 나갈 것이다. 학교를 재설계하려고 헌신하는 관계망이 점점 늘어나고 있어 무척 고무적이다. 빅픽처러닝은 이 관계망 안에서 학교설계 원리, 책무, 넘나들며 배우기 디자인을 확산시키기 위해 적극적인 역할을 수행할 것이다. 관계망 안에서, 그리고 '혁신 지대'에서 노력하는 학교들을 통해서 얻은 경험으로 보건대, 우리가 기술했던 변화를 학교가 만들어 내는 것이 가능하다고 확신한다.

우리가 맞이할 세상에서는 (아마 그런 세상은 이미 여기에 도래했다고 말해야 하리라) 학생들이 학습 기회를 위해 점점 더 많이 기존의 학교를 넘어선 지점을 바라볼 것이다. 학교는 책무에 기반을 둔 새로운 종류의 경험을 제공함으로써 살아남을 수 있고, 진실로 번성하게 되리라 확신한다. 학교는 그러한 경험의 주요 부분으로 학교 밖 학습 세계를 끌어안을 뿐만 아니라, 학생들이 그 세계와 성공적으로 관계 맺도록 돕는 넘나들며 배우기 프로그램을 제공해야 한다. 그것은 책무이다!

참고 문헌

머리말

Adler, Bill. 1986. *The Cosby Wit: His Life and Humor*. New York: Carroll & Graf.

Als, Hilton. 1999. "A Pryor Love." *The New Yorker* (September 13). Available at www.newyorker.com/archive/1999/09/13/ 1999_09_13_068_TNY_LIBRY_000019041 ?currentPage=all.

Ayres, Alex. 1987. *The Wit and Wisdom of Mark Twain*. New York: Penguin.

Carlin, George, and Tony Hendra. 2009. *Last Words*. New York: Free Press.

Coster, Helen. 2010. "Millionaire High School Dropouts." *Forbes* magazine (January 30). Available at www.forbes.com/2010/01/30/millionaires-without-highschool-diplomas-entrepreneurs-finance-millionaire.html.

Drell, Lauren. 2011. "We Don't Need No Education: Meet the Millionaire Dropouts." *Huffington Post*, February 9. Available at www.huffingtonpost.com/2011/02/09/ we-dont-need-no-education-millionaire-dropouts_n_916319.html.

Gates Notes, The. 2010. *The Curious Classroom: Questions from Students Around the World*. The Gates Notes, LLC, January 21. Available at www.thegatesnotes.com/ Curious-Classroom/SpecialFeature.aspx. Accessed February 1, 2010.

Gelly, Dave. 2002. *Stan Getz: Nobody Else but Me*. San Francisco: Backbeat Books.

Hamel, Gary. 1996. "Strategy as Revolution." *Harvard Business Review* 74 (4): 69–82.

John F. Kennedy Center for the Performing Arts, The. 2012. *The Kennedy Center Mark Twain Prize for Humor: Past Winners* 2012. Available at www. kennedycenter. org/programs/specialevents/marktwain/#history.

Marc Ecko Enterprises. 2008. *Marc Ecko Enterprises: About Marc*. Available at www.marcecko.com/#/About-Marc/?query=7ce5bad0b9da56f160c011aea18409b7.

Maxwell, John C. 2010. "The Dropout with a Doctorate." *Business Inquirer*, October 16. Available at http://business.inquirer.net/money/columns/view/20101016-298085/The-dropout-with-a-doctorate.

New York Times. 1907. "Great Pageant at Oxford: Mark Twain Delighted— Three Thousand Performers Engaged." *New York Times*, June 28. Available at http://query.nytimes.com/gst/abstract.html ?res=F40611F8385A15738DDDA10A94DE405B878CF1D3. Accessed May 31, 2012.

Paine, Albert Bigelow. 1916. *The Boys' Life of Mark Twain: The Story of a Man Who Made the World Laugh and Love Him*. New York: Harper & Brothers.

Public Broadcasting Service (PBS). 2009. *The Eleventh Annual Kennedy Center Mark Twain Prize Celebrating George Carlin* (2008). Available at www.pbs.org/weta/ twain2008/.

Public Broadcasting Service (PBS) Video. 2009. *The Twelfth Annual Kennedy Center Mark Twain Prize Honors Bill Cosby* (2009). Available at http://video.pbs.org/ video/1317746583#.

Ramachandran, Vilayanur S. 2004. "Phantoms in the Brain" [Lecture 1]. *Reith Lectures 2003: The Emerging Mind.* BBC. Available at www.bbc.co.uk/radio4/reith2003/ lecture1.shtml. Accessed November 10, 2011.

Smith, Ronald L. 1997. *Cosby: The Life of a Comedy Legend.* New York: Prometheus Books.

*Time*magazine. 1977. "Lily...Ernestine...Tess...Lupe...Edith Ann...." Available at www.time.com/time/magazine/article/0,9171,914863,00.html.

들어가는 이야기

Balfanz, Robert, John M. Bridgeland, Mary Bruce, and Joanna Hornig Fox. 2012. *Building a Grad Nation: Progress and Challenge in Ending the High School Dropout Epidemic* [annual update]. Washington, DC: Alliance for Excellent Education, America's Promise Alliance, Civic Enterprises, and Everyone Graduates Center at Johns Hopkins University.

Biggs, Barton. 2006. *Hedgehogging.* Hoboken, NJ: John Wiley & Sons.

Gewertz, Catherine. 2011. "Higher Education Is Goal of GED Overhaul." *Education Week*, November 14: 1, 16–17.

Obama, Barack. 2009. *Remarks of President Barack Obama—as Prepared for Delivery, Address to Joint Session of Congress, Tuesday, February 24.* Available at www.whitehouse.gov/the_press_office/Remarks-of-President-Barack-Obama-Address-to-Joint-Session-of-Congress/.

Powell, Alma. 2008. "The Dropout Epidemic in the U.S. and Cross-Sector Solutions." Keynote address presented to America's Promise Alliance, April 30, Washington, DC: America's Promise Alliance.

Princiotta, Daniel, and Ryan Reyna. 2009. *Achieving Graduation for All: A Governor's Guide to Dropout Prevention and Recovery.* Washington, DC: National Governors Association Center for Best Practices. Available at www.nga.org/files/live/sites/ NGA/files/pdf/0910ACHIEVINGGRADUATION.pdf.

Robinson, Ken. 2001. *Out of Our Minds: Learning to Be Creative.* West Sussex, UK: Capstone.

Sarason, Seymour. 2004. *And What Do YOU Mean by Learning?* Portsmouth, NH: Heinemann.

White House, The, and President Barack Obama. 2012. *2012 State of the Union Address*, January 25. Available at www.whitehouse.gov/photos-and-video/video/2012/01/25/2012-state-union-address-enhanced-version#transcript. Accessed April 5, 2012.

1장

Auden, W. H. [1938] n.d. "Musée des Beaux Arts." Retrieved from http://english.emory.edu/classes/paintings&poems/auden.html.

Bailey, Thomas, and Vanessa Smith Morest. 1998. "Preparing Youth for Employment." In *The Forgotten Half: American Youth and Young Families, 1998–2008*, edited by Samuel Halperin. Washington, DC: American Youth and Policy Forum.

Balfanz, Robert, John M. Bridgeland, Mary Bruce, and Joanna Hornig Fox. 2012. *Building a Grad Nation: Progress and Challenge in Ending the High School Dropout Epidemic* (annual update). Washington, DC: Alliance for Excellent Education, America's Promise Alliance, Civic Enterprises, and Everyone Graduates Center at Johns Hopkins University.

Balfanz, Robert, John M. Bridgeland, Joanna Hornig Fox, and Laura A. Moore. 2011. *Building a Grad Nation: Progress and Challenge in Ending the High School Dropout Epidemic* (2010–2011 annual update). Washington, DC: America's Promise Alliance.

Batty, David. 2010. "Jessica Watson, the Girl Who Sailed Round the World, Comes Home to Cheers." *The Guardian*, May 15. Available at www.guardian.co.uk/world/2010/may/15/jessica-watson-sailed-world-home.

Big Picture Learning. 2004. In-house letter.

Bloom, Benjamin S. 1985. "The Nature of the Study and Why It Was Done." In *Developing Talent in Young People*, edited by Benjamin S. Bloom. New York: Ballantine.

Bridgeland, John M., John J. Dilulio, and Karen Burke Morison. 2006. *The Silent Epidemic: Perspectives of High School Dropouts*. Washington, DC: Civic Enterprises and Peter D. Hart Research Associates for the Bill & Melinda Gates Foundtion.

British Broadcasting Company (BBC) News US & Canada. 2011. "U.S. Teenager Jordan Romero Sets Seven-Peak Record," December 25. Available at www.bbc.co.uk/news/world-us-canada-16328714.

Brown, Brené. 2010. *The Gifts of Imperfection: Let Go of Who You Think You're Supposed to Be and Embrace Who You Are*. Center City, MN: Hazelden.

Cameron, James. 2012. Personal communication.

Cole, Tom. 2010. "Django Reinhardt: 100 Years of Hot Jazz." *National Public Radio*, January 23. Available at www.npr.org/templates/story/story.php ?storyId= 122865782.

Csikszentmihalyi, Mihaly, and Barbara Schneider. 2000. *Becoming Adult: How Teenagers Prepare for the World of Work*. New York: Basic Books.

Darnton, Kate, Kayce Freed Jennings, and Lynn Sherr, eds. 2007. *Peter Jennings: A Reporter's Life*. Philadelphia: Perseus Books.

DuTemple, Lesley A. 2000. *Jacques Cousteau*.Minneapolis: Lerner.

Epstein, Robert. 2007. "The Myth of the Teen Brain." *Scientific American Mind* April/ May: 56–63.

Gelfand, Tatiana V., and Tatiana I. Gelfand. 2009. Israel Moiseevich Gelfand website. Under*Work in Education*. Available at www.israelmgelfand.com/edu_work.html. Accessed April 9, 2012.

Goleman, Daniel. 1986. "Rethinking the Value of Intelligence Tests." *New York Times*, November 9. Available at www.nytimes.com/1986/11/09/education/rethinking the-value-of-intelligence-tests.html?pagewanted=all.

Hollander, Jason. 2007. "A Cinematic Master Reveals the Spirit That Drives Him to Follow Roads Not Taken." *NYU Alumni Magazine* Fall (9). Available at www.nyu.edu/alumni.magazine/issue09/feature_ang.html.

Hughes, Langston. [1940] 1993. *The Big Sea: An Autobiography*. New York: Macmillan: Hill & Wang.

Mencken, H. L. 1928. "Travail." *Baltimore Evening Sun*, Oct. 8. Reprinted in *A Mencken Chrestomathy* (1982; New York: Vintage Books).

Nietzsche, Friedrich. 2007. *Ecce Homo: How One Becomes What One Is*. Translated by Duncan Large. Oxford, UK: Oxford University Press.

Noguera, Pedro A. 2004. "Transforming High Schools." *Educational Leadership* 61 (8): 26–31. Available at www.ascd.org/publications/educational-leadership/may04/ vol61/num08/-Transforming-High-Schools.aspx.

Paul, Les. 2007. *Les Paul—Chasing Sound!* [DVD]. In *American Masters*. Available at www.youtube.com/watch?v=5yz9lmLlSsc.

Pink, Daniel H. 2009. *Drive: The Surprising Truth About What Motivates Us*. New York: Riverhead Books.

Robison, John Elder. 2011a. *Be Different: Adventures of a Free-Range Aspergian with Practical Advice for Aspergians, Misfits, Families, and Teachers*. New York:

Random House.

———. 2011b. *About John*. Blog. Available at http://johnrobison.com/about-john.php.
    Accessed January 3, 2012.

Sacks, Oliver. 1999. "Brilliant Light." *The New Yorker*, December 20, 56–73.

Shimura, Tomoya. 2010. "Romero Welcomed Home After Climbing Mount Everest."
    Victorville (Calif.) *Daily Press*, June 10. Available at www.vvdailypress.com/
    articles/lake-19794-bear-mount.html.

Sosniak, Lauren A. 1989. "From Tyro to Virtuoso: A Long-Term Commitment to
    Learning." In *Music and Child Development: Proceedings of the 1987 Biology of
    Music Making Conference*, edited by Frank R. Wilson and Franz L. Roehmann,
    274–90. St. Louis: MMB Music.

Willms, J. Douglas, Sharon Friesen, and Penny Milton. 2009. *What Did You Do in
    School Today? Transforming Classrooms Through Social, Academic and
    Intellectual Engagement*. Toronto, ON: Canadian Education Association.

Wilson, Frank R. 1998. *The Hand: How Its Use Shapes the Brain, Language, and Human
    Culture*. New York: Pantheon.

2장

Anderson, Jenny. 2011. "From Finland, an Intriguing School-Reform Model." *New York
    Times*, December 12. Available at http://www.nytimes.com/2011/12/13/
    education/from-finland-an-intriguing-school-reform-model.html
    ?pagewanted=all.

Arnold, Karen. 1995. *Lives of Promise: What Becomes of High School Valedictorians*.
    San Francisco: Jossey-Bass.

Bronowski, Jacob. 1976. *The Ascent of Man*. Boston: Little, Brown.

Conant, James Bryant. 1940. "Education for a Classless Society: The Jeffersonian
    Tradition." *The Atlantic Monthly* (May). Available at www.theatlantic.com/past/
    docs/issues/95sep/ets/edcla.htm.

Coyle, Daniel. 2009. *The Talent Code: Greatness Isn't Born. It's Grown. Here's How*.
    NewYork: Bantam.

Csikszentmihalyi, Mihaly. 1996. *Creativity: Flow and the Psychology of Discovery and
    Invention*. New York: HarperCollins.

Encyclopaedia Britannica. 2012. *Uno Cygnaeus*. Available at www.britannica.com/
    EBchecked/topic/148261/Uno-Cygnaeus. Accessed March 13, 2012.

Gladwell, Malcolm. 2008. *Outliers: The Story of Success*. New York: Little, Brown.

Hancock, LynNell. 2011. "Why Are Finland's Schools Successful?" *Smithsonian* magazine (September). Available at www.smithsonianmag.com/people-places/ Why-Are-Finlands-Schools-Successful.html.

Handy, Charles. 1990. *The Age of Unreason*. Boston: Harvard Business School.

Kaplan, Ann. 1998. *Maslow on Management*. New York: John Wiley & Sons.

Kirn, Walter. 2005. "Lost in the Meritocracy: How I Traded an Education for a Ticket to the Ruling Class." Available at *The Atlantic Magazine* (January/February). Available at www.theatlantic.com/magazine/archive/2005/01/lost-in-the meritocracy/3672/.

Lehrer, Jonah. 2011. "The Virtues of Play." *Wired* (March 16). Available at www.wired.com/wiredscience/2011/03/the-virtues-of-play/.

Murphy, James Bernard. 2011. "In Defense of Being a Kid." *The Wall Street Journal*, February 9. Available at http://online.wsj.com/article/ SB10001424052748704709304576124612242184274.html.

Robinson, Ken. 2001. *Out of Our Minds: Learning to Be Creative*. West Sussex, UK: Capstone.

Robison, John Elder. 2011. *Be Different: Adventures of a Free-Range Aspergian with Practical Advice for Aspergians, Misfits, Families, and Teachers*. New York: Random House.

Sandburg, Carl. 2007. *Abraham Lincoln: The Prairie Years and the War Years*. New York: Sterling.

Sarason, Seymour. 2004. *And What Do YOU Mean by Learning?* Portsmouth, NH: Heinemann.

Sennett, Richard. 2008. *The Craftsman*. New Haven: Yale University Press.

Thackera, John. 2005. *In the Bubble: Designing in a Complex World*. Cambridge, MA: The MIT Press.

Thompson, Mark. 2011. Speech at Big Bang Australia.

White House, The. 2009. *Fact Sheet: No Child Left Behind Has Raised Expectations and Improved Results*. The White House, President George W. Bush. Available at http://georgewbush-whitehouse.archives.gov/infocus/education/. Accessed July 28, 2012.

3장

Auden, W. H. [1938] n.d. "Musée des Beaux Arts." Retrieved from http://english.emory.edu/classes/paintings&poems/auden.html.

British Broadcasting Company (BBC). 2011. "Mark Zuckerberg: Inside Facebook."
    Interview by Emily Maitlis. London: BBC.

Caplan, Ralph. 2008. Conversation about leaving-to-learn programs, February 8.

Childress, Herb. 2000. *Landscapes of Betrayal, Landscapes of Joy: Curtisville in the
    Lives of Its Teenagers, SUNY Series in Environmental and Architectural
    Phenomenology.* New York: State University of New York Press.

Csikszentmihalyi, Mihaly. 1997. *Finding Flow: The Psychology of Engagement with
    Everyday Life.* New York: HarperCollins.

Harrington, Maureen. 2010. "Muse School Is Actress'Brainchild." *Los Angeles Times*,
    March 6. Available at http://articles.latimes.com/2010/mar/06/entertainment/
    la-et-muse6-2010mar06.

Martin, Roger L. 2009a. Electronic mail message, November 14.

———. 2009b. *The Design of Business: Why Design Thinking Is the Next Competitive
    Advantage.* Boston: Harvard Business School.

Nietzsche, Friedrich. [1882] 2009. *The Gay Science (The Joyful Wisdom).* Translated by
    Thomas Common. New York: Random House.

Putnam, Robert D. 1995. "Bowling Alone: America's Declining Social Capital." *Journal
    of Democracy* 1. Available at http://muse.jhu.edu/login ?auth =0 &type =summary
    &url=/journals/journal_of_democracy/v006/6.1putnam.html.

Robison, John Elder. 2011. *Be Different: Adventures of a Free-Range Aspergian with
    Practical Advice for Aspergians, Misfits, Families, and Teachers.* New York:
    Random House.

Rothstein, Richard. 2001. "LESSONS; Weighing Students'Skills and Underlying
    Attitudes." *New York Times*, May 16. Available at www.nytimes.com/2001/05/
    16/nyregion/lessons-weighing-students-skills-and-underlying-attitudes.html.

4장

Florida, Richard. 2005. *Cities and the Creative Class.* New York: Routledge.

Glaeser, Edward L. 2011. *Triumph of the City: How Our Greatest Invention Makes Us
    Richer, Smarter, Greener, Healthier, and Happier.* New York: Penguin.

Hopkins, Gerard Manley. [1877] 1963. *Poems and Prose, Penguin Classics.* New York:
    Penguin.

Mojkowski, Charles, and Elliot Washor. 2011. "What Employers Don't Know About
    Their New Hires, and Why." *Techniques* (October): 10–11.

Page, Scott E. 2007. *The Difference: How the Power of Diversity Creates Better Groups,*

Firms, Schools, and Societies. Princeton: Princeton University Press.

Sarason, Seymour. 2004. *And What Do YOU Mean by Learning?* Portsmouth, NH: Heinemann.

Stevenson, Robert Louis. [1882] 2006. *Familiar Studies of Men and Books.* Charleston, SC: BiblioBazaar.

TED.com. 2006. "Ken Robinson Says Schools Kill Creativity," Filmed in February, posted in June 2006. Available at www.ted.com/talks/ken_ robinson_ says_ schools_ kill_creativity.html. Accessed July 28, 2012.

5장

Anderson, Jenny. 2011. "From Finland, an Intriguing School-Reform Model." *New York Times*, December 12. Available at http://www.nytimes.com/2011/12/13/education/from-finland-an-intriguing-school-reform-model.html ?pagewanted=all.

Austen, Hilary. 2010. *Artistry Unleashed: A Guide to Pursuing Great Performance in Work and Life.* Toronto, ON: University of Toronto Press.

Berger, Ron. 2003. *An Ethic of Excellence: Building a Culture of Craftsmanship with Students.* Portsmouth, NH: Heinemann.

Birks, J. B. 1962. *Rutherford at Manchester.* London: Heywood.

Drucker, P. F. 1995. *Managing in a Time of Great Change.* New York: TrumanTalley Books.

Eisner, Elliot. 1985. *Learning and Teaching the Ways of Knowing.* Chicago: National Society for the Study of Education.

Gardner, Howard. 1999. *The Disciplined Mind: What All Students Should Understand.* New York: Simon & Schuster.

Gladwell, Malcolm. 2008. *Outliers: The Story of Success.* New York: Little, Brown.

Hancock, LynNell. 2011. "Why Are Finland's Schools Successful?" *Smithsonian* magazine, (September). Available at www.smithsonianmag.com/people-places/Why-Are-Finlands-Schools-Successful.html.

Lerman, Robert I., and Arnold Packer. 2010. "Will We Ever Learn? What's Wrong with the Common-Standards Project." *Education Week*, April 21. Available at www.urban.org/publications/901345.html.

Leski, Kyna. 2012. *Design Intelligences: Kyna Leski's Thoughts on Navigating the Creative Process.* Available at http://designintelligences.wordpress.com/. Accessed May 17, 2012.

Mrpotatohead.net. n.d. *Mr. Potato Head on TV and Movies.* Available at www.mrpotatohead.net/tv/tv.htm. Accessed March 13, 2012.

Robinson, Ken. 2001. *Out of Our Minds: Learning to Be Creative.* West Sussex, UK: Capstone.

Senge, Peter. 1990. *The Fifth Discipline: The Art and Practice of the Learning Organization, Innovation Associates.* New York: Doubleday.

Sennett, Richard. 2008. *The Craftsman.* New Haven: Yale University Press.

Walsh, Tim. 2005. *Timeless Toys: Classic Toys and the Playmakers Who Created Them.* Kansas City: Andrews McMeel.

Washor, Elliot, and Charles Mojkowski. 2005. "Standards and Variation: Nonconform - ing Our Way to High Quality." *Education Week,* September 14, 34–36.

———. 2006–2007. "WhatDoYouMean by Rigor?" *Educational Leadership* 64 (4): 84–87.

6장

Bloom, Benjamin S. 1986. "Automaticity: The Hands and Feet of Genius." *Educational Leadership* 43 (5): 70–77.

Borte, Jason, and Surfline Editorial. 2012. *Sean Collins* (April 8, 1952–December 26, 2011). Surfline.com. Available at www.surfline.com/surfing-a-to-z/sean-collins-biography-and-photos_784/. Accessed January 25, 2012.

Brant, John. 2005. "What One Man Can Do." *Inc.* (September 1). Available at www.inc.com/magazine/20050901/bill-strickland_pagen_7.html.

Darling-Hammond, Linda. 2011. "Linda Darling-Hammond on Teacher Evaluations Through Student Testing." NBC News *Education Nation* blog, May 25. Available at www.educationnation.com/index.cfm?objectid= E730EFBA-86ED-11E0-B74E000C296BA163. Accessed August 5, 2012.

Dwyer, Aidan. 2011. *Aidan: The Secret of the Fibonacci Sequence in Trees.* Paper submitted for the 2011 Young Naturalist Award, American Museum of Natural History. Available at http://www.amnh.org/learn-teach/young-naturalistawards/winners/2011/the-secret-of-the-fibonacci-sequence-in-trees. Accessed November 6, 2012.

Fairtest.org. 2007. *Multiple-Choice Tests.* The National Center for Fair and Open Testing, August 17. Available at www.fairtest.org/multiple-choice-tests. Accessed August 5, 2012.

Johnston, Joe, dir. 1999. *October Sky.* Produced by Universal Pictures. Leski, Kyna. 2012. *Design Intelligences: Kyna Leski's Thoughts on Navigating the Creative Process.* Available from http://designintelligences.wordpress.com/. Accessed May 17, 2012.

Marsalis, Wynton. 2008. *Moving to Higher Ground: How Jazz Can Change Your Life.* New York: Random House.

Martin, Roger L. 2009. "The Science and Art of Business." *Rotman Magazine* (Winter): 4–8.

Noddings, Nel. 2005. *The Challenge to Care in Schools: An Alternative Approach to Education.* New York: Teachers College Press.

Page, Dan. 2001. "Nicholas Negroponte: Digital Visionary." *Converge* magazine 4 (10): 38–40, 49.

Sanders, Lisa. 2009. *Every Patient Tells a Story: Medical Mysteries and the Art of Diagnosis.* New York: Broadway.

Washor, Elliot, and Charles Mojkowski. 2011a. "The Knowledge Funnel: A New Model for Learning" (Part 1 of 2). *Edutopia*, April 5. Available at http://www.edutopia.org/blog/knowledge-funnel-learning-elliot-washor-charles-mojkowski.Accessed August 5, 2012.

———. 2011b. "Use the Learning Funnel to Design Meaningful Work for Students" (Part 2 of 2). *Edutopia*, April 4. Available at www.edutopia.org/blog/learningfunnel-design-meaningful-work-elliot-washor-charles-mojkowski. Accessed August 5, 2012.

7장

Caplan, R. 2008. Personal communication about leaving-to-learn programs with Elliot Washor, February 8.

Fong, D. 2012. "Beaverton Teacher to Be Recognized for Starting Farm at Terra Nova High School." Oregonlive.com, March 28. Available at www.oregonlive.com/beaverton/index.ssf/2012/03/beaverton_teacher_to_be_recogn.html.

Gardner, H., M. Csikszentmihalyi, and W. Damon. 2001. *Good Work: When Excellence and Ethics Meet.* New York: Basic Books.

Goetz, K. 2011. "How 3M Gave Everyone Days Off and Created an Innovation Dynamo." *Fast Co.Design*, www.fastcodesign.com/1663137/how-3m-gave-everyone-days-off-and-created-an-innovation-dynamo.

Makerspace. 2012. "What Is Makerspace?" Available at http://makerspace.com/about/. Accessed August 9, 2012.

Mediratta, B., and J. Bick. 2007. "The Google Way: Give Engineers Room." *New York Times*, October 21. Available at www.nytimes.com/2007/10/21/jobs/21pre.html.

Richardson, C. 2011. "It's His Golden Opportunity: New Leader's Plan to Revive Palace Cathedral." *New York Daily News*, September 22. Available at www.nydailynews

.com/new-york/uptown/golden-opportunity-new-leader-plan-revive-palace-cathedral-article-1.954521.

Rose, M. 2004. *The Mind at Work: Valuing the Intelligence of the American Worker.* New York: Viking.

Sanchez, E. 2012. Email communication to Elliot Washor, July 10.

Sito, T. 2008. "The Prism: A Profile of Dave Master." *Animation World Network*, May 20. Available at www.awn.com/articles/profiles/prism-profile-dave-master/page/ 2,1. Accessed August 9, 2012.

Wisdom Series, The. 2010. *The Wisdom of George Santayana*. New York: Open Road.

Wooden, J., and S. Jamison. 1997. *Wooden: A Lifetime of Observations and Reflections On and Off the Court*. Chicago: Contemporary Books.

8장

Bennis, W. G., and R. J. Thomas. 2002. *Geeks and Geezers: How Era, Values, and Defining Moments Shape Leaders*. Boston: Harvard Business School.

Carson, R. L., and N. Kelsh. 1956. *The Sense of Wonder*. New York: HarperCollins.

Oldenburg, R. 1989. *The Great Good Place: Cafes, Coffee Shops, Bookstores, Bars, Hair Salons, and Other Hangouts at the Heart of a Community*. New York: Marlowe.

Washor, E., C. Mojkowski, and L. Newsom. 2009. "At the Core of the Apple Store: Images of Next Generation Learning." *Phi Delta Kappan* 91: 60–63.

9장

Christensen, C. M., S. D. Anthony, G. Berstell, and D. Nitterhouse. 2007. "Finding the Right Job for Your Product." *MIT Sloan Management Review* 48 (3): 38–47.

Hamel, G. 1996. "Strategy as Revolution." *Harvard Business Review* 74 (4): 69–82.

Morgan, E., E. Olsson, and S. Traill. 2012. *Learn Anytime, Anywhere: Rethinking How Students Earn Credit Beyond School Hours*. New York: The After-School Corporation (TASC).

Postman, N. 1982. *The Disappearance of Childhood*. New York: Delacorte.

Reed, C., dir. 1949. *The Third Man*. Produced by C. Reed, A. Korda and D. Selznick, United Kingdom.

10장

Caplan, R. 2005. *By Design: Why There Are No Locks on the Bathroom Doors in the*

Hotel Louis XIV and Other Object Lessons. New York: Fairchild Books.

Christensen, C. M. 1997. *The Innovator's Dilemma: The Revolutionary Book That Will Change the Way You Do Business.* Boston: Harvard Business School.

Goodwin, J. S., and J. M. Goodwin. 1984. "The Tomato Effect: Rejection of Highly Efficacious Therapies." *JAMA* 251 (18): 2387–90.

Hague, U. 2011. *Betterness: Economics for Humans.* Boston: Harvard Business Review.

Isaacson, W. 2011. *Steve Jobs.* New York: Simon & Schuster.

Lahr, J. 2005. "Sweet and Sour: Elaine May and Julia Cho Dish up Despair." *The New Yorker,* June 13. Available at www.newyorker.com/archive/2005/06/13/050613crth_theatre.

Malcolm, J. 1997. *In the Freud Archives.* New York: The New York Review of Books.

Sarason, S. 2004. *And What Do YOU Mean by Learning?* Portsmouth, NH: Heinemann.

Segen's Medical Dictionary. 2012. "Tomato Effect." Available at http://medical-dictionary.thefreedictionary.com/Tomato+Effect. Accessed May 11, 2012.

TED.com. 2010. "Charles Leadbeater: Education Innovation in the Slums." Filmed in April, posted in June. Available at www.ted.com/talks/charles leadbeater on_ education.html. Accessed May 14, 2012.

Thiel Foundation. 2011. "Thiel Fellowship." January 23. Available at www.thielfellowship.org/. Accessed January 23, 2012.

Turkle, S. 2005. *The Second Self: Computers and the Human Spirit.* 20th anniversary ed. Cambridge, MA: The MIT Press.

Wilson, F. 2012. Electronic message to Elliot Washor, February 18.

학교 중퇴와 학업 중단을 해결할 의지가 있는가

나도 학교 중퇴자이다. 영국의 한 대학원에서 박사학위 과정을 하다가 몇 해 전 그만두었다. 번역을 하는 동안 책 내용을 내 경우에 대입하면서 깊이 몰입했다. 그러니 이 책은 학교 중퇴자가 중간에 끼어들어 다른 학교 중퇴자들의 이야기를 전해 주는 셈이다.

학교를 그만두기로 마음먹기 직전이 가장 힘들었다. 미완성 논문을 앞에 두고 속절없이 지내 온 시간을 곱씹었다. 내가 '시위를 떠난 화살, 하지만 표적이 어디인지 모르는 화살' 같았다. 바람의 흐름에, 시간의 표류에 몸을 맡긴 그 정처 없음을 더 견디기 힘들었을 때 나는 손을 놓았다.

이 책은 몇 가지 미덕을 갖추고 있다.

첫째, 학생을 살리는 교육이 학교 안팎을 아우르는 곳에 있다고 말한다. 『Leaving to Learn』이라는 책 제목을 처음 보았을 때 나는 저자들이 학교 밖 청소년을 위해 학교 밖 교육 이야기를 펼치는 내용이겠거니 짐작했다. 하지만 저자들의 교육 초점은 학생이다. 더 명확하게는 학생의 관심사다. 그렇기에 학습이 발생하는 '현장'은 학교 담장 안이든 밖이든 개의치 않았다. 되레 그 경계의 자유로운 넘나듦을 권장하고 있었다.

둘째, 엘리엇과 찰스는 관념적 이야기를 섞어서 애매하게 말하지 않는다. 이들의 문제의식은 현장에서 나왔고, 해결책의 모색도 그곳에서 찾았으며, 학교 개혁을 위한 정책 제언 역시 철저하게 검증된 현장의 사례를 통해서만 제시한다. 이들만큼 교육이 '실행practice'임을 확고히 믿고 움직이는 교육자들도 드물다.

셋째, 교육개혁을 하는 이유는 학생의 삶의 질을 증진하는 데 있다. 지역사회, 교사, 교육 프로그램은 학생의 요구와 흥미를 최우선으로 하여 짠다. 학교는 학생의 기대를 실현해야 할 책무imperative를 지닌다고 분명히 말한다. 내가 보기엔 지금까지 진행된 여러 나라의 교육개혁이 대부분 실패했던 이유가 이 지점에 있다. 개혁을 언급한 정부 보고서, 정책 연구서, 저명 학자의 저서, 정치인의 특별 담화에는 화려한 수식어가 담겨 있지만 정작 학생의 요구를 기존 체제 속에서 관철시키려는 의지와 추진력이 부족했다. 그게 실패 원인이다.

넷째, 혁신의 방향은 학생이 지닌 관심을 추구하고, 그 과정에서 경험하는 살아 있는 학습에서 발견된다. 저자들은 '생산적 학습'이란 개념을 사용했는데, 내가 볼 때는 '생기 있는 학습 경험'으로 들렸다. 존 듀이가 떠오른다. 생기 있는 학습 경험을 듀이의 용어로 번역하면 '완전한 경험an experience'이다. 그것은 흥미로부터 촉발되고, 반복적 행동을 통해 그윽한 기쁨을 유지하려는 경향성을 보인다. 그것이 학습이다.

다섯째, 넘나들며 배우기 프로그램의 유연한 적용성을 높이 사고 싶다. 이 책을 성공한 교육 프로그램 소개 중심의 실용서로 읽었다면 명백한 오독이다. 저자들은 학업 중단 방지를 위한 일반적 원리를 곳곳에 펼쳐 놓았는데, 그것은 동시에 미국 공교육을 철저히 혁파하고 새로운 교육으로 다가서고자 하는 개혁 청사진과 다름없다. 그 원리를 각기 다른 사회적 맥락 안에서 적용해야 할 창조적 읽기 작업은 독자의 몫으로 남는다.

여섯째, 미래 사회의 전망과 그에 걸맞은 개인의 능력이 무엇인가를 제시해 준다. 특히 교과목별로 분화된 학문적 능력, 추상적 언어 능력에서 벗어나 통합성, 유연성, 소통 능력을 강조한다. 이 대목에 이르면 이 책을 학교 밖 청소년을 위한 대응 프로그램에 초점을 맞춘 정책 대안서에 국한시켜서는 안 된다는 확신이 든다. 엘리엇과 찰스의 제언은 교육 체계 전반을 뒤흔드는 진앙지 같은 힘을 갖고 있다.

저자들의 논지는 일부 교육학자들의 마음을 불편하게 할 수 있다. 예를 들어 학생들의 학습 마당으로 거론되는 지역사회가 협소하게, 그리고 기능적으로 정의된 듯한 느낌이 든다. 지역사회 전체가 학교와 유기적으로 연계를 맺었다기보다는 개별 학생의 요구에 맞춰 지역사회의 관련 인사, 또는 기관이나 단체가 호명되었다는 느낌이 강하다.

교과의 가치에 대한 판단도 그러하다. 국가가 글로벌 경쟁 사회에서 이겨야 한다는 논리로 언어, 수학, 과학 과목에서의 성취도만 강조하는 정책도 문제다. 하지만 그렇다고 해서 교과 자체가 지닌 가치를 폄하해서는 곤란하다는 반론도 분명히 나올 거다. 교과 학습의 가치를 유용성의 관점에서만 파악할 수 없기 때문이다. 많은 학생들이 따라오지 못해서 학업을 중단하는 사례가 많아진 이유가 교과 자체의 문제인지, 아니면 전달하는 방법상의 문제인지 먼저 파악해야 할 것이다.

한국교육개발원이 2012년에 발표한 보고서(RR2012-05)에 따르면 고교생 4165명을 대상으로 '학교에 가기 싫어하는 이유'를 조사했더니 '학교 공부가 재미없어서(50.6%), 학교를 다녀도 희망이 없어서(31.9%), 학교 규칙이 마음에 안 들어서(14.7%)'가 응답의 대부분을 차지했다. '선생님이 나에게 관심도 없고 무시해서, 친구들의 폭력과 따돌림이 싫어서'는 각각 1.4%를 차지했다. 이렇게 응답한 아이들 상당수는 아프다는 핑계로 양호실에 누워 있거나, 습관적으로 지각하거나, 가출을 시도하거나, 가족 구성원과 갈등 관계에 놓여 있을 것이다. 학교를 그만두기 전에 부적응을 겪고 있는 아이들을 진단하기 위한 조기 발견 측정 항목은 48가지로 분류되어 있다.

선진국보다 고교 중퇴 비율이 6~7배 정도 낮다고 마음 놓을 때가 아니다. 교육부의 발표(2013)에 따르더라도 학교 중퇴자는 매년 6만 8천 명이 넘는다. 하지만 우리는 학업 중단 문제에 관한 연구가 없었던 것이 아니라, 관심과 해결 의지가 부족했다고 봐야 한다. 김혜영(2001)은 박사학위 논문에서 학교 중퇴자를 '짤린 아이'와 '때려친 아이'로 크게 분류하여 심층 인터뷰를 전개하고 있었다. 학교 공부는 재미없고, 희망도 없고, 온몸을 옥죄는 규칙에 시달리면서도 감히 '짤리거나 때려칠' 용기가 없어서 기계적으로 학교에 나가는 '잠재적 중퇴자'의 비율은 선진국보다 훨씬 높을 것이다.

이 책은 학교 밖으로 내몰린 청소년을 돌보는 현장의 전문가들이 반드시 챙겨 봐야겠지만 결코 실행 지침서 차원에 머물지 않는다. 교육 현장에서 질이 좋은 방법론, 즉 유용한 쓰임새란 그 자체로 빼어난 교육철학을 담고 있다. 페스탈로치나 몬테소리의 교육방법론을 떠올려 보라. 저자들에 따르면 미국 공교육의 개혁은 기존의 틀을 과감하게 무너뜨리지 않으면 안 될 위기를 맞고 있다. 교과중심주의, 학교중심주의를 무너뜨리고 학생의 관심사를 핵심에 두어 학습 프로그램을 재설계해야 한다고 역설한다. 이들의 방법론은 학교 중퇴자를 줄이는 방안에 국한되지 않으며, 공교육 체제 전체를 새롭게 디자인하는 촉매제가 될 것이라는 데에 독자들도 동의하리라.

저자들은 교육개혁에 대한 해결책을 제시하지 않았다. 오히려 출발점에 서기 전에 점검해야 할 원리를 보여준다. 빅픽처러닝 학교에서 실행된 넘나들며 배우기 프로그램은 미국의 상황에 맞춘 학습 프로그램이 분명하지만 우리가 채택해야 할 교육원리로도 여전히 유효하다. 그것은 학생을 중심에 놓고 교육과정과 프로그램을 대대적으로 재편성 운영해야 한다는 것이다.

우리에게 최대의 난제는 대학 입학시험 체제이다. 수학능력시험 점수를 가지고 서열화된 대학에 지원하여 당락을 결정하는 체제를 유지하는 한 개혁의 방도가 서지 않는다. 설령 빅픽처러닝 학교의 방식으로 넘나들며 배우기를 통해 수학 능력을 쌓은 학생들이 있다 할지라도 극소수의 특별 전형 외에는 이들을 뽑아 줄 대학이 한국에는 하나도 없다. 만약 수능 점수가 낮은 학생을 '잠재력이 더 높다'는 이유로 점수 높은 학생을 배제한 채 입학시킨다면 대학이 위법한 일을 저지른 것으로 간주하는 체제이기 때문이다. 이렇게 경직된 제도 아래서 우리가 잃어버리는 귀중한 자산은 미래 세계를 이끌어 나갈 우리 아이들의 다양한 잠재력이다. 이 문제를 해결하지 못하면 우리나라의 미래에 희망을 걸 수 없다. 모든 아이들의 잠재성을 살리지 못하는 국가가 융성하기를 기대하는 일은 무리이기 때문이다.

이 책은 2004년에 이미 번역 출간된 『학교를 넘어선 학교, 메트스쿨』(민들레)과 함께 읽기를 권한다. 『학교를 넘어선 학교, 메트스쿨』은 빅픽처러닝의 출범 초기에 모태가 되었던 메트스쿨 운영 사례를 중심으로 서술된 책이며, 『넘나들며 배우기』는 그 이후에 전개된 다양한 교육적 실천을 통해 학교 안팎의 교육적 경험을 구성하는 핵심 교육원리와 정책적 제언까지 포괄하고 있다. 즉, 미국 사회를 향해 조금 더 큰 그림을 그려 내놓은 교육개혁의 청사진이라 하겠다.

이 책의 번역을 제안한 학교밖청소년지원센터와 출간되기까지의 모든 과정을 보살펴 준 민들레출판사에 감사드린다. 늘 무대 뒤쪽에서 헌신적 노력을 기울여 온 하자센터 박형주(올제) 기획부장의 숨은 노고에도 두 손을 모으고 싶다. 번역 과정에서 조언과 격려, 네트워킹을 도와준 빅픽처러닝 프로그램 개발부의 앤드류 프리쉬맨 국장, 바쁜 일정을 쪼개어 한국 독자를 위한 서문을 써 준 저자 엘리엇 워셔에게 감사의 말을 올린다. 끝으로 오랜 기간 동안 가장의 부재와 흔들림을 견디어 준, 사랑하는 나의 가족들에게 존경하는 마음을 바친다.

부디 이 책이 한국의 학교 중퇴자, 대다수를 이루는 '잠재적 학업 중단자'를 보살피는 데 도움을 주고, 더 나아가 학교교육의 혁신을 위해 기존 제도의 틀을 깨 나가는 데 필요한 새로운 상상력을 자극하기를 진심으로 바란다.

가을, 남산 자락에서
옮긴이 이병곤

청소년과 함께하는 분들께 권합니다

"교육은 마음의 일입니다. 청소년은 젊다는 이유 하나만으로도 사랑받기에 충분합니다. 청소년을 사랑하는 것만으로는 충분하지 않습니다, 그들이 그 사랑을 알아야 하고 그들의 사랑을 얻어내도록 애써야 합니다." 이런 명언으로 유명한 돈보스코(1815~1888)라는 이탈리아의 성인聖人 신부님이 있었습니다. 그분은 청소년을 너무도 사랑해 그들과 함께하는 일생을 보냈습니다. 또 비슷한 생각을 가진 가톨릭교회 성직자나 수도자를 모아 프란치스코 살레시오라는 성인의 이름을 딴 '살레시오회'를 만들기도 했습니다. 살레시오회는 지금 130여 나라에서 청소년의 성장과 배움을 지원하는 활동을 하고 있습니다.

돈보스코는 함께 지내는 청소년들이 '착한 신자good Christian'로서, 나아가 '정직한 시민honest citizen'으로 자라길 원했습니다. 전자는 자신이 가톨릭교

회의 신부였기에 가졌던 종교적 신념에서 나온 생각일 테지요. 후자는 이 땅에 발을 딛고 사는 사회인으로서, 인간이라면 동서고금 누구나 있게 마련인 양심에 따라 공동체의 일원으로서 정직하게 살아가는 땅의 시민이어야 한다고 생각했습니다. 돈보스코의 교육활동은, 이렇듯 천상을 그리워하면서도 지상의 삶을 충실히 살아가는 존재가 인간이라는, 인간에 대한 깊은 이해를 전제로 이뤄졌습니다.

교육 현장을 돌아봐도 비슷한 이야기를 듣습니다. 먼저 사람이 되어야 하니, 인성교육이 우선이라 말하는 사람들이 있습니다. 또 그보다는 실생활에 쓰임새가 있는 지식과 도구를 익히는 게 먼저라며, 실용교육이 더 중요하고 말하는 사람들도 있습니다. 새가 아름답게 날기 위해서는 두 날개가 온전해야 하듯이, 교육 현장에서 활약하시는 분들도 균형을 잡았으면 합니다. 적어도 아이들과 함께 살아가는 지금, 어느 쪽 날개에 힘이 더 들어가 있는지 점검해야 합니다. 그저 균형을 잡아야겠다고 허둥지둥 대다가 이도 저도 아니게 방향을 잃어 추락하는 모습을 보기도 하는데, 참 안타까운 일입니다. 이럴 때 필요한 것이 우리를 일깨워 주는 조언입니다. 제대로 된 '조언'과 만나는 일은 그래서 중요하고 기쁜 일입니다. 앞말이 무척 길었습니다만, 저는 오늘 이 자리에서 여러분께 따뜻하고 정확한 조언을 해줄 책 한 권을 소개하고 싶습니다.

2013년 가을이었습니다. 서울 하자센터에서 '지속가능한 삶을 위한 전환과 연대'라는 주제로 '서울 청소년 창의 서밋'이라는 행사가 있었습니다. 그 행사의 개막 강연에서 저는 운 좋게도 수잔 블룸(Susan Blum)과 데니스 릿키(Dennis Littky)라는 분을 만났습니다. 알 만한 사람들은 알고 있듯이 데니스 릿키는 미국의 도시형 공립 대안학교 중 가장 성공적인 사례로 꼽히는 메트스쿨의 공동 설립자이자 심리학·교육학 박사로서 교육 혁신가이자 행정가입니다. '한 번에 한 아이씩One kid at a time'이라는 교육 철학을 바탕으로, 학교와 학교 밖의 유기적 결합을 일군 분이기도 합니다. '유기적 결합'은 어떻게 만들어 냈는지, 또 어떻게 구현되고 있는지를 '빅픽처컴퍼니'라는 연구팀을 통해 체계화했습니다. 정리된 내용으로 교장 자격 연수를 진행하고, '가족 참여, 작은 학교, 개별화 학습, 맞춤 학습, 자기 주도 학습, 체험 학습, 인턴십을 통한 학습' 등과 같은 원리를 더 많이 공유하기 위해 교육개혁 네트워크를 만들기도 했습니다. 덕분에 미국의 각 지역과 오스트레일리아, 유럽 등지에 메트스쿨 같은 '작은 학교'가 만들어졌습니다. '운 좋게' 그분을 만난 데 더해, 행사 자료집에서 『Leaving to Learn』라는 책의 일부 번역물을 만나게 되었습니다. 글을 읽고는 바로 미국의 지인에게 연락해 가장 빠른 우편으로 책을 전달받고, 숨 가쁘게 탐독했습니다. 뿐만 아니라 웹사이트(www.leavingtolearn.org)에 들러 관련 자료를 읽고 번역하며 가슴 벅차 하기도 했습니다. 혼자 보기에는 무척 아까운 내용이라, 함께 일하는 이들과 서로 나누기도 여러 번 했습니다.

　1년에 아무리 적게 잡아도 수만 명 이상의 청소년이 학교 밖으로 떨어져 나가는 상황이 오늘날 대한민국의 현실입니다. 자의든 타의든 이렇게 학교 밖으로 나간 이른바 '학교 밖 청소년'들은 이렇게 저렇게 나름대로의 인생을 살기도 하지만, 대다수가 무엇을 해야 할지 모른 채 그저 막막하게 답답한 현실을 살아가며 방황을 이어 갑니다. 하지만 함께 동시대를 살아가는 많은 사람들은, 아직 다가오지 않은 직접 비용이나 부담은 아니라는 투로 의식적이든 무의식적이든 이들을 외면하고 있습니다. 이제 학교 밖 청소년들은 학교 중심 사고라는 거대한 이데올로기의 '건너편'이 되었고 그 사이를 이어 주는 다리나 뗏목은 찾기 힘든 실정입니다.

어떤 형태로든 청소년의 교육과 관련된 삶을 살아가는 사람들은, 오늘 우리가 숨 쉬는 이 땅의 청소년이 학교를 떠나거나 떠날 수밖에 없는 이유에 대해 심증은 있지만, 일목요연하게 이해할 수 없는 안타까움을 지니고 있었습니다. 저에게 『넘나들며 배우기』는 아이들이 학교와 결별하는 현상을, 이를 바라보는 안타까움을 일거에 해소해 주는 책이었습니다.

책에서는 아이들이 학교를 떠나는 이유를 '표층 원인 네 가지'와 '심층 원인 네 가지'로 나누고, 그 이유를 근거 있게 제시합니다. 그리하여 학교를 떠나는 아이들을 어떻게 제대로 이해할 수 있는지 알려줍니다. 또 그 이유에 대응하는 대책이나 대안으로 아이들이 학교에 품는 열 가지 기대를 제시하면서, 교육 현장의 사람들이 어떻게 아이들과 만나야 할지 들려줍니다. 더 나아가 학교 안과 밖이 어떻게 유기적으로 결합해 청소년들의 배움을 도울 수 있을지 구체적인 방법과 활동까지도 제시합니다.

이 책은 데니스 릿키 박사와 빅픽처러닝이라는 비영리 교육 연구소, 메트스쿨을 공동 창설한 엘리엇 워셔, 그리고 찰스 모즈카우스키가 함께 만들어 낸 공동저작물입니다. 이분들에게 선물받은 이 책에는 아주 구체적이고도 실천적인 방법론들을 담겨 있습니다. 그리고 학교를 떠나는 아이들을 사랑과 믿음의 눈으로 이해하고, 어떻게 하면 그들과 함께 살아갈 수 있는지도 제시합니다. 저자 분들에게서 큰 배움과 은혜를 입은 심정을 숨길 수 없습니다. 부디 더 많은 분들이 저와 같은 배움과 도움을 얻을 수 있기를 진심으로 바랍니다.

　이 책을 쓴 분들과 번역자 분, 그리고 우리말로 된 이 책을 있게 해 주신 하자센터, 서울시와 학교밖청소년지원센터, 서울시립 청소년드림센터, 도서출판 민들레에 깊은 감사를 드립니다.

서울시립 청소년드림센터장
김건중